A BIBLIOTECA ESQUECIDA DE HITLER

Adolf Hitler, aos 36 anos, posando com seus livros em seu primeiro apartamento de Munique.

TIMOTHY W. RYBACK

A biblioteca esquecida de Hitler

Os livros que moldaram a vida do Führer

Tradução
Ivo Korytowski

Copyright © 2008 by Timothy W. Ryback
Publicado mediante acordo com o autor
Proibida a venda em Portugal

*Grafia atualizada segundo o Acordo Ortográfico da Língua Portuguesa de 1990, que
entrou em vigor no Brasil em 2009.*

Título original
Hitler's private library — The books that shaped his life

Capa
Rita da Costa Aguiar

Foto de capa
Bayerische Staatsbibliothek München/ Fotoarchiv Hoffmann

Preparação
Leny Cordeiro

Índice remissivo
Luciano Marchiori

Revisão
Renata Assumpção
Isabel Jorge Cury

Dados Internacionais de Catalogação na Publicação (CIP)
(Câmara Brasileira do Livro, SP, Brasil)

Ryback, Timothy W.
A biblioteca esquecida de Hitler : os livros que moldaram a
vida do Führer/ Timothy W. Ryback ; tradução Ivo Korytowski. —
São Paulo : Companhia das Letras, 2009.

Título original : Hitler's private library — The books that
shaped his life.
ISBN 978-85-359-1457-3

1. Alemanha - História - 1933-1945 2. Hitler, Adolf, 1889-1945 -
Conhecimento e aprendizagem 3. Hitler, Adolf, 1889-1945-Livros
e leitura 4. Library of Congress - Catálogos I. Título.

09-03987   CDD-027.1092

Índice para catálogo sistemático:
1. Coleção Adolf Hitler : Biblioteca particular   027.1092

[2009]
Todos os direitos desta edição reservados à
EDITORA SCHWARCZ LTDA.
Rua Bandeira Paulista 702 cj. 32
04532-002 — São Paulo — SP
Telefone (11) 3707-3500
Fax (11) 3707-3501
www.companhiadasletras.com.br

À minha mãe,
que me ensinou a amar os livros,
e em memória do meu pai.

Pouco conhecimento é algo perigoso;
Bebe profundamente, senão não saborearás a primavera das
Musas:
Ali goles contidos intoxicam o cérebro,
E bebedeiras nos devolvem a lucidez.

Alexander Pope, "A little learning"

Conheço pessoas que "leem" uma enormidade, livro após livro,
letra após letra, mas que eu não consideraria que tenham "lido
bem". É verdade que possuem uma massa de "conhecimentos",
mas seus cérebros não conseguem organizar e registrar o mate-
rial que absorveram. Carecem da arte de separar, num livro, o
que tem valor do que não tem, retendo para sempre a parte boa
e, se possível, ignorando o resto.

Adolf Hitler, *Mein Kampf*

Sumário

Prefácio — O homem que queimava livros 11

1. Leituras da linha de frente, 1915 23
2. A influência do mentor 51
3. A trilogia de Hitler 87
4. O filósofo perdido 125
5. Livros de guerra 154
6. Inspiração divina 177
7. Leituras da linha de frente, 1940 203
8. A história de Hitler da Segunda Guerra Mundial 227
9. Um milagre adiado 243

Posfácio — Os destinos dos livros 265
Agradecimentos 275
Apêndices 281

    Apêndice A 284
Descrição da biblioteca de Hitler de *Este é o inimigo,*
por Friedrich Oechsner, 1942

Apêndice B 289
Descrição da coleção de livros de Berghof de um relatório sigiloso da 21ª Unidade de Informações do Exército norte-americano, maio de 1945

Apêndice C 291
"A biblioteca de um diletante: Um vislumbre da biblioteca privada de Herr Hitler", por Hans Beilhack, *Süddeutsche Zeitung*, 9 de novembro de 1946

Apêndice D 295
"Relatório sobre a Coleção de Adolph [*sic*] Hitler e recomendações para a sua organização", por Arnold J. Jacobius, estagiário, para Frederick R. Goff, chefe da Divisão de Livros Raros, Biblioteca do Congresso, 9 de janeiro de 1952

Notas 297
Créditos das ilustrações 321
Índice remissivo 323

Prefácio

O homem que queimava livros

Ele foi, é claro, um homem mais conhecido por queimar livros do que por colecioná-los. Contudo, na época de sua morte, aos 56 anos, estima-se que possuísse cerca de 16 mil volumes. Em qualquer medida, uma coleção impressionante: primeiras edições das obras de filósofos, historiadores, poetas, dramaturgos e romancistas.

Para ele a biblioteca representava a primavera das Musas, aquela fonte metafórica de conhecimentos e inspiração. Ele extraiu muito de lá, aplacando suas inseguranças intelectuais e alimentando suas ambições fanáticas. Lia vorazmente, ao menos um livro por noite, às vezes mais, conforme alegava. "Quando se dá, também é preciso tirar", disse certa vez, "e eu tiro o que preciso dos livros."

Ele incluía o *Dom Quixote*, junto com *Robinson Crusoe*, *A cabana do Pai Tomás* e *Viagens de Gulliver*, entre as grandes obras da literatura mundial. "Cada obra é uma ideia grandiosa em si", disse. Em *Robinson Crusoe* percebeu "o desenvolvimento de toda a história da humanidade". *Dom Quixote* captava "engenhosamente" o fim de uma era. Possuía edições ilustradas desses dois livros, impressionando-se sobretudo com as representações românticas feitas por Gustave Doré do herói acometido de delírios de Cervantes.

Possuía também as obras completas de William Shakespeare, publicadas em tradução alemã em 1925 por Georg Müller como parte de uma série que pretendia tornar a grande literatura disponível ao público em geral. O volume 6 inclui *Como gostais, Noite de reis, Hamlet* e *Troilus e Créssida*. O conjunto inteiro está encadernado em couro marroquino filetado à mão, com uma águia estampada em ouro, flanqueada pelas iniciais do nome de Hitler na lombada.

Considerava Shakespeare superior a Goethe e Schiller em todos os aspectos. Enquanto Shakespeare havia alimentado a imaginação com as forças ágeis e habilidosas do império britânico emergente, aqueles dois teatrólogos-poetas teutônicos desperdiçavam seu talento em histórias de crises da meia-idade e rivalidades entre irmãos. Por que, perguntou-se certa vez, o Iluminismo alemão produziu *Nathan, o sábio* — a história do rabino que reconcilia cristãos, muçulmanos e judeus — enquanto coube a Shakespeare dar ao mundo *O mercador de Veneza* e Shylock?

Ele parece ter absorvido seu *Hamlet*. "Ser ou não ser" era uma frase favorita, assim como "É Hécuba para mim". Apreciava em especial *Júlio César*. Num caderno de desenho de 1926, desenhou um palco detalhado para o primeiro ato da tragédia de Shakespeare, com fachadas sinistras cercando o fórum onde César é morto. "Nos encontraremos de novo em Philippi", ele ameaçou oponentes em mais de uma ocasião, repetindo a advertência espectral a Brutus após o assassinato de César. Dizia-se que reservava os Idos de Março para decisões importantes.

Mantinha seus volumes de Shakespeare no escritório do

Hitler recebeu esta antologia de poesia de Goethe pouco depois de libertado da prisão, em dezembro de 1924, para suas "horas sérias e solitárias".

Hitler mantinha sua edição de couro filetada à mão das obras completas de Shakespeare em seu retiro alpino perto de Berchtesgaden. Observe suas iniciais nas lombadas.

segundo andar de seu retiro alpino no sul da Alemanha, junto com uma edição encadernada em couro de outro autor favorito, o escritor de romances de aventuras Karl May. "O primeiro livro de Karl May que li foi *Através do deserto*", ele certa vez recordou. "Fiquei impressionado! Entreguei-me a ele imediatamente, o que resultou num declínio visível das minhas notas." Mais tarde, teria buscado refúgio em Karl May assim como outros buscam na Bíblia.

Ele era versado nas Sagradas Escrituras e possuía um volume particularmente bonito das *Worte Christi*, ou *Palavras de Cristo*, estampado a ouro sobre couro de bezerro cor de creme que até hoje permanece macio como seda. Possuía também uma tradução alemã do tratado antissemita de Henry Ford, *The international Jew: The world's foremost problem* [O judeu internacional: O principal problema do mundo], e um compêndio de 1931 sobre gás venenoso com um capítulo detalhando as características e os efeitos do ácido prússico, o asfixiante homicida comercializado como Zyklon B. Em sua mesa de cabeceira mantinha um exemplar bastante manuseado das histórias de Wilhelm Busch da dupla travessa Max e Moritz, precursoras das histórias em quadrinhos.

Walter Benjamin certa vez disse que dá para saber muita coisa sobre um homem pelos livros que ele mantém: seus gostos, seus interesses, seus hábitos. Os livros que guardamos e os que descartamos, os que lemos bem como os que decidimos não ler, dizem algo sobre quem somos. Como um judeu alemão crítico da cultura nascido numa época em que era possível ser "alemão" e "judeu", Benjamin acreditava no poder transcendente da *Kultur*. Acreditava que a expressão criativa, além de enriquecer e iluminar o mundo que habitamos, também proporciona a argamassa cultural que liga uma geração à próxima, uma interpretação judaico-germânica do antigo ditado *ars longa, vita brevis*.

Benjamin tinha em grande apreço a palavra escrita, impressa e encadernada. Adorava os livros. Era fascinado por sua fisicalidade, com sua durabilidade, com sua procedência. Um colecionador sagaz, ele argumentava, conseguia "ler" um livro da maneira como um fisionomista decifrava a essência do caráter de uma pessoa pelas suas características físicas. "Datas, nomes de lugares, formatos, proprietários anteriores, encadernações e coisas semelhantes", Benjamin observou, "todos esses detalhes lhe devem informar algo — não como fatos isolados áridos, mas como um todo harmonioso." Em suma, era *possível* julgar um livro por sua capa e, por sua vez, o colecionador por sua coleção. Citando Hegel, Benjamin observou: "Só quando está escuro a coruja de Minerva inicia o seu voo", e concluiu: "Só na extinção o colecionador é compreendido". Quando Benjamin invocou um filósofo alemão do século XIX, uma deusa romana e uma coruja, estava claramente aludindo à famosa máxima de Georg Wilhelm Friedrich Hegel: "A coruja de Minerva alça seu voo somente com o início do crepúsculo", com que Hegel quis dizer que o filosofar só pode começar depois que os eventos se desenrolaram.

Benjamin sentia que o mesmo se dava com bibliotecas particulares. Só depois que o colecionador tivesse disposto seu último livro na estante e morrido — quando sua biblioteca pudesse falar por si mesma, sem a presença do proprietário para perturbar ou ofuscar — os volumes individuais poderiam revelar o conhecimento "preservado" de seu proprietário: como ele afirmava a sua posse, escrevendo seu nome na contracapa ou colando uma etiqueta ex-libris sobre uma página inteira; se os deixava manchados e com dobras nos cantos das páginas, ou se as páginas permaneciam intactas e não lidas.

Benjamin sugeriu que uma biblioteca particular serve de testemunha permanente e confiável da personalidade do seu colecionador, levando-o à seguinte ideia filosófica: colecionamos livros na crença de que os estamos preservando quando na verdade são os livros que preservam seu colecionador. "Não que os livros se tornem vivos nele", Benjamin postulou. "É ele quem vive nos livros."

No último meio século, o que restou da biblioteca de Adolf Hitler ocupou espaço nas prateleiras na obscuridade climatizada da Divisão de Livros Raros da Biblioteca do Congresso. Os 1200 volumes sobreviventes que outrora adornavam as estantes de livros de Hitler em suas três elegantes bibliotecas — revestimentos de madeira, tapetes grossos, luminárias de latão, poltronas superestofadas — nas residências particulares em Munique, Berlim e Obersalzberg, perto de Berchtesgaden, agora estão espremidos em fileiras nas estantes de aço de uma área de depósito sem adornos e mal iluminada do prédio Thomas Jefferson, no centro de Washington, bem perto do Washington Mall e em frente à Suprema Corte dos Estados Unidos.

A energia da lógica emocional que antes permeava essa coleção — Hitler rearrumava seus livros sem cessar e insistia em mudá-los pessoalmente de estante — foi cortada. A cópia pessoal de Hitler da genealogia de sua família está espremida entre uma coleção encadernada de artigos de jornais intitulada *Meditações dominicais* e um fólio de charges políticas dos anos 1920. Uma edição fac-símile com bela encadernação das cartas de Frederico, o Grande, especialmente criada para o quinquagésimo aniversário do Führer, repousa em uma estante de calhamaços, sob um volume igualmente pesado de apresentação da cidade de Hamburgo e uma história ilustrada da marinha alemã na Primeira Guerra Mundial. A cópia de Hitler dos textos do lendário general prussiano Carl von Clausewitz, autor da frase memorável de que a guerra é a política por outros meios, compartilha espaço com um livro francês de culinária vegetariana com a dedicatória: "*Monsieur Hitler végétarien*".

Quando examinei pela primeira vez os livros sobreviventes de Hitler, na primavera de 2001, descobri que menos de metade dos volumes havia sido catalogada, e apenas duzentos eram acessíveis no catálogo *on-line* da Biblioteca do Congresso. A maioria estava cadastrada em fichas antigas, ainda no sistema de numeração idiossincrásico atribuído na década de 1950.

Na Universidade Brown, em Providence, Rhode Island, localizei mais oitenta livros de Hitler num estado similar de saudável abandono. Retirados de seu *bunker* em Berlim na primavera de 1945 por Albert Aronson, um dos primeiros americanos a entrar em Berlim após a derrota alemã, foram doados à universidade pelo sobrinho de Aronson, no final da década de 1970. Atualmente estão guardados num depósito de porão apertado, junto com a cópia pessoal de Walt Whitman de *Folhas de relva* e os fólios originais de *Birds of America*, de John James Audubon.

Entre os livros da Universidade Brown, encontrei um exemplar de *Mein Kampf* com a etiqueta ex-libris de Hitler, uma análise da ópera *Parsifal*, de Wagner, publicada em 1913, uma história da suástica de 1921 e cerca de meia dúzia de volumes de literatura espiritual ou ocultista que Hitler adquiriu em Munique no início da década de 1920, inclusive um relato de ocorrências sobrenaturais, *Os mortos estão vivos!*, e uma monografia sobre as profecias de Nostradamus. Descobri livros adicionais de Hitler espalhados por arquivos públicos e privados nos Estados Unidos e na Europa.

Dezenas desses livros sobreviventes de Hitler têm marcações nas margens. Ali encontrei um homem, famoso por nunca ouvir ninguém, para quem as conversas não passavam de uma arenga contínua, um monólogo incessante, parando para se envolver com o texto, para sublinhar palavras e frases, para marcar parágrafos inteiros, para colocar um ponto de exclamação ao lado de uma passagem, um ponto de interrogação ao lado de outra, e com frequência uma série enfática de linhas paralelas na margem ao longo de determinada passagem. Como pegadas na areia, essas marcas permitem rastrear o rumo da jornada, mas não necessariamente o objetivo: onde sua atenção foi capturada e permaneceu, onde correu para a frente e onde terminou.

Em uma reedição de 1934 das *Cartas alemãs*, de Paul Lagarde, uma série de ensaios do final do século XIX que defendiam a remoção sistemática da população judaica da Europa, encontrei mais de cem páginas de intromissões a lápis, a partir da página 41, em que Lagarde defende a "transplantação" dos judeus alemães e austríacos para a Palestina, e estendendo-se a passagens mais deploráveis nas quais se refere aos judeus como uma "pestilência". "Essa pestilência da água precisa ser erradicada dos nossos rios e lagos", Lagarde escreve à página 276, com uma anotação "afirmação ousada" a lápis na margem. "O sistema político sem o qual a água não consegue existir precisa ser eliminado."

O historiador Ian Kershaw descreveu Hitler como uma das personalidades mais impenetráveis da história moderna. Kershaw escreve:

> A combinação da inata reserva de Hitler, o vazio de suas relações pessoais, seu estilo não burocrático, os extremos de adulação e ódio que provocava, e a apologética e distorções baseadas em memórias do pós-guerra e relatos indiscretos daqueles que o cercavam fizeram com que, apesar de todas as montanhas de papéis sobreviventes emitidos pelo aparato do governo do Terceiro Reich, as fontes para reconstituir a vida do Ditador Alemão fossem, em muitos aspectos, extraordinariamente limitadas — bem mais que no caso, digamos, de seus principais adversários principais, Churchill ou mesmo Stálin.

Os livros costumavam ser o presente favorito de Adolf Hitler. O líder nazista recebendo presentes em seu aniversário de cinquenta anos.

A biblioteca de Hitler por certo abriga sua porção de material "ignorado": dois terços de sua coleção consistem em livros que ele nunca olhou, muito menos leu, mas existem também vários volumes mais pessoais que Hitler estudou e marcou. Além disso há detalhes pequenos, mas reveladores. Enquanto eu examinava os volumes intactos da coleção de livros raros da Biblioteca do Congresso, deparei com um livro cujo conteúdo original havia sido retirado. As capas da frente e de trás estavam firmemente presas à lombada por uma encadernação de linho pesado, com o título *Ásia do norte, central e do leste: Manual de ciência geográfica*, estampado em dourado sobre um fundo azul. As páginas originais haviam sido substituídas por um maço de documentos desordenados: cerca de uma dúzia de negativos de fotos, um manuscrito sem data intitulado "A solução para a questão alemã" e uma breve anotação datilografada num cartão de apresentação que dizia:

> Meu Führer
>
> No 14º aniversário do dia em que você esteve pela primeira vez em Sternecker, a sra. Gahr lhe apresenta a lista dos seus primeiros companheiros de combate. Estamos convictos de que esta é a hora do nascimento de nosso maravilhoso movimento e do nosso Reich. Fiéis até a morte.
>
> *Sieg Heil!*
>
> Os Velhos Camaradas

O cartão não trazia data, e a lista dos antigos quadros do Partido Nazista estava faltando, mas a menção à "sra. Gahr", supostamente a esposa de Otto Gahr, o ourives que Hitler incumbiu de moldar as primeiras suásticas de metal para o Partido Nazista, bem como a referência ao 14º aniversário da primeira aparição de Hitler na Cervejaria Sternecker, preserva, num breve esboço, a trajetória de arrivista político, em 1919, a chanceler do Reich alemão, em 1933.

Para este livro, selecionei os volumes sobreviventes com importância emocional ou intelectual para Hitler, aqueles que ocupavam os seus pensamentos nos momentos de privacidade e ajudaram a moldar suas palavras e ações públicas. Um dos primeiros é um guia de viagem adquirido por quatro marcos numa segunda-feira sombria do final de novembro de 1915, quando, aos 26 anos, servia como cabo no *front* ocidental. O último é uma biografia que estava lendo trinta anos mais tarde, nas semanas que culminaram com seu suicídio, na primavera de 1945. Procurei ser criterioso na minha escolha, selecionando apenas livros com indícios convincentes de pertencerem a Hitler. Exerci cautela semelhante com as marcações nas margens, já que é difícil comprovar com certeza a "autoria" de intromissões a lápis. De novo confiei nos indícios corroborantes, e discuto casos individuais no texto, baseando-me nas descobertas de estudos anteriores eventualmente disponíveis. Para tornar os títulos acessíveis ao leitor não alemão, geralmente adoto traduções inglesas dos títulos originais,* exceto em casos óbvios como *Mein Kampf,* ou *Minha luta.*

Ao encerrar seu prefácio sobre coleções de livros, Walter Benjamin aborda o investimento emocional, bem como financeiro, que realizou em volumes individuais. Ele recorda vivamente o dia, em 1915, em que adquiriu uma edição especial de *A pele de onagro* [*La peau de chargin*] com suas magníficas gravuras de chapa de aço, e os detalhes e as circunstâncias exatas da aquisição de um tratado raro de 1810 sobre "ocultismo e filosofia natural", *Fragmentos póstumos de um jovem físico*, do autor alemão Johann Wilhelm Ritter.

Os livros inundaram Benjamin de lembranças: "lembranças dos aposentos onde esses livros haviam sido guardados, do meu recanto de estudante em Munique, de meu quarto em Berna, da solidão de Iseltwald à margem do lago de Brienz e, finalmente, do meu quarto de menino, o antigo local de apenas quatro ou cinco desses milhares de volumes".

Hitler não deixou nenhuma narrativa equivalente de sua própria coleção, nenhum relato de como passou a possuir este ou aquele volume ou do seu significado emocional particular, mas as diversas dedicatórias, marcações nas margens e outros detalhes fornecem uma visão da importância pessoal e intelectual dessas obras para a sua vida. O que se segue são as histórias que contam.

---

* Em nossa edição, traduzidos para o português. (N. T.)

LIVRO 1

Leituras da linha de frente, 1915

O que o mundo do século XX acha mais fascinante na capital do
Reich alemão não é exatamente a beleza de seus monumentos
históricos ou de sua rica herança cultural.

Max Osborn, *Berlim*, volume 41 da série
Locais Culturais Famosos publicada em Leipzig em 1909

Numa manhã sombria do final de novembro de 1915, Adolf
Hitler, então cabo do 16º Regimento de Infantaria de Reserva
Bávaro, deixou seu alojamento numa casa de fazenda de dois andares na periferia de Fournes, pouco mais de três quilômetros atrás
do *front* no norte da França, e, com seu casaco de trincheira bem
fechado para se proteger do frio do outono e botas pregadas com
tachas estrepitando nas pedras de cantaria úmidas, entrou na
cidade para comprar um livro.

Para o soldado de linha de frente de 26 anos, a semana prome-
tia ser calma, não diferente da anterior, cuja tranquilidade só havia
sido rompida ocasionalmente por tiros de canhão do inimigo e a
ameaça de ataques com gás. Na terça-feira anterior, quando a

densa neblina se dissipara por um curto período, três biplanos britânicos haviam circulado pelo setor por várias horas. Sua aparição, seguida pelo clangor dos alarmes de gás, fez que os soldados da linha de frente procurassem suas máscaras de borracha e óculos protetores. Em novembro de 1915, o gás venenoso era uma novidade no *front*.

Algumas semanas antes, diversos "soldados negros", indianos pressionados a servir no exército britânico, haviam desertado para as linhas alemãs, prevenindo sobre um ataque iminente. Temendo essa nova arma silenciosa, os homens acenderam fogueiras e permaneceram em meio aos rolos de fumaça para testar aqueles instrumentos toscos. Naquela noite, observaram uma misteriosa nuvem amarela fluir para a terra de ninguém, pairar por ali ameaçadoramente e depois, com a mudança da brisa, retornar com a mesma calma às linhas britânicas. Vários alarmes de gás haviam soado desde então, mas sem nenhum incidente. Na terça-feira, 16 de novembro de 1915, o diário do regimento dizia: "alarme falso".

Na segunda-feira seguinte, quando Hitler comprou seu livro, o dia amanheceu cinzento e frio, com um denso nevoeiro junto ao solo que continuou impedindo os tiros de canhão, exceto alguns mais esporádicos. Quando a bruma se dissipou no final da manhã, a artilharia britânica salpicou o setor de 3,2 quilômetros do regimento com barragem de artilharia difusa, mirando nos postos de comando e espalhando estilhaços de bomba pelo Setor H. De seu "alojamento de descanso" em Fournes, Hitler teria ouvido o som abafado dos bombardeios ao longo do horizonte.

Como um *Meldegänger*, ou "mensageiro", designado para o quartel-general do regimento, Hitler costumava trabalhar em turno de revezamento: três dias na frente de combate e três descansando em Fournes. Dali, Hitler caminhava por uma estrada rural até a aldeia vizinha de Fromelles, onde se localizavam os postos de comando e de primeiros socorros da linha de frente, em meio aos prédios destruídos, e dali, por uma série de trincheiras de comunicação, para uma paisagem de pesadelo com campos cheios de crateras e aldeias em ruínas. Para facilitar os movimentos de tropas e ajudar a orientar os mensageiros, as aldeias francesas receberam nomes alemães.

Os nomes dos lugares refletiam a devastação: Knallhüte (Cabana Explodida), Backofen (Forno) e, em uma curva onde as trincheiras britânicas e alemãs quase se encontravam, Totes Schwein (Porco Morto). Uma aldeia foi batizada de Petzstadt por causa de Friedrich Petz, o comandante do regimento. No flanco esquerdo, limite entre o 16º e o 17º Regimentos de Infantaria de Reserva (RIR), uma fazenda arrasada havia sido apelidada de "Dachau", a pitoresca colônia de artistas ao norte de Munique que merecera duas estrelas nos guias *Michelin* da época, mas que adquiriria repercussão bem diferente nas décadas vindouras.

Embora as atribuições do *Meldegänger* costumassem ser triviais, o trabalho podia ser perigosíssimo. Quando o bombardeio destruía as linhas telefônicas, os mensageiros eram forçados a correr em meio aos estilhaços de bomba que voavam, enquanto a maioria dos soldados se encolhia nas casamatas subterrâneas. As mensagens deviam ter um código de prioridade — X para entrega normal, XX para maior importância, XXX para urgente —, mas os homens com frequência corriam riscos desnecessários. "Repetidamente fui exposto ao fogo de artilharia pesada embora nada mais que um cartão-postal precisasse ser entregue", Hitler mais tarde recordou. No primeiro dia de combate na batalha de Wytschaete, no outono de 1914, a unidade de oito homens se viu reduzida à metade, com três homens mortos imediatamente e um ferido com gravidade. No outono de 1915, Hitler era o único membro original sobrevivente na unidade.

No início de outubro de 1915, durante uma batalha para

Imagem do exemplar de Hitler das memórias de guerra do colega veterano Adolf Meyer. A legenda em alemão diz: "Voluntário Adolf Hitler, ordenança do Regimento List, maio de 1915".

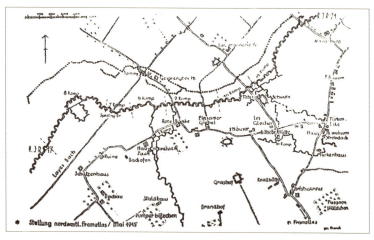

Mapa do setor do RIR 16, extraído das memórias de Adolf Meyer. Observe "Dachau" na parte inferior esquerda.

desalojar as tropas britânicas de uma saliência conhecida como Hohenzollernwerk, os mensageiros receberam uma atribuição ainda mais perigosa quando foram pressionados a entregar braçadas de granadas ao *front*, à medida que os soldados da linha de frente iam expulsando os britânicos de suas trincheiras, metro após metro, à base de explosões, usando 1500 granadas de mão para limpar um trecho de 274 quilômetros de trincheiras e mais 2 mil para limpar outros 457 quilômetros. "A batalha pela Hohenzollernwerk demonstrou outra vez que a granada de mão é a arma mais terrível e eficaz para o combate cerrado", Petz informou após a batalha.

Em outubro, as chuvas paralisaram as ofensivas de outono, enquanto os soldados em ambos os lados da terra de ninguém passaram a lutar contra a lama, em vez de uns contra os outros. Entre os livros remanescentes de Hitler, encontrei a história de quinhentas páginas de seu regimento, *Quatro anos da frente ocidental: História do Regimento List, RIR 16; Memórias de um regimento alemão*, primorosamente encadernada em couro marrom, em que a aflição e o desespero daquelas semanas estão vivamente preservados. Quando a chuva incessante faz um rio transbordar, a água inunda as trincheiras do RIR 16 com consequências quase apocalípticas. "Duas das unidades de nossa companhia [...] foram pegas tão de surpresa pelo dilúvio que os homens na trincheira mal tiveram tempo de apanhar suas armas e equipamentos e abrigar-se no baluarte", registra a história do regimento. "Eles permaneceram ali agachados, um atoleiro à sua frente e uma torrente enfurecida atrás, muitos expostos sem proteção à visão aberta do inimigo." Sua única salvação foi o fato de que os britânicos estavam igualmente ocupados tentando se salvar da enxurrada. A história do regimento calcula que, para cada soldado da linha de frente preparado para combater os britânicos, dez homens estavam batalhando contra o lodo.

O diário, agora no Arquivo de Guerra Bávaro em Munique, não apenas confirma a batalha desigual dos soldados da linha de frente contra as intempéries, mas também sua luta igualmente desigual com a tecnologia nas estações de bombeamento da linha de frente. Em 22 de novembro de 1915, o comandante do regimento registra um dia típico:

Bombas elétricas no Setor A 6-11 da noite falta de energia
11-11:30 da noite. Mangueira danificada
7:45 da manhã-12:30 da tarde falta de energia
No setor C 8-12 da manhã falta de energia

Nessas semanas ociosas devido à chuva, Hitler ficou aquartelado em Fournes, com atribuições apenas ocasionais. Em 21 de outubro, Petz despachou Hitler e outro mensageiro, Hans Lippert, à cidade de Valenciennes para requisitar um colchão novo. De acordo com a papeleta de requisição, Hitler e Lippert foram autorizados a pernoitar lá. Na viagem de volta, Hitler carregou o colchão por quase todo o caminho, já que Lippert era seu superior hierárquico.

Um mês e um dia depois, ainda ocioso devido às intempéries, Hitler foi andando até Fournes e adquiriu uma história arquitetônica de Berlim do célebre crítico Max Osborn. Apesar das trezentas páginas, *Berlim*, de Osborn, é um volume particularmente fino, pois coube com facilidade no bolso de um casaco de trincheira como se fosse a carteira de um turista cultural. Na capa verde-oliva impermeável, BERLIN está estampado em carmesim forte, complementado por um perfil do portão de Brandemburgo, cujas seis colunas dóricas são paralelas às letras precisamente espaçadas do título do livro.

A certa altura naquele dia, Hitler retornou ao relativo conforto de seu alojamento na casa de fazenda de dois andares, abriu seu volume de capa dura e tomou posse do conteúdo com uma letra particularmente tímida, anotando seu nome, o local e a data no canto superior direito da contracapa, em um espaço não maior que o de um selo postal.

Oitenta anos depois, o livro de Osborn atesta o seu serviço na linha de frente.

Desgastados e escurecidos, os cantos se curvam para dentro como casca de limão seco. A lombada pende precariamente de tendões de linho desfiados, expondo os cadernos amarrados com fios. Uma mancha de lama oculta as letras finais de "novembro". Quando abri esse volume frágil na Sala de Leitura de Livros Raros da Biblioteca do Congresso, os sons abafados do tráfego matutino rompendo o silêncio, um arenito fino respingou de suas páginas.

Mais ou menos na mesma época em que Hitler adquiriu seu exemplar de *Berlim*, Max Osborn passou a poucos quilômetros de Fournes, na estrada de Lille a Auber. Ele chegara à frente de batalha em janeiro, poucos meses depois de Hitler, numa missão para o *Vossische Zeitung*, o prestigioso jornal de Berlim para o qual escrevia havia quase duas décadas.

Nascido no mesmo meio privilegiado de Berlim que formara os gostos e interesses intelectuais de Walter Benjamin, Osborn se consolidara como um dos principais críticos de arte da época, conquistando um vasto público leitor com seus comentários irreverentes sobre estética e cultura. Numa história cultural de Satã, Osborn considerou os anjos "as mais enfadonhas das

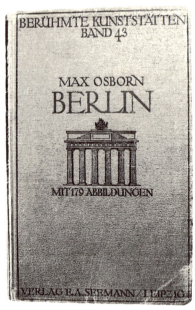

Hitler adquiriu este guia arquitetônico de Berlim no final de novembro de 1915, enquanto servia na frente ocidental.

criaturas de Deus" e dedicou trezentas páginas relatando diversas extravagâncias satânicas nas artes, música e literatura. Foi amigo do pintor Max Liebermann e cunhou a expressão "rococó expressionista".

Em 1908, quando a editora Seemann Verlag solicitou a Osborn que escrevesse um guia de Berlim, ele concordou mas sob o pressuposto de que era um crítico de arte, não um guia turístico. Desse modo, recebeu o leitor em seu *Berlim* com a advertência maldosa: por que seu editor incluiria essa cidade entre as "capitais culturais" da Europa quando "o que o mundo do século XX acha mais fascinante na capital do Reich alemão não é exatamente a beleza de seus monumentos históricos ou de sua rica herança cultural"?

Osborn chegou à frente ocidental com o mesmo distanciamento. Ao atravessar os campos de batalha do norte da França, visitando a devastação ao longo do Somme, no Marne e perto de Verdun, Osborn encontrou pouca coisa nova ou chocante. A carnificina humana ali pareceu pouco mais do que recriações em carne e sangue das gigantescas telas que estudara na Galeria Nacional em Berlim. Osborn já vira tudo aquilo antes.

Os soldados alemães, com seus capacetes pontudos e baionetas, pareciam encarnações atuais dos guerreiros com lanças dos murais do século XVI. Os lança-chamas, com suas nuvens de fumaça e fogo cuspidos pela terra destruída, haviam sido vivamente tecidos naquelas tapeçarias antigas. "E aquele horrendo instrumento favorito de combate cerrado atual, a granada de mão", Osborn escreveu para seus leitores na Alemanha, "já teve seu papel no século XVII, bem como nos exércitos dos grão-duques." Quando o crítico na frente de combate vislumbrou um mensageiro galopando num cavalo pelo campo aberto, homem e animal usando máscara contra gás, ele comparou a cena a uma tela de Hieronymus Bosch.

No final de maio de 1915, os caminhos de Osborn e Hitler quase se cruzaram no campo de batalha em Ypres, onde os alemães haviam repelido a segunda grande ofensiva britânica ao longo daquela frente, ambos os lados sofrendo baixas maciças. O RIR 16 perdeu mais de metade dos seus homens: 1600 soldados e todos os oficiais, exceto um. Osborn chegou pouco após a carnificina e inspecionou o campo de batalha da torre incólume da catedral de Ypres, que se erguia milagrosamente sobre a cidade destruída. Em meio à destruição, Osborn se viu testemunha do "segundo ato" da maior batalha da guerra.

"Defesas de trincheiras e casamatas destruídas se erguem do solo", ele observou.

Paredes de terra desmoronando, sacos de areia esmagados, escombros espalhados, trechos de arame farpado retorcido e quebrado:

resíduos imundos cobrem o chão, pedaços de uniformes, trapos sangrentos, meias, cantis, fragmentos de jornais franceses, páginas rasgadas de revistas inglesas, latas de ração, cartuchos vazios, munições não utilizadas.

Os corpos já haviam sido removidos, mas o cheiro de morte pairava, contaminando o ar com um aroma de carne desinfetada e em decomposição.

Naquele outono, Osborn percorreu os campos de batalha a oeste de Lille, visitando as cidades na linha de frente de Richebourg e Neuve-Chapelle e passando ao longo do *front* perto de Fournes. "Quando você chega a essas aldeias, estão patéticas e arruinadas, casas destruídas por bombas, fazendas queimadas, paredes furadas por balas", ele escreveu. "Uma paisagem desoladora!"

Àquela altura, o entusiasmo poético de Osborn havia arrefecido. "Ali jazem os corpos em decomposição que os agressores deixaram para trás", ele observou. "Hordas de ratos se alimentam deles, o que os torna grandes e gordos, quase como pequenos cães repugnantes, nojentos de olhar, e quando por equívoco correm para dentro das trincheiras, os soldados, cheios de asco, os matam." Ele achou "aterrorizante, simplesmente incompreensível" que "todas as imagens de encanto tivessem se transformado em imagens de horror".

Quando a guerra completou seu segundo ano, sem nenhuma perspectiva de fim da carnificina, Osborn sentiu uma mudança não apenas em si mesmo, mas também entre os soldados. Em ambos os lados da terra de ninguém, os homens estavam se tornando cada vez mais hostis e amargurados. "Os dias ferozes de luta no final de setembro trouxeram uma emoção nova à guerra que se transferiu de uma trincheira para a outra", Osborn escreveu em 22 de outubro de 1915. "A luta se tornou mais implacável, mais feroz, mais cruel. A ferocidade com que a grande ofensiva foi lançada e neutralizada ainda pode ser sentida." Os tempos haviam mudado.

Na véspera do Natal de 1914, soldados de ambos os lados haviam se reunido na terra de ninguém para celebrar a festa, e nos meses seguintes atiraram bilhetes amigáveis uns aos outros, dividiram geleia e cigarros, e chegavam a interromper os tiros para que o inimigo pudesse recolher ou enterrar seus mortos.

Eles agora trocavam insultos e cartas "odiosas e maldosas". Os franceses compunham dísticos rimados insultando o Kaiser e o príncipe herdeiro. Uma mensagem lançada através da terra de ninguém dizia: "Os boches são porcos e deveriam ser guilhotinados, em vez de fuzilados". Anos depois, Hitler recordaria um endurecimento semelhante do espírito humano. "No inverno de 1915-6, essa luta interna para mim havia sido decidida", escreveu em *Mein Kampf*. "Enfim a minha vontade era o senhor indiscutível. Se nos primeiros dias exagerei na euforia e risos, agora estava calmo e determinado." Hitler observou que seus nervos e razão haviam sido enrijecidos pela batalha constante. "O jovem voluntário havia se tornado um velho soldado", ele escreveu. "E essa transformação ocorrera em todo o exército."

Em novembro de 1915, após mais de um ano na frente de batalha, a "transformação" de Hitler já era evidente, uma mudança emocional preservada em objetos remanescentes em sua biblioteca. Numa fotocópia encadernada em couro do histórico militar de Hitler, que inclui seus documentos de alistamento, dá como domicílio permanente Munique, e não lista nenhum familiar, nem suas meias-irmãs mais velhas, Alois e Angela, nem sua irmã mais nova, Paula. Em 1914, todo contato regular com a família parece ter se rompido. Paula mais tarde contou que pensou que ele estivesse morto.

Outro fólio encadernado contendo fotocópias de cartões-postais e cartas que Hitler enviou a Ernst Hepp, um conhecido de Munique, também indica um relacionamento rompido. Em frases longas e sinuosas, pontuadas de apelos emocionais que prenunciam seu estilo retórico nas décadas vindouras, Hitler preenche página após página com relatos vigorosos da luta na linha de frente e seu desejo de retornar para casa. "Penso tantas vezes em Munique, e cada um de nós tem o único desejo de que teremos, enfim, ajustado contas com essa gangue, seja qual for o desenlace", Hitler escreve para Hepp.

> Liquidar com isso, custe o que custar, e que aqueles de nós que tiverem a sorte de rever sua terra natal a encontrem mais limpa e ainda mais purificada dos elementos estrangeiros, através do sacrifício e sofrimento por que tantas centenas de milhares de nós passam diariamente, e do sangue derramado aqui contra um mundo internacional de inimigos.

A última carta a Hepp é datada de 5 de fevereiro de 1915.

Na época em que o RIR 16 tomou posição em Fournes, em março de 1915, onde permaneceria pelos próximos dezoito meses, Hitler parece ter feito do *front* o seu lar. Seu companheiro mais próximo era um *terrier* inglês que capturou naquela primavera, quando, ao perseguir um rato pela terra de ninguém, foi parar nas linhas alemãs. Chamou-o de Foxl e amestrou-o, ensinando proezas como caminhar sobre as patas traseiras e subir uma escada de mão, para divertimento de seus companheiros. Foxl o acompanhou em suas missões no *front* até outubro daquele ano, quando os britânicos introduziram o gás venenoso.

Dispomos de diversas fotografias de Hitler e Foxl em Fournes. Numa delas, Hitler está apoiado num cavalete, um homem desengonçado e desajeitado, bochechas pálidas, bigode cerrado e orelhas grandes e protuberantes. Ele olha para a câmera com olhos semicerrados por causa da luz do sol, enquanto Foxl, que se estende sobre o colo de dois soldados sentados, estica o pescoço na direção de Hitler.

Max Amann, o sargento da companhia, recorda Hitler como um homem sem dúvida estranho, mas particularmente desprendido. Amann lembra que, quando descobriu uma sobra no orçamento da companhia e ofereceu-a a Hitler, porque o austríaco parecia ter pouco dinheiro, Hitler agradeceu e sugeriu-lhe que a destinasse a alguém mais necessitado. De forma semelhante, quando Amann o recomendou para uma promoção, o cabo Hitler recusou. Disse que obtinha mais respeito sem as listras de oficial. Parecia desprendido ao extremo. "Mesmo que eu chegasse às três da manhã, havia sempre alguns homens em serviço", Amann recordou. "Quando eu dizia: 'Mensageiro!', ninguém se mexia, com exceção de Hitler, que se levantava de um salto. Quando eu reclamava: 'Você de novo!', ele retrucava: 'Deixe os outros dormirem. Eu não me importo.'"

Embora os relatos de Amann devam ser vistos com cautela, já que ele se tornaria um companheiro próximo de Hitler e, mais particularmente, o editor de *Mein Kampf*, mais uma vez a biblioteca de Hitler fornece indícios afirmativos. Em um desgastado relato de guerra, *Com Adolf Hitler no Regimento de Infantaria de Reserva Bávaro 16 "List"*, escrito pelo colega veterano do RIR 16 Adolf Meyer e presenteado a Hitler em 1934, observamos o cabo de vinte e poucos anos ziguezagueando por um campo aberto — coberto das culturas não colhidas do verão anterior — enquanto colegas soldados se amontoam numa trincheira. Quando o homem salta para a segurança da companhia deles, Amann informa sucintamente: "Mensageiro, Quartel-General Regimental 16, Hitler".

A dedicação de Hitler aos seus deveres também está preservada em sua cópia pessoal da história de quinhentas páginas do RIR 16, com uma dedicatória manuscrita de Maximilian Baligrand, o último comandante do RIR 16, a Hitler: "Ao corajoso mensageiro, o ex-cabo extremamente condecorado sr. Adolf Hitler, em memória de uma época séria, mas grandiosa, com agradecimentos". Datada do "Natal de 1931", um ano completo antes da tomada do poder por Hitler, a dedicatória manuscrita foi feita bem antes que houvesse uma razão óbvia para bajular o ex-cabo.

Mais importante, é claro, é o grande fólio com o histórico completo do serviço militar de Hitler. Compilado em julho de 1937 para os Arquivos do Partido Nazista, a série de dezoito fotocópias de documentos do Escritório Central para Ferimentos de Guerra e Túmulos foi feita em duplicata para Hitler. Além do registro dos dois ferimentos de guerra de Hitler, suas duas condecorações por bravura — a Cruz de Ferro Segunda Classe em 1914 e a Cruz de Ferro Primeira Classe em 1918, a mais alta condecoração militar para um oficial subalterno — e seus documentos de baixa do exército em março de 1920, o fólio também inclui uma avaliação de seus quatro anos de serviço. O documento 16 registra: "Comportamento: Muito Bom, Penalidades: 0".

Em novembro de 1915, o fato de um cabo da linha de frente gastar quatro marcos com um livro sobre os tesouros culturais de Berlim, quando cigarros, aguardente e mulheres estavam disponíveis para distrações mais imediatas e palpáveis, pode ser visto como um ato de transcendência estética, uma fuga indireta do mundo arruinado de refinamento e beleza que Osborn observou se dissolvendo na lama do Somme, ou, no caso de Hitler, um possível sinal da aspiração permanente por uma carreira de artista, como indicado por marcas arenosas de dedos que encontrei ao lado de uma reprodução na página 282 de *Diana e suas ninfas atacadas pelos sátiros*, de Rubens, e outras manchas ao longo da margem da página 292, ao lado de uma ilustração de Botticelli para a *Divina comédia*, de Dante, em que uma figura desesperada se agarra a um anjo ao ser erguida do Inferno.

O desgastado exemplar de Hitler das memórias de Adolf Meyer:
Com Adolf Hitler no Regimento de Infantaria de Reserva Bávaro 16 "List".

Com linhas nervosas permeando os mantos do anjo e a face angustiada do homem, Botticelli transmite premência e desespero, contrastando com o semicírculo perfeito que emana da mão erguida do anjo, cercando a cena com um hemisfério de serenidade e segurança. Com uma notável economia de forma, ele cria um momento fortemente emotivo de salvação, bem como uma lição técnica sobre contraste e movimento para estudantes de desenho. Enquanto Hitler examinava esse esboço, seus dedos deixaram uma série de marcas arenosas ao longo da margem direita, que mostravam o percurso de sua atenção.

Essa atenção ao detalhe artístico indica a resistência de um espírito artístico obstinado que sobreviveu às objeções veementes do pai ("Um pintor? Nunca!"), à rejeição devastadora pela Academia Real de Artes de Viena ("Aquilo me atingiu como um raio do céu") e à compreensão subsequente de que mesmo sua verdadeira vocação na vida, a arquitetura, estava além do seu alcance. "Não se podia cursar a escola de arquitetura da Academia sem ter cursado a escola de edificações na Technik, e esta exigia um diploma de nível médio", Hitler mais tarde lamentou. "Eu não tinha nada disso." Viveu precariamente os cinco anos subsequentes como pintor *freelance* em Viena e Munique, o que não enfraqueceu suas ambições artísticas. De fato, quando Hitler se alistou no exército, no início do outono de 1914, registrou sua profissão como "artista".

Hitler não foi o único soldado a marchar para o *front* com ambições artísticas.* As fileiras do RIR 16 estavam repletas de pintores profissionais que passaram grande parte da guerra registrando a vida diária e o horror do *front* e cujas obras foram preservadas na história do regimento. Havia Wilhelm Kuh, autor de uma série de desenhos à tinta das ruínas de Fromelles, inclusive uma casa de fazenda atingida por um disparo que deixou o telhado despedaçado, com um enorme buraco no meio; Alexander Weiss, que desenhou os túmulos de soldados mortos ao longo das trincheiras perto de Fromelles; e Max Martens, cuja aquarela de seu alojamento na linha de frente, com o telhado reforçado e sacos de areia à entrada, mostra um letreiro pintado num poste alto que mescla amarga ironia com doce nostalgia ao usar o nome da lendária cervejaria de sua Munique natal: Löwenbräu.

---

* Na Universidade Brown, encontrei uma série de 33 águas-fortes feitas entre 1914 e 1916 pelo artista Fritz Gärtner retratando soldados da linha de frente bávaros. As águas-fortes assinadas foram encontradas entre os papéis restantes de Hitler no *bunker* de Berlim após o suicídio.

Desenho de Botticelli no livro de Osborn sobre Berlim.

Nenhum dos esforços artísticos de Hitler durante a guerra está incluído na história de seu regimento. Sua própria biblioteca preserva seis de suas aquarelas num fólio publicado por seu fotógrafo Heinrich Hoffmann em 1935. O volumoso livro de capa dura, com as palavras *Hitlers Aquarellen* estampadas na capa, contém uma introdução de uma página e apresenta reproduções de meia dúzia de aquarelas, cada uma com um revestimento de papel vegetal, que Hitler pintou entre o outono de 1914 e o verão de 1917. A mais antiga é *Estrada afundada perto de Wytschaete*, de novembro de 1914, que retrata o local onde Hitler recebeu sua primeira Cruz de Ferro e onde a unidade de mensageiros do RIR 16 foi dizimada. "Só em Wytschaete, no dia do primeiro ataque, três dos nossos oito homens foram mortos a tiros, e outros gravemente feridos", Hitler escreveu posteriormente para Ernst Hepp. "Nós, os quatro sobreviventes, e os homens feridos recebemos medalhas." Sua aquarela de Wytschaete mostra uma trincheira vazia se estendendo por uma floresta devastada pela guerra, com árvores abatidas substituindo os homens abatidos.

Em outra pintura, ele retrata um mosteiro saqueado e destruído em Messines, onde no mês seguinte o RIR 16 se viu novamente fustigado em batalha. Hitler também inclui uma cena de Fromelles que mostra o posto de primeiros socorros da linha de frente numa casa de fazenda marcada por estilhaços de bomba. De modo especial, Hitler inclui uma pintura de seu alojamento na casa de fazenda em Fournes, onde estava aquartelado com seus colegas mensageiros, que eles jocosamente apelidaram de "Local da Maria de Cabelos Escuros", em alusão à resoluta mulher do fazendeiro que cuidava deles. Nessa pintura, Hitler mostra uma casa de fazenda resistente, de dois andares, com um celeiro anexo e escombros espalhados pelo pátio. Uma bicicleta está apoiada na parede. Por um período Hitler serviu como ciclista do regimento.

Um observador recente destacou que a reprodução do alojamento na casa de fazenda incluída nas *Aquarelas de Hitler* mostra alterações significativas em relação a uma cópia de um original que sobrevive nos Arquivos do Partido Nazista, sugerindo que Heinrich Hoffmann retocou o original de Hitler para consumo público. De fato, a cópia revela uma mão bem menos hábil. A bicicleta está desenhada somente como um esboço vago, e os detalhes da casa estão grosseiramente desenhados. Não obstante, o embuste incorporado ao fólio e incluído entre os livros remanescentes de Hitler expressa uma emoção autêntica: a aspiração dele de ser um artista melhor do que realmente era.

Desenho de Hitler de seu alojamento na casa de fazenda perto de Fournes. Da cópia pessoal de Hitler de suas obras de arte da época da guerra compiladas por seu fotógrafo, Heinrich Hoffmann.

Berlim também preserva alguns dos primeiros traços da eterna obsessão de Hitler pela capital alemã e do chauvinismo prussiano militante que compartilhou com Max Osborn. Assim como Hitler escreve sobre seu desejo de ver a Alemanha "depurada" de "elementos estrangeiros", Osborn critica as influências de estilos arquitetônicos derivados do século XIX que assolaram essa "Esparta à margem do Spree" com "orgias de uma degradação indizível do gosto". Osborn lamenta a "selvageria" do gosto (*Geschmacksverwilderung*) que despojou a pureza prussiana de Berlim e a sobrecarregou com uma "profusão de pragas artísticas".

Osborn sente especial aversão pelos arquitetos cuja imitação servil de influências estrangeiras, especialmente o "helenismo dogmático", arruinou a estrutura estética de inúmeras cidades alemãs. Ao mesmo tempo, elogia os arquitetos que conservaram uma visão caracteristicamente teutônica, enaltecendo o enorme Reichstag alemão abobadado como "um reflexo artístico do organismo multifacetado do Reich alemão", admirando Karl Friedrich Schinkel pela "marcialidade prussiana" da Casa da Nova Guarda, construída em homenagem aos alemães mortos nas Guerras Napoleônicas, e Karl Gotthard Langhans, que adornou Berlim com seu monumento inconfundível, o Portão de Brandemburgo. Osborn observa que, embora colocasse seis colunas dóricas sobre bases jônicas em deferência ao classicismo mediterrâneo, Langhans evitou sabiamente a tentação de empregar um "frontão helênico". Em vez disso, coroou sua estrutura com a impressionante encenação em cobre, a quadriga com os quatro cavalos transportando a carruagem da deusa da vitória, que conduz uma espada.

Para Osborn, o Portão de Brandemburgo representa "a suprema essência do prussianismo", um equilíbrio entre a beleza aperfeiçoada dos antigos e o claro estilo marcial da planície norte- -alemã — "Grécia Antiga em solo prussiano!" —, a grecomania alemã passando por um campo de treinamento prussiano, submetida à ordem e aprendendo a se erguer resoluta e com plena atenção. "Suas colunas têm algo de singularmente ordeiro e ereto, guardando grande semelhança com um granadeiro", escreve.

A homenagem de Osborn à graça e à grandeza prussianas evidentemente repercutiu no jovem cabo austríaco, como indicam as páginas cheias de dobras nos cantos e a lombada rompida. O livro mostra sinais de um exame cuidadoso — manchas, páginas dobradas, uma gota de parafina vermelha residual ainda viscosa após oitenta anos — num capítulo de trinta páginas sobre Frederico, o Grande, o lendário rei-guerreiro do século XVIII que consolidou a primazia da Prússia como potência militar. Frederico passou a servir como modelo de liderança e comportamento pessoal para

Hitler no fim da vida, embora copiado com imperfeição catastrófica em seus últimos anos como comandante militar.

Osborn descreve o futuro ídolo de Hitler como um monarca intrometido e avaro, que economizava na qualidade e se esmerava na imitação barata e pompa decadente. "O rei, filho total da mediocridade artística de sua época quando se tratava de gosto, via soluções apenas na arbitrariedade frívola daquela era das perucas empoadas", Osborn reclama.

> Mais do que seus predecessores, Frederico se intrometia nos planos de todos os seus artistas através de intervenções pessoais e mudanças. Mais do que seu pai, insistia com impaciência que o trabalho fosse realizado com rapidez e se satisfazia com aparência exterior às quais materiais inferiores, como gesso e estuque, pareciam adequados.

Ainda pior, Frederico evitava "artistas e gênios, dando preferência a artesãos de segunda e terceira classe dóceis e menos caprichosos". Os equívocos arquitetônicos resultantes danificaram não apenas a aparência da cidade, mas também a saúde e a reputação do regente.

Ao planejar a sua residência privada, Sanssouci, em Potsdam, Frederico de início empregou o respeitado arquiteto de Berlim Georg Wenzeslaus von Knobelsdorff, mas não parou de interferir no projeto. De acordo com Osborn, Frederico forçou Knobelsdorff a desistir da construção de espaços subterrâneos, uma decisão, Osborn observa, que resultou num problema crônico de umidade que agravou o reumatismo do rei até o dia de sua morte. Knobelsdorff acabou sendo liberado do projeto e substituído por um arquiteto mais dócil.

Osborn tem prazer especial em narrar o desmoronamento da igreja de tijolos vermelhos do Gendarmenmarkt em 1746. Frederico obrigou os construtores a concluir a igreja em metade do tempo previsto e com um orçamento bem reduzido. Quando a construção do telhado estava quase no fim, as paredes da igreja desabaram, transformando o local numa pilha de escombros e matando quarenta operários. Osborn reproduz uma água-forte da época da estrutura arruinada, com suas pedras desmoronadas, vigas esmagadas e andaimes quebrados, junto com grupos de observadores pasmados. "Os berlinenses naturalmente não pouparam zombarias", Osborn escreve. "Um livreto com o título sardônico *Sinto muito* defendeu a teoria irônica de que a estrutura havia sido construída com pão de mel em vez de pedras."

Na noite de 22 de outubro de 1941, um quarto de século após ter adquirido o guia *Berlim*, de Osborn, Hitler relatou seu fascínio pela capital prussiana, reproduzindo a avaliação de Osborn.

"Sempre gostei de Berlim e, mesmo incomodado porque muita coisa lá não era bonita, a cidade significava muito para mim", lembrou. "Duas vezes, durante a guerra, tive dez dias de férias. Nas duas vezes, fui a Berlim, e desde então conheço os museus e coleções de lá." Hitler, fiel à avaliação de Osborn, chamou a cidade de "caixa de areia do antigo Reich", que havia acumulado um saco de surpresas de estilos arquitetônicos determinados por soberanos com pouca sensibilidade estética — "Guilherme II tinha gosto, só que extremamente ruim" —, e lembrou sua própria visão arquitetônica de "formas primordiais do Norte alemão" que derivaram de "uma fonte grega", uma repetição da própria fórmula arquitetônica de Osborn: "Grécia Antiga em solo prussiano!".

Ao contrário deste, que não podia fazer muito mais do que elogiar, lamentar ou satirizar, em 1941 Hitler possuía o ânimo e os meios para desfazer o passado. "Queremos eliminar tudo que há de feio em Berlim, e tudo que a cidade obtiver agora deve representar o auge do que somos capazes de alcançar com meios modernos", ele disse. "Quem quer que entre na Chancelaria do Reich deve ter a sensação de estar diante dos senhores do mundo, e mesmo o percurso até lá, através do arco triunfal nas ruas largas passando pelo Monumento ao Soldado até a praça do Povo, deve deixar todos sem fôlego." Ele vislumbrou o dia em que Berlim emergiria como "a capital do mundo".

Hitler evidentemente adquiriu o livro de Osborn com finalidade turística, como indicado por outro volume da série da Seemann, um guia de Bruxelas que encontrei entre os livros remanescentes. Assim como *Berlim, Bruxelas* está encadernado com capa verde-oliva banal, o título estampado em carmesim, e assim como no volume de Osborn o nome de Hitler está rabiscado no canto superior direito da contracapa.

Embora não inclua o local nem a data da compra, podemos supor que o livro estava em suas mãos na primeira semana de julho de 1916, quando, logo após a batalha pela floresta Argonne, Hitler aproveitou a licença de uma semana para visitar Bruxelas, acontecimento preservado não apenas no histórico de seu serviço militar, mas também num cartão-postal enviado a um colega do RIR 16. "Esta viagem é a mais maravilhosa que já fiz, apesar da chuva que tem caído sem parar", Hitler escreveu de Bruxelas em 6 de julho. Três meses depois, ele deparou com uma oportunidade imprevista de visitar Berlim.

No final de setembro de 1916, após dezoito meses perto de Fournes, o RIR 16 recebeu ordens de reforçar as defesas do Somme. Os 3 mil homens marcharam até Haubourdin, onde pegaram um trem até Iwuy. Ali trocaram seus Pickelhauben pontudos por capacetes de aço e marcharam até Cambrai, depois prosseguiram até Fremicourt e, enfim, nos primeiros dias de outubro, foram lançados em batalha entre as cidades de Bapaume e Le Barque. O diário do regimento registra 250 mortos, 855 feridos e noventa desaparecidos. Praticamente toda a unidade de mensageiros foi morta ou ferida, como relatado por um soldado sobrevivente:

> Os mensageiros estavam numa passagem subterrânea tão estreita e baixa que uma pessoa não conseguia passar pela outra. Mal dava para sentar. Vivíamos tropeçando nas pernas um do outro. O ar era tão turvo e pesado que mal conseguíamos respirar. Uma escada pequena levava para fora. Eu acabara de me sentar junto de Hitler quando a passagem foi atingida por um tiro. O telhado foi derrubado e destroçado em mil pedaços. Estilhaços de bomba voavam por toda parte.

Só dois homens saíram ilesos.

Hitler foi levado a um hospital de campanha próximo, em Hermies, com um estilhaço de bomba na perna. Foi tratado no início da manhã seguinte em companhia de Ernst Schmidt, que também havia sido ferido e transportado por trem para um hospital militar da Cruz Vermelha em Beelitz, cidadezinha perto de Potsdam, 64 quilômetros a sudoeste de Berlim. Passaria os próximos dois meses ali. "Que mudança! Do lodaçal da batalha de Somme para as camas brancas deste prédio milagroso", Hitler mais tarde recordou. Uma fotografia datada de 26 de outubro de 1916 mostra Hitler num pijama branco de hospital com doze outros pacientes. De pé na fila de trás, braços cruzados, o único sem chapéu, cabelos despenteados, bigode crescido demais e cerrado, olhos escuros e intensos, expressão sombria. Parece mais velho, mais sério do que nas fotografias tiradas em Fournes no ano anterior.

Enquanto se recuperava em Beelitz, Hitler teve chance de ver Berlim, visitando brevemente seus museus e percorrendo os locais mais famosos da cidade, incluindo Unter den Linden, o elegante bulevar ladeado de árvores e ancorado numa extremidade pelo

Portão de Brandemburgo e, na outra, por um imponente monumento a Frederico, o Grande. Osborn afirma que, com essa grandiosa estátua equestre de bronze do rei prussiano — com sua capa e capacete inconfundíveis — no alto de um pedestal de bronze de três níveis com cenas esculpidas do rei-guerreiro conduzindo suas tropas, o escultor Christian Daniel Rauch obteve o perfeito equilíbrio entre "classicismo" e "prussianismo". "Rauch sabia como suprimir seus impulsos clássicos", Osborn escreve com entusiasmo,

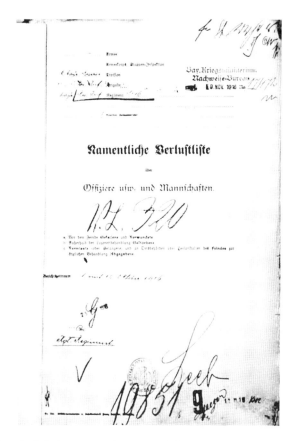

Relatório de baixa em combate concedido a Hitler em 15 de outubro de 1916; reproduzido de seu histórico militar.

"e criar no Velho Fritz, com seu chapéu de três bicos, peruca e bengala, uma obra-prima do realismo de Berlim."

Em dezembro, Hitler foi liberado de Beelitz e viajou até Munique, onde passou o Natal antes de se juntar de novo ao RIR 16 no *front*. Retornou a Berlim em outubro de 1917, onde passou dez dias de licença com os pais de um colega do RIR 16, Richard Arendt. "A cidade é fantástica", Hitler escreveu para Ernst Schmidt em 6 de outubro de 1917. "Uma verdadeira metrópole. O tráfego também é impressionante. Estou em movimento quase o dia inteiro. Enfim encontrei tempo de estudar melhor os museus. Em suma: tenho tudo de que preciso." Incluindo, podemos supor, o guia *Berlim*, de Osborn.

Hitler evidentemente confiou em Osborn como um guia aos tesouros museológicos de Berlim, que o autor tinha em grande estima e afirmou que "compensavam" as deficiências arquitetônicas da cidade. Osborn critica um museu por exibir as obras do pintor bávaro Peter Cornelius em detrimento do artista prussiano Adolph Menzel e do austríaco Moritz von Schwind. "Toda a planta baixa da Galeria Nacional foi tão prejudicada pela exigência de ter as duas grandes galerias de Cornelius", Osborn diz, "que as consequências desse passo nunca serão completamente remediadas." Em seu esboço de uma reorganização imaginária da coleção, Hitler retifica essa deficiência dos curadores relegando as obras de Cornelius a uma única sala modesta, acomodando a coleção de Von Schwind em três galerias sucessivas e dedicando uma ala inteira às obras de Menzel. Hitler fez uma segunda visita de dez dias a Berlim no início do outono de 1918, de novo passando o tempo em exploração a museus e atrações arquitetônicas.

Ele retornou à frente de batalha nos últimos dias de setembro, justamente durante a ofensiva final britânica da guerra. Ali foi cegado por um ataque de gás. "Num morro ao sul de Wervick, sofremos na noite de 13 de outubro várias horas de fogo de artilharia intenso, com bombas de gás que continuaram a noite inteira com maior ou menor violência", Hitler recordou. "Já à meia-noite, vários de nós perderam os sentidos, alguns de nossos colegas para sempre." Hitler foi removido do *front* e transportado até um lazareto perto de Pasewalk, na Prússia Oriental, onde aos poucos recuperou a visão. Naquele novembro, ao tomar conhecimento da capitulação alemã, viu-se brevemente acometido de um segundo ataque de cegueira.

Alguns anos depois, Hitler exagerou a importância de sua cegueira em Pasewalk, alegando que, combinada com o trauma da capitulação alemã, precipitou a epifania que o levou a ingressar na política, conforme escreve em *Mein Kampf*.

Embora exista um alinhamento aproximado entre o final do serviço militar de Hitler no *front* e o princípio de sua atividade política, não existe nenhuma indicação de que ele retornou da guerra, em dezembro de 1918, com alguma intenção de pôr em prática seus pontos de vista políticos.

Hitler chegou a Munique com a visão plenamente recuperada e um exemplar com ligeiro desgaste do guia de Berlim de Osborn — além do guia de viagem sobre Bruxelas —, que manteria consigo pelo resto da vida. No princípio da década de 1920, *Berlim* se juntou a um número crescente de livros numa estante de madeira, primeiro no seu apartamento na rua Thiersch, 41 e, depois de agosto de 1929, acomodado em sua residência mais elegante no terceiro andar de um prédio na praça Príncipe Regente, em Munique. Na segurança protetora da coleção de Hitler, esse volume sobreviveu à queima de livros de maio de 1933 — como judeu, Osborn constava da lista dos autores proibidos e acabou emigrando para os Estados Unidos — e aos bombardeios subsequentes dos Aliados na década de 1940.

A certa altura na primavera de 1945, *Berlim* foi embalado num engradado com 3 mil outros livros de Hitler e transferido para uma mina de sal perto de Berchtesgaden, onde foram descobertos por uma unidade da 101ª Divisão Aerotransportada americana, levados a um "ponto de coleta" em Munique e, enfim, despachados, via Frankfurt, a um depósito em Alexandria, Virgínia. Após vários anos, o livro tornou-se parte da coleção de livros raros da Biblioteca do Congresso, onde recebeu o código de catálogo N6885.07. Divisão de Livros Raros e Coleções Especiais da Biblioteca do Congresso.

Na primavera de 2001, quando abri pela primeira vez *Berlim*, de Osborn, na calma atmosfera da Sala de Leitura de Livros Raros, com os sons abafados do tráfego do meio-dia, descobri, enfiado na dobra entre as páginas 160 e 161, um fio de cabelo preto rijo de 2,5 centímetros que parecia ser de bigode. Uma extensão da ideia benjaminiana: o colecionador preservado dentro de seus livros, literalmente.

LIVRO 2

A influência do mentor

A ideia de tornar-se o rei do mundo não deve ser tomada ao pé da letra como a "Vontade de Poder". Oculta por trás dela está a crença espiritual de que acabaremos sendo perdoados por todos os nossos pecados.

Da introdução de Dietrich Eckart à sua adaptação
para o palco de *Peer Gynt*, de Henrik Ibsen

O exemplar de *Peer Gynt* de Hitler está bem desgastado. É uma segunda edição, publicada pela Hoheneichen Verlag em 1917. Os papelões da capa estão tortos, arqueados no centro e virados para dentro. A capa de linho barata de trama larga desbotou irregularmente. Uma mancha verde suja no centro se transforma num marrom sem vida ao longo das bordas, como um gramado estorricado no fim do verão. Uma faixa sem graça de papel verde-limão foi colada ao longo da lombada, exibindo vestígios do título original gravado a ouro: as partes superiores de um *G* e um *T*. As letras irregulares da fonte Fraktur irritam os olhos.

O volume abre sem esforço, revelando uma dedicatória pessoal de Dietrich Eckart a Adolf Hitler, numa letra cursiva empolada que espirala pela página, ao "seu querido amigo" — *seinem lieben Freund* — que está escrita de forma abreviada: S. L. Freund.

Poucas pessoas podiam considerar Hitler um "amigo", menos ainda um amigo "querido", mas Eckart era mais do que isso. Ele era defensor, mentor e uma figura paternal, o homem que comprou o primeiro casaco de trincheira de Hitler, levou-o em sua primeira viagem de avião e à sua primeira produção teatral em Berlim. Eckart ensinou a Hitler como escrever e publicou seus primeiros ensaios. Circulou com Hitler entre seus amigos prósperos, quebrando o gelo com estas palavras: "Este homem é o futuro da Alemanha. Um dia o mundo inteiro estará falando sobre ele".

O mais importante é que Eckart moldou a argila maleável do mundo intelectual e emocional de Hitler. Ao se conhecerem, Hitler tinha 31 anos e começava a abrir caminho para o cenário político de Munique. Eckart era de uma geração anterior e figura influente não apenas em Munique, mas em grande parte da Alemanha. Sua adaptação de *Peer Gynt* foi uma das produções teatrais mais bem-sucedidas da época, presumivelmente com mais de seiscentas apresentações só em Berlim.

Tratava-se de um homem de apetites fortes — por mulheres, álcool e morfina — e opiniões ainda mais fortes, sobretudo no tocante aos judeus. Publicava o semanário incitador de ódio *Auf gut Deutsch* [Em bom alemão] e foi um dos financiadores, também em Munique, da Hoheneichen Verlag, uma editora especializada em literatura antissemita. Um jornal de Munique afirmou que o ódio de Eckart aos judeus era tão profundo que ele seria capaz de "consumir meia dúzia de judeus junto com seu chucrute no almoço". Eckart deu foco, forma e ardor ao antissemitismo do próprio Hitler.

"Eckart foi o homem que, de acordo com as próprias afirma-

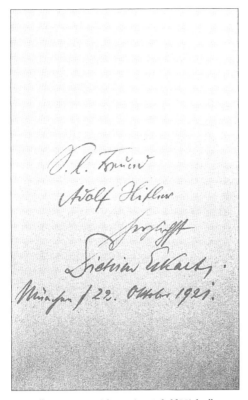
"Ao seu querido amigo Adolf Hitler":
dedicatória de Dietrich Eckart no Peer Gynt.

ções repetidas de Hitler, teve a maior importância para seu desenvolvimento pessoal", um companheiro de Hitler observou. "Era o melhor amigo de Hitler e também pode ser considerado seu pai intelectual. Esse é o caso especialmente no princípio; seu patriotismo racial fanático e antissemitismo radical fizeram de Eckart a maior influência sobre seu desenvolvimento político." No leito de morte, Eckart teria dito: "Sigam Hitler! Ele dançará, mas fui eu que invoquei a música!". Hitler saudou Eckart como a "estrela polar" do movimento nazista.

No final de 1918, ao retornar da guerra, Hitler encontrou a Alemanha mergulhada no caos. Em Berlim, os socialistas haviam derrubado o *Kaiser* e proclamado uma república socialista. Em Munique, um radical socialista chamado Kurt Eisner declarou a Baviera um país independente, mas acabou assassinado por um conde de direita. No tumulto subsequente, o governo foi arrebatado por bolcheviques — incluindo um anarquista, um teatrólogo e um paciente psiquiátrico que, em seu breve mandato como ministro do Exterior, declarou guerra à Suíça — que estabeleceram um Estado soviético efêmero na Baviera. No final, uma força de 9 mil tropas regulares, apoiadas por um *Freikorps* [exército voluntário] de 30 mil soldados da reserva, derrubou os bolcheviques e, após executar seus líderes, restabeleceu alguma ordem.

Em meio ao tumulto, Hitler encontrou refúgio no alojamento de Oberwiesenfeld, na periferia de Munique. Por algumas semanas montou guarda numa prisão da cidade vizinha de Traunstein, junto com o antigo colega mensageiro do RIR 16 Ernst Schmidt, depois por cerca de um mês com o destacamento de guarda na estação ferroviária principal de Munique. No alojamento, começou a circular entre as unidades militares incitando contra a insurreição bolchevique e foi brevemente escalado para um grupo de investigação de baixas que avaliava as afiliações políticas dos soldados antes de aprovar sua liberação do exército.

Naquelas semanas, Hitler chamou a atenção do capitão Karl Mayr, que se impressionou com seus fortes sentimentos antibolcheviques e sua forma convincente de falar. Naquela primavera, Mayr sugeriu que Hitler assistisse a um curso de uma semana de ideologia política na Universidade de Munique e, em agosto, enviou-o para um curso prático de propaganda e oratória de duas semanas numa instalação de treinamento militar perto de Augsburg. Quando Hitler retornou, Mayr o enviou em missões de coleta de informações entre os partidos extremistas recém-surgidos que vinham proliferando na atmosfera política incerta.

Na sexta-feira, 19 de setembro de 1919, Hitler compareceu a uma reunião do Deutsche Arbeiterpartei [Partido dos Trabalhadores Alemães], um movimento novo fundado em janeiro por um jornalista esportivo, Karl Harrer, e um mecânico ferroviário local, Anton Drexler, em que estava programada uma preleção de Dietrich Eckart. Quando Eckart ficou doente, Gottfried Feder, cujo livro sobre a "escravidão dos juros" Hitler havia lido naquele ano, o substituiu. "Minha impressão não foi boa nem ruim, uma organização nova como tantas outras", Hitler mais tarde falou sobre a reunião. "Era uma época em que qualquer um que não estivesse satisfeito com o rumo das coisas e tivesse perdido a confiança nos partidos existentes se sentia no dever de fundar um partido novo. Por toda parte essas organizações brotavam, para desaparecer silenciosamente após algum tempo."

No debate que se seguiu à palestra de Feder, irrompeu uma discussão sobre a Áustria: um professor defendeu a criação de um Estado austríaco-bávaro e Hitler se pôs a investivar contra o professor, que acabou abandonando a sala com o chapéu na mão. Impressionado com a oratória de Hitler, Drexler entregou-lhe um panfleto político que havia escrito sobre sua conversão pessoal ao nacionalismo radical.

Naquela mesma noite, no alojamento de Oberwiesenthal, Hitler leu o tratado de Drexler: *Meu despertar político: Do diário de um trabalhador socialista alemão*. Nessa história de amadurecimento político de quarenta páginas, Hitler leu sobre a transformação de Drexler de um trabalhador adolescente apático e quase desamparado de Berlim — "Como resultado do desemprego, sobrevivi como tocador de cítara numa casa noturna" — em um fervoroso nacionalista alemão e antissemita igualmente virulento. "Por antissemita se entende todo aquele que reconhece a influência judaica destrutiva sobre a vida dos nossos povos, contra a qual luta, e se protege do estrangulamento econômico pelos judeus!" Drexler remonta sua conversão ao antissemitismo a uma noite, em novembro de 1917, quando encontrou um negociante judeu na Antuérpia e se envolveu numa discussão sobre o nacionalismo alemão, indo parar, inconsciente, numa prisão local. "Não sei dizer se aquele apóstolo do Talmude despejou algo no vinho", Drexler escreveu, "porém depois, quanto mais pensava naquilo, cheguei a uma pista que só agora reconheço." Claro que a epifania de Drexler foi a suposta predominância da influência e controle judeus.

Drexler alega ter detectado influências judaicas na imprensa, incluindo o jornal *Vossische Zeitung*; nas finanças, em que afirma que 80% dos ativos alemães estão "em mãos judias"; nos sindicatos; em partidos políticos; no movimento bolchevique; e finalmente na crise do esforço de guerra alemão. Drexler fala de forma sinistra da "influência judaica corrosiva sobre a vida do nosso povo" e enfatiza a suposta ameaça econômica, salpicando o tratado com citações do Talmude, seus próprios discursos, um poema de Dietrich Eckart e conceitos agourentos, como "erradicação" [*Ausrottung*] e "extermínio" [*Vernichtung*]. "Desde o momento em que reconheci o verdadeiro inimigo de todos os trabalhadores, nada mais me deteve", Drexler escreveu. "Com o grande amor que sentia por minha terra natal, impus--me a tarefa de, usando todos os meios disponíveis, ajudar a abrir os olhos daquelas pobres almas iludidas em relação ao verdadeiro inimigo."

Ao ler o tratado de Drexler, Hitler encontrou ressonâncias familiares com suas próprias experiências. "Uma vez que comecei, li o pequeno livro até o fim com interesse, pois refletia um processo semelhante àquele pelo qual eu mesmo passara doze anos antes", Hitler recordou. "Involuntariamente, vi meu próprio desenvolvi-

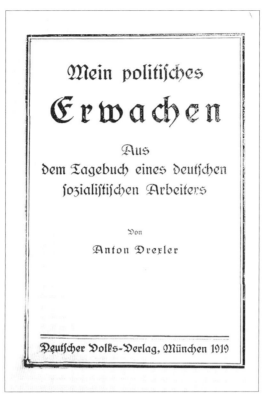

Quando leu Meu despertar político, *de Anton Drexler, Hitler viu "meu próprio desenvolvimento ganhar vida ante meus olhos".*

mento ganhar vida ante meus olhos." Alguns dias depois, Hitler recebeu um cartão-postal dizendo que havia sido "aceito" no Partido dos Trabalhadores Alemães. Ele ponderou sobre a filiação e resolveu dizer sim. "Agora temos um austríaco. Ele realmente sabe falar, camarada", Drexler mais tarde gracejou. "Podemos certamente lançar mão dele."

Quando Hitler compareceu a uma segunda reunião numa sala de fundos na Cervejaria Sternecker, encontrou-se com outras trinta ou quarenta pessoas que ouviam um discurso longo e tedioso de Karl Harrer. Harrer havia avançado por algum tempo, até ser subitamente interrompido pela "voz profunda e áspera" de um homem idoso: "Não dá para você parar de dizer besteiras? Ninguém está dando a mínima para o que você está dizendo!". Hitler se virou e viu que uma figura imponente o fitava, com uma calva avançada, olhos azuis intensos e bigode pintado. "Eu poderia tê-lo abraçado", Hitler mais tarde lembrou.

Harrer concluiu, nervoso, a sua fala, e a reunião acabou. Anton Drexler conduziu Hitler ao homem mais velho e apresentou-o como Dietrich Eckart. Hitler sentiu uma instantânea afinidade. Eckart perguntou a Hitler se havia visto *Peer Gynt* ou *Lorenzaccio*, peça escrita por ele — Hitler não havia visto — e o convidou para ir a sua casa. Foi um momento marcante. Na semana seguinte, Drexler acompanhou Hitler até o belo casarão de Eckart, onde foram conduzidos à biblioteca no andar superior.

Quando os homens entraram, Eckart se ergueu, majestoso, da sua escrivaninha, virou-se para eles, espiou sobre seus óculos de leitura, elevou a cabeça dominadora — Hitler lembrou vivamente cada detalhe — e, tirando os óculos, aproximou-se para saudar os convidados com um aperto de mão. "Uma testa altiva, olhos azuis, todo o seu semblante como o de um touro, sem falar na voz com um tom admiravelmente direto", Hitler recordou.

Hitler nunca conhecera ninguém como Eckart. Seu próprio pai, Alois Hitler, havia sido um funcionário público de médio escalão, cuja falta de instrução formal atrapalhou a carreira desde cedo, apesar de suas notórias capacidades intelectuais, levando-o a ocupar uma série de cargos modestos em escritórios da alfândega ao longo do rio Inn, na fronteira entre Áustria e Alemanha. Na velhice comprou uma grande casa de campo que exauriu tanto seus recursos e energias que ele a abandonou e se mudou para uma residência mais modesta perto de Linz, onde passaria o resto dos seus dias. No final, sua única ambição na vida era ver as duas filhas casadas e seus dois filhos com empregos lucrativos. Seu obituário no jornal local registrou suas realizações na apicultura, sua natureza irascível e a voz ressonante.

Como filho de funcionário público de médio escalão, Hitler ficou impressionado com a estatura de Eckart, tanto física quanto material, e lisonjeado por suas atenções. Eckart parece ter se impressionado igualmente com Hitler. Ao contrário de Karl Harrer, que Eckart achava tedioso, ou mesmo de Drexler, que passara os anos de guerra envolvido em política no *front* interno, Hitler possuía a paixão e as credenciais de linha de frente que Eckart havia muito tempo procurava.

"Precisamos de alguém para nos liderar que esteja acostumado ao som de uma metralhadora. Alguém capaz de deixar os outros tremendo de medo", Eckart teria dito, três anos antes, enquanto bebia no Café Nettle de Munique. "Não preciso de um oficial. As pessoas comuns perderam todo o respeito por eles. O melhor seria um trabalhador que saiba como falar. Não precisa saber muito. A política é a mais estúpida profissão da face da terra." Eckart afirmou que "qualquer mulher de fazendeiro" em Munique sabia tanto quanto qualquer líder político. "Dê-me um macaco inútil capaz de dar aos vermelhos o que merecem e que não fuja correndo quando alguém o ameaçar com uma perna de cadeira", ele disse. "Eu o preferiria, em qualquer tempo, a uma dúzia de professores instruídos que molham suas calças e ficam paralisados com medo da realidade. Tem que ser solteiro, para atrairmos as mulheres."

A descrição se ajusta de modo tão perfeito a Hitler que desafia a credibilidade, mas apesar disso existem indícios independentes da busca de um futuro líder levada a cabo por Eckart antes de conhecer Hitler. Em *Lorenzaccio*, peça que estreou no outono de 1916, Eckart relata a luta de um príncipe florentino em busca de um líder — Eckart emprega a palavra Führer — capaz de instilar orgulho e restabelecer a ordem em sua cidade-Estado vacilante.

Eckart faz o príncipe florentino se desesperar por não conseguir encontrar "ninguém" (*keiner*): "*Keiner, keiner, keiner, keiner!*", ele brada, repetindo o lamento doloroso do rei Lear: "Nunca, nunca, nunca, nunca, nunca".

Quando *Lorenzaccio* estreou no Teatro da Corte Real em Berlim, a peça exprimiu com muito vigor a crescente desilusão com a liderança alemã e com uma guerra que parecia paralisada num derramamento de sangue absurdo e que parecia não ter fim.

Com a renda substancial obtida com seus sucessos teatrais, Eckart ajudava a financiar sociedades de direita como o Clube Fichte, em Berlim, e a Sociedade Thule, em Munique, que promoviam rompantes virulentos de nacionalismo e antissemitismo sob o disfarce do misticismo ariano. Thule foi a suposta capital de um antigo império ariano situado na Escandinávia. Em 1917, junto com Gottfried Grandel, um próspero negociante de Augsburg, financiou a aquisição da editora Hoheneichen Verlag e, no ano seguinte, foi um dos financiadores do semanário *Auf gut Deutsch.*

Ao mesmo tempo, Eckart percorria a periferia política de Munique em busca de escritores talentosos. Em dezembro de 1918, aliciou Alfred Rosenberg, um alemão báltico boa-pinta de 21 anos que repartia seu ódio entre judeus e bolcheviques, igualmente membro da Sociedade Thule. Na primavera seguinte, Eckart contratou Hermann Esser, um jornalista sensacionalista e cheio de veneno, com um pendor para o escandaloso e libidinoso.

Mais marcadamente, Eckart começou a cortejar Wolfgang Kapp, um aristocrata prussiano cujas condenações belicosas ao Tratado de Versalhes e à democracia de Weimar o haviam transformado no principal porta-voz da direita radical por toda a Alemanha. Nas mesmas semanas em que Eckart e Hitler se conheceram, Eckart viajou a Berlim para uma conversa particular com Kapp. "Eu vinha admirando sua pessoa somente à distância e, de repente, você ficou próximo de mim", Eckart escreveu a Kapp depois. Em março de 1920, quando Kapp promoveu um golpe militar com unidades insatisfeitas do exército alemão, Eckart pegou avião e piloto emprestados de Grandel e voou até Berlim. Convidou Hitler a ir junto.

Quando os dois homens chegaram ao hotel Adlon, que vinha servindo de quartel-general de Kapp, Eckart viu Ignatius Timothy Trebitsch-Lincoln, um jornalista húngaro que Kapp nomeara porta-voz para a imprensa. Na mesma hora Eckart viu que Kapp não era o homem certo. Trebitsch-Lincoln era judeu. Eckart pegou Hitler pelo braço: "Vamos embora, Adolf", teria dito. "Não queremos nada com esse tipo de coisa." Hitler reproduziu os sentimentos de Eckart num relatório de informações que apresentou após retornar a Munique. "Quando vi e falei com o porta-voz para a imprensa do governo de Kapp", Hitler escreveu, "soube que aquela não poderia ser uma revolução nacional e que estava fadada a falhar, já que o porta-voz era um judeu."

Nos dias que se seguiram, Eckart e Hitler observaram o *putsch* de Kapp descambar no caos e, enfim, na calamidade. Os ataques dos bolcheviques paralisaram a cidade. As unidades rebeldes do Reichswehr ficaram indecisas. O Reichstag alemão fugiu para Berlim e voltou a se reunir primeiro em Weimar, depois em Stuttgart, e continuou dirigindo o país. Dentro de uma semana, o *putsch* estava encerrado. Kapp fugiu, e o governo de Weimar retornou. Eckart e Hitler permaneceram em Berlim, visitando os amigos ricos de Eckart e, bem provavelmente, assistiram a uma representação de *Peer Gynt* no Teatro Nacional.

Nem Hitler nem Eckart forneceram detalhes da permanência juntos em Berlim, mas palavras e ações subsequentes indicam que estabeleceram um elo pessoal forte. "Vi-me atraído para aquela pessoa, e logo percebi que era o homem certo para o movimento inteiro", Eckart mais tarde observou, "e meu relacionamento com ele se tornou mais pessoal durante a época do *putsch* de Kapp."

Embora não tenhamos uma declaração equivalente de Hitler, suas ações são tão reveladoras quanto as palavras de Eckart. Logo após seu retorno a Munique, renunciou à patente no exército, deixou seu alojamento no quartel e, com um punhado de bens minuciosamente relacionados nos registros do exército, mudou-se para um apartamento de segundo andar na rua Thiersch, uma rua tranquila junto ao rio Isar e pertinho do escritório de Eckart.

Com Hitler a apenas algumas portas de distância, Eckart achou conveniente assumir o direito de propriedade sobre a carreira do jovem homem. Circulou com ele entre seus amigos, acrescentou sua própria seriedade de direita às aparições iniciais de Hitler em cervejarias e agiu como diretor de cena da pessoa pública de Hitler. Com uma propensão para o teatral, Eckart sonegou a imagem de Hitler à imprensa como meio de acentuar sua aura. Tropas de assalto foram instruídas a atacar fotógrafos que tentassem fotografá-lo. Geralmente o filme era removido à força, embora às vezes as câmeras fossem destruídas. Quando William Randolph Hearst solicitou uma fotografia de Hitler para ilustrar uma matéria, teria sido informado de que lhe custaria 30 mil dólares. Se alguém quisesse ver Hitler, teria que ir ouvi-lo. Uma explicação mais prosaica sustenta que a imagem de Hitler foi suprimida para evitar sua identificação fácil pela polícia.

De qualquer modo, mesmo em 1923, enquanto Hitler vinha lotando os maiores locais públicos de Munique e se tornara presença assídua na imprensa alemã, sua aparência física continuava um mistério. Quando Thomas Theodor Heine, cartunista político radicado em Munique, visitou Berlim, perguntaram-lhe tanto sobre a aparência de Hitler que ele respondeu com uma página repleta de caricaturas em dimensões grotescamente exageradas, cada uma enfocando um aspecto diferente: seu olhar hipnótico, sua voz lendária, seus gestos fanáticos. "Mas qual era a aparência real de Hitler?", Heine ponderou. "A questão deve permanecer sem resposta. Hitler não existe como indivíduo. Ele é uma condição."

Mais importante, é claro, foi o fato de Eckart ter roteirizado o papel de Hitler como o mais execrável antissemita da história. O próprio Hitler admite que, antes de conhecer Eckart, havia sido exposto apenas de passagem às ideias ou à retórica antissemita. Contou que o pai teria considerado um sinal de "atraso cultural" usar o termo *judeu* em casa. Hitler se lembra de ter ficado "horrorizado" com as observações antissemitas ocasionais ouvidas na escola. "Só quando fiz catorze ou quinze anos comecei a deparar com a palavra 'judeu' com certa frequência, em parte ligada a discussões políticas", disse. "Isso me enchia de uma aversão branda, e não conseguia me livrar de uma sensação desagradável que sempre surgia quando discussões religiosas ocorriam na minha presença."

Em Viena, onde enfrentou pela primeira vez a "questão judaica", Hitler se viu dividido entre a "tolerância" inata de sua vida familiar e a retórica antissemita da direita política da cidade, além de seus primeiros encontros com judeus nas ruas da cidade. "Como sempre nesses casos, comecei a tentar mitigar minhas dúvidas através dos livros", Hitler observou. "Por alguns *hellers*, comprei os primeiros folhetos antissemitas de minha vida." Ele os desprezou como "não científicos".

Agora o antissemitismo de Hitler ganhou forma e ardor sob a tutela de Eckart. "O próprio Dietrich Eckart lidava com os aspectos literários e intelectuais", Hitler observou, "mas dominava todo o tema como poucos outros." Em particular, Hitler atribuiu a Eckart a associação entre judeus e bolcheviques.

Embora não haja como aferir as influências específicas de Eckart sobre o antissemitismo embrionário de Hitler, ou o que ele pode ter absorvido de outros companheiros e em suas próprias leituras, podemos ter uma noção do tom e do espírito do ensinamento de Eckart numa "Conversação" que este vinha escrevendo na época de sua morte. Nessa espécie fragmentária e perversa de diálogo socrático entre mentor e pupilo, Eckart e Hitler se envolvem num pugilato de retórica antissemita, cada um tentando superar o outro em termos de violência. Hitler culpa os judeus pelos excessos e erros coletivos da Igreja Católica: a venda de indulgências é uma "prática judaica" clara; as Cruzadas que sangraram a Alemanha de "6 milhões de homens" e enviaram "dezenas de milhares de crianças" à morte foram invenção dos judeus. "Que religião!", Hitler se enfurece. "Esse chafurdar na sujeira, esse ódio, essa maldade, essa arrogância, essa hipocrisia, essa trapaça, essa incitação ao logro e ao assassinato — será isso uma religião? Então ninguém mais religioso do que o próprio diabo. Trata-se da essência judaica, do caráter judaico, e ponto final!"

"Lutero expressou sua opinião a respeito com bastante clareza", Eckart responde. "Ele nos insta a queimar as sinagogas e escolas judaicas e a empilharmos terra sobre os destroços para que nenhum homem jamais volte a ver uma pedra ou cinza delas."

Hitler acrescenta, convicto: "Queimar suas sinagogas, infelizmente, não teria adiantado muito. A verdade é: mesmo que nunca tivesse existido uma sinagoga, uma escola judaica, um Antigo Testamento ou um Talmude, o espírito judaico ainda teria existido e exercido seu efeito".

A "Conversação" de Eckart se estende por oitenta páginas, encerrando-se abruptamente. O fragmento foi publicado pela Hoheneichen Verlag em março de 1923, três meses após a morte de Eckart, enquanto Hitler estava sendo julgado pela tentativa fracassada de derrubar o governo bávaro. Os biógrafos de Hitler costumam desprezar esse documento estranho, por ser claramente um diálogo inventado, sem nenhum indício de que Hitler tivesse contribuído para a sua criação. Se bem que haja uma boa razão para descartá-la como documento formal, a "Conversação" não apenas capta o tom e o espírito, se não o conteúdo literal, das conversas de Eckart com Hitler, mas também preserva um fato pessoal importantíssimo: nessas oitenta páginas manuscritas, Eckart permite que Hitler a ele se iguale, ponto a ponto, em termos de fato ou veneno, num rito de passagem em que o discípulo se mostra à altura do mestre.

Quando Eckart escreveu a dedicatória no *Peer Gynt* ao seu "querido amigo Adolf Hitler", no outono de 1921, tinha mais de duas dúzias de obras — peças, poesia, antologias, romances, coletâneas de ensaios — dentre as quais escolher, várias mais apropriadas, à primeira vista, do que o épico de Ibsen. Poderia ter presenteado Hitler com um exemplar de *Tannhäuser de férias*, sua homenagem de 1895 a Richard Wagner. E claro que havia *Lorenzaccio*, com suas referências visionárias ao "Führer". Eckart deu de presente um exemplar desse livro, com uma dedicatória, à irmã mais nova de Hitler, Paula, um presente que lisonjeou tanto o presenteador como a presenteada.* Ao selecionar *Peer Gynt* para Hitler, porém, Eckart pretendeu ser menos narcisista e mais intensamente pessoal. A adaptação que fez de *Peer Gynt* para o teatro, além de ser sua obra de mais sucesso, também era aquela com que se identificava mais.

Quando leu pela primeira vez o poema épico de Ibsen, na primavera de 1911, Eckart era um escritor fracassado de 44 anos que desperdiçara seu talento artístico e recursos financeiros, e era obri-

---

* Encontrei o livro num depósito de lembranças da família de Hitler recolhidas no apartamento de Paula Hitler, em Viena, ao final da guerra, por um vizinho que, mais tarde, as doou a um arquivo de Linz. Junto com diversos objetos da família que remontam à juventude de Hitler, inclusive um livro de contabilidade das despesas diárias da casa, cartões-postais e bordados com as iniciais da mãe de Hitler, existe também um livro com fotos de Munique que ele dedicou à irmã na visita de duas semanas que esta lhe fez em fevereiro de 1922.

gado a dormir em bancos de praça em Berlim. Somente a morte do pai e a herança resultante o livraram da miséria. A história do "Fausto nórdico", de Ibsen, o impressionou. O protagonista homônimo parte de uma aldeia norueguesa isolada cheio de confiança juvenil, resolvido a se tornar o "rei do mundo". Percorre a Europa e o norte da África, o mundo mágico dos *trolls* e as cortes dos reis, deixando em sua esteira vidas arruinadas e promessas traídas, apenas para voltar para casa no fim da vida arruinado e envergonhado. Ali encontra a amada abandonada mas fiel, Solveig — seu nome significa "caminho da alma" — esperando por ele e oferecendo-lhe a salvação. Eckart comoveu-se tanto com o destino de Peer Gynt que escreveu para o filho de Ibsen na Noruega solicitando permissão para adaptar o poema aos palcos alemães.

"Eu *experimentei* Peer Gynt, não apenas devido à sua vida interior, mas em grande parte pelas coisas que aconteceram com ele", Eckart explicou.

> De forma semelhante, a canção de Solveig desempenha um papel melancólico na minha existência, mas como isso acontece com toda alma sensível, não há nada de anormal. Só é marcante em acontecimentos mais remotos, por exemplo, com o dedo que é cortado — quando menino, certa vez cometi a estupidez de prender a mão num torno para não precisar ir ao colégio —, mas de forma mais marcante no asilo de loucos. Há mais de vinte anos, fui parar lá devido a uma grave dependência de morfina.

Eckart notou outro paralelo. No verão de 1867, enquanto Ibsen idealizava seu herói épico, os pais de Eckart conceberam o filho. "Quem quiser que ria do misticismo resultante", Eckart escreveu. "Para mim esse fato encerra uma epifania transcendente, um consolo inabalável que perdurará até o fim de minha jornada terrestre." Eckart prosseguiu por catorze páginas semelhantes, observando, além disso, que a tradução alemã autorizada de Christian Morgenstern era uma paródia do original. Na opinião de Eckart, Morgenstern, um judeu, era pouco mais do que um "coveiro" da língua, cujos versos mal se prestavam a um jornal de cervejaria. Para enfatizar sua identificação inteiramente pessoal com o personagem de Ibsen, Eckart mandou estampar "Peer Gynt" em seus papéis de carta. Quando Eckart deu de presente o livro ao seu "querido amigo" Adolf Hitler, tratou-se de um gesto muito pessoal.

Hitler, não familiarizado com a obra quando conheceu Eckart no outono de 1919, teria sentido ressonâncias semelhantes às que atingiram Eckart. Na juventude, à semelhança de Gynt, Hitler fora tomado por um desejo de viajar, alimentado em grande parte pelas histórias de aventuras como a série de romances Leatherstocking Tales [Contos dos Desbravadores], de James Fenimore Cooper, *Robinson Crusoe*, de Daniel Defoe, *Através do deserto*, de Karl May, e as aventuras da vida real do explorador sueco Sven Hedin, que nas primeiras décadas do século XX atravessou algumas das últimas regiões inexploradas da Terra e retornou com relatos fascinantes de povos desconhecidos e perigos incontáveis. "Quando menino, ele costumava mencionar o nome de Sven Hedin pela casa", Paula Hitler certa vez lembrou.

Ele acompanhava suas explorações pelo interior da Ásia tão atentamente como todas as outras coisas que pareciam importantes ao futuro do mundo. E aí — mal parara de usar os sapatinhos de criança quando foi acometido por um entusiasmo irreprimível por lugares distantes, um após o outro: queria ir para o mar e depois para o deserto, livrar-se das cadeias que mantinham seu espírito errante e inquieto contido em um raio de dez quilômetros. Inicialmente permaneceu naqueles dez quilômetros, um grande alívio para mamãe, a quem era tão ligado.

Hitler recordou que viu pela primeira vez *Peer Gynt* em Berlim, na companhia de Eckart, observando com aversão a preferência de Munique pelas adaptações de Morgenstern. Embora Hitler não mencione nada de mais específico sobre a encenação, nem o ano, nem as circunstâncias, sua biblioteca preserva ressonâncias daquele acontecimento memorável no catálogo de discos de gramofone, que lista quatro gravações diferentes da música de cena de Grieg para *Peer Gynt*, e na adaptação para o palco de Eckart com dedicatória e nove xilogravuras de cenas individuais. Em conjunto, esses objetos transmitem o espírito e o tom daquela noite em que Hitler se sentou na companhia de Eckart e ouviu as notas pungentes dos instrumentos de madeira, enquanto a cortina se erguia e revelava uma modesta cabana em primeiro plano e picos escarpados atrás.

"Quero atingir a grandeza", Peer Gynt declara. Cena de abertura
da adaptação para o palco de Dietrich Eckart do clássico de Ibsen.
Uma das nove xilogravuras incluídas na edição em que
Eckart escreveu uma dedicatória a Hitler.

"Quero atingir a grandeza", Peer Gynt declara à sua mãe na cena de abertura. "Quero fama e honra para ti e para mim." Apesar da advertência materna de que tal ambição não dará bons resultados, Peer parte — *allegro con brio* — mundo afora para realizar seus sonhos, atravessando a Europa, viajando por mar, encontrando homens de verdade e monstros míticos, e enfim transpondo os desertos do norte da África, onde se fixa no Marrocos em meio a riqueza e esplendor. No caminho, Peer Gynt cria um caminho de destruição humana em sua tentativa obstinada de se tornar "rei do mundo". Gynt trai amizades, comete assassinatos e seduz e depois abandona Solveig, uma donzela de aldeia que aguarda pacientemente seu prometido retorno. Quando Peer Gynt enfim retorna, arruinado de corpo e alma e à beira da morte, busca a absolvição.

"Condena meus crimes!", ele implora, de pé diante dela. "Condena meus crimes!"

Ignorando as dimensões de seus delitos e transgressões, Solveig responde: "Não sei do que estás falando! Cumpriste tua promessa, meu amado, retornaste". O resto, ela diz, deve ser deixado nas mãos de Deus. Enquanto Solveig acolhe Peer nos braços, este mergulha num estado delirante cheio de alusões freudianas. "Amante e mãe, então tu me protegerás da perdição?", ele suspira. "Toma-me, protege-me em teu útero." Aceitando seu papel de mãe-amante, Solveig absolve Peer dos pecados e, na cena de encerramento, entoa uma canção de ninar enquanto um raio de luz banha o casal num círculo luminoso.

Eckart em geral se mantém fiel ao original de Ibsen, mas na cena final acrescenta um toque artificial que muda profundamente a dramaturgia moral da história. "Só ao morrer deitado no colo de Solveig, iluminado pelo sol nascente, ele deve voltar o rosto para a plateia", Eckart instrui. "Não é mais o rosto torturado, cheio de medo do velho Peer, e sim o semblante puro, jovem, calmo do jovem Peer." Naquele instante, uma vida de pecados foi purificada.

Peer foi absolvido, restaurado à pureza e à inocência da juventude. Aquilo se mostrou um toque artificial singularmente emotivo, conforme indicam as resenhas da estreia. "Quando as cortinas se fecharam pela última vez após a cena final, o público estava tão comovido que levou algum tempo até começar a aplaudir", um crítico escreveu, observando que os aplausos então se tornaram ensurdecedores. "Aquilo falou direto ao coração", observou outro crítico. "Comoveu e mexeu com todas as emoções." Duas décadas depois, Hitler ainda conversava sobre a encenação e, numa reprise grotesca, acabou sua vida num cenário gyntiano, alquebrado de espírito e corpo, num sofá com sua companheira Eva Braun, um retrato da mãe na parede, mas nenhum sinal de remorso.

À primeira vista, parece não haver motivo evidente para Eckart ter esperado até outubro de 1921, quando dedicou um exemplar de seu *Peer Gynt* a Hitler. Àquela altura, os dois homens já se co-

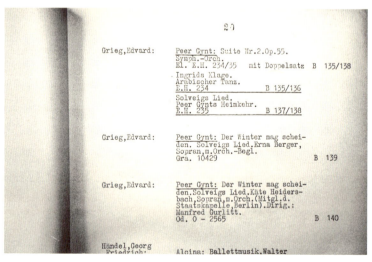

Trecho do catálogo de discos de gramofone de Hitler listando três de suas quatro gravações da música de cena de Edvard Grieg para Peer Gynt.

nheciam havia dois anos. A explicação, como eu viria a descobrir entre os papéis de Eckart, foi tanto política quanto pessoal, *Peer Gynt* marcando a superação da primeira grande crise da carreira política de Hitler em que Eckart parece ter desempenhado um papel relevante.

Em Berchtesgaden pude consultar dezenas de cartas, artigos, recibos e outros documentos pessoais de Eckart.* "Faz mais ou menos um ano e meio que falei pela primeira vez na reunião do partido", Eckart observa com uma tranquilidade típica em carta não datada de meados de 1921. "Havia cerca de quinze pessoas presentes, oito das quais trazidas por mim, e atualmente cada reunião atrai milhares e milhares de pessoas." Eckart passa a detalhar seu papel central na aquisição do *Völkischer Beobachter* [Observador do Povo] em dezembro anterior, observando que havia se responsabilizado pessoalmente por um empréstimo de 60 mil marcos de um contribuinte e oferecido 50 mil marcos adicionais do próprio bolso. Uma série de vales remanescentes do Partido Nazista para Eckart atesta seu patrocínio constante ao movimento quase até sua morte, no final de outubro de 1923.

Em particular, uma carta do colega patrocinador Gottfried Grandel indica o papel central de Eckart, influenciando Hitler e o movimento que este viria a liderar. Sob a tutela de Eckart, Hitler conseguiu se afirmar quase imediatamente após aderir ao movimento.

Em janeiro de 1920, apenas dois meses após Eckart ter silenciado Karl Harrer com uma intervenção "áspera", Hitler o derrubou da presidência do partido do qual havia sido um dos fundado-

---

* Os documentos faziam parte do espólio de Anni Obster, a companheira de Eckart na época de sua morte. Tive a oportunidade de estudar os documentos em Berchtesgaden antes que fossem transferidos para uma coleção privada fora da Alemanha.

res, marginalizou Anton Drexler, mudou o nome do partido para Partido Nacional-Socialista dos Trabalhadores Alemães e criou um programa de 25 pontos que serviria de manifesto do Partido Nazista pelos próximos 25 anos. A própria sensação de autoridade de Hitler foi reforçada pela orientação de Eckart, mas também por sua capacidade de atrair multidões. Embora não ocupasse nenhuma posição oficial de tomada de decisões, Hitler costumava ser consultado nas decisões do partido, como confirmam documentos internos sobreviventes, com anotações como "Repassar ao sr. Hitler" e "Será tratado pessoalmente pelo sr. Hitler". Em fevereiro de 1921, ele forçou a liderança do partido a conceder-lhe uma autoridade significativa.

Quando Drexler se envolveu em negociações para fundir o Partido Nazista com outros movimentos nacionalistas, Hitler abortou o plano, ameaçando sair do partido. Algumas semanas depois, Hitler voltou a agir ao descobrir que Drexler estava envolvido em outra negociação, dessa vez com Otto Dickel, professor de filosofia da Universidade de Augsburg e protegido de Gottfried Grandel.

Na época, Hitler estava com Eckart em Berlim tentando obter, junto aos membros do conservador Clube Nacional, fundos adicionais para o jornal do partido, o *Völkischer Beobachter*, que haviam adquirido em dezembro anterior com o auxílio financeiro de Grandel e outros. Na ausência de Hitler, Drexler convidou Dickel a Munique para conversarem sobre seu livro, *Ressurgimento do Ocidente*, um panegírico de quatrocentas páginas do nacionalismo ressurgente, que fora publicado alguns meses antes e vinha recebendo boa acolhida nos círculos conservadores. Em *Ressurgimento*, Dickel proporcionou um antídoto positivo, nacionalista, ao pessimismo do tratado *best-seller* de Oswald Spengler, *O declínio do Ocidente*. Desafiando a afirmação de Spengler de que o Ocidente era uma civilização exausta, Dickel argumentou que um nacionalismo mais assertivo, conjugado ao socialismo econômico e ao antissemitismo oficialmente sancionado, poderia restaurar a cultura europeia. A "tirania" dos judeus, Dickel afirmou, constituía a maior ameaça não apenas à Alemanha, mas ao continente inteiro. "A questão judaica não é apenas uma questão alemã interna, mais importante para uns e menos importante para outros", afirmou. "É no momento a questão mais importante para o mundo ocidental." Dickel acusou os judeus de controlarem a imprensa, as artes e a educação, e haviam, portanto, se tornado os senhores e artífices da *Volksseele*, a alma coletiva do povo. A solução de Dickel: depurar esses mecanismos de controle da influência judaica. Somente arianos deveriam estar informando, divertindo e educando outros arianos. Não havia grande novidade nisso, a não ser pelo fato de ter sido escrito por um professor universitário com plenas credenciais acadêmicas. O *Völkischer Beobachter* logo declarou o *Ressurgimento* de Dickel "leitura obrigatória" para todos os bons nacionalistas alemães.

Na sexta-feira, 12 de maio de 1921, Dickel se apresentou no salão principal da cervejaria Hofbräuhaus de Munique ante uma multidão. Dickel provou que era, na opinião de Drexler, não apenas um intelectual de visão, mas também um orador inspirador, até hipnotizante. Por duas horas manteve seu público atento com sua visão para um futuro alemão. Depois, Drexler observou que Dickel, à semelhança de Hitler, possuía "um toque popular". Ele imediatamente marcou com Dickel várias outras palestras e aceitou um convite de levar a liderança do Partido Nazista a Augsburg a fim de discutir uma cooperação potencial. O jornalista Hermann Esser ligou para Hitler em Berlim e informou-o da aparição de Dickel em Munique e dos planos de fusão de Drexler. Hitler ficou furioso. Havia lido *Ressurgimento* naquele mesmo ano e dissera a Drexler que aquilo era um "lixo". Mesmo assim, Drexler fora em frente e convidara Dickel para falar, e logo na cervejaria Hofbräuhaus, o local das aparições triunfais do próprio Hitler. Ainda mais constrangedor foi o fato de Hitler não ter sido consultado nem sequer informado das conversações para a fusão de partidos. Enraivecido, ele deixou Berlim a caminho de Augsburg.

Ao chegar, Hitler deparou com Dickel falando à liderança reunida do Partido Nazista. Com precisão acadêmica, Dickel dissecou metodicamente o programa de 25 pontos do partido formulado por Hitler, destacando suas deficiências e contradições internas ponto por ponto. Achou o nome do partido complicado, grande e, pior de tudo, enganador. Hitler interrompia Dickel a toda hora, com protestos e explosões emocionais, e acabou saindo dali furibundo. "Quando, após três horas tediosas, tentei acabar logo com aqueles procedimentos saindo da sala, os representantes oficiais do partido que estavam presentes não apenas não me apoiaram, como continuaram as negociações", Hitler queixou-se mais tarde. Até Eckart permaneceu.

Quando Hitler se levantou e abandonou a sala de reuniões em Augsburg, seus instintos quase certamente informaram que não tinha outra opção viável. Sua breve carreira política se consolidara com base na intimidação, bajulação e subterfúgios. Era um mestre no gracejo desdenhoso ou na observação mordaz que silenciava as críticas e desviava a atenção. Quando aquilo falhava, abafava a discordância num dilúvio de raiva e linguagem bombástica, ou dependia dos socos e pontapés das suas tropas de choque de camisas pardas.

A técnica funcionava bem no clima exaltado das cervejarias, mas era menos eficaz no ambiente mais organizado de uma sala de reuniões, especialmente contra argumentos racionais e calculados expostos por um oponente eloquente com uma capacidade retórica comprovada. Ao contrário do professor que Hitler havia escorraçado da sala com sua primeira invectiva pública, em setembro de 1919, Dickel conseguia se equiparar a Hitler em palavras e perspicácia, e Hitler sabia disso. Hitler havia compartilhado um palanque com ele em Augsburg em janeiro, e estava tão consciente das forças de Dickel como de suas próprias limitações, sobretudo no tocante à educação formal.

Contrastando com as credenciais acadêmicas de Dickel, a única educação formal de Hitler depois que deixou a escola de nível médio, dezessete anos antes, havia sido um curso intensivo de ideologia política, recomendado por Karl Mayr, na Universidade de Munique na primavera de 1919. Durante uma semana inteira, com início na quinta-feira, 5 de junho, Hitler permanecera na principal sala de conferências da universidade ouvindo palestras matutinas sobre temas variados, como a "história alemã desde a Reforma", a "história política" da Grande Guerra e as "condições econômicas" do Tratado de Versalhes. As tardes e noites foram dedicadas a *workshops* sobre técnicas de debate, em que os alunos aprenderam "conceitos unificados" da identidade alemã e a "seleção equilibrada" de fatos ao formular os argumentos. "A parte principal do curso, porém, consiste em exercícios orais, debate e discussão de frases chamativas e ordenação das ideias em apresentações individuais", diziam as instruções.

Apesar das deficiências na educação formal, Hitler estava possuído por um apetite voraz por leituras. Algumas das primeiras lembranças de Hitler em *Mein Kampf* estão ligadas a "incursões" pela biblioteca do pai e sua própria obsessão por determinados escritores. Dispomos de testemunhos semelhantes dos conhecidos de Hitler em seus anos em Linz, Viena e Munique. Hermann Esser recorda que a primeira peça de mobília do apartamento de Hitler na rua Thiersch foi uma estante de madeira, que ele logo encheu de livros presenteados por amigos ou comprados em sebos à margem do rio Isar. Quando a primeira estante lotou, ele comprou uma segunda, rapidamente a ocupando também.

Ernst "Putzi" Hanfstaengl, o colega de Hitler formado por

Harvard, lembra que examinava as estantes de livros de Hitler naqueles anos, encontrando-as repletas de histórias baratas de detetive, a enciclopédia ilustrada de Spamer, um livro de memórias de Sven Hedin, um relato da Primeira Guerra Mundial pelo general Erich Ludendorff, um exemplar do clássico de Karl von Clausewitz *Sobre a guerra*, biografias de Frederico, o Grande, e Richard Wagner, e tratados históricos que variavam de uma história do mundo corriqueira de Maximilian Yorck von Wartenburg ao tratado do historiador do final do século XIX Heinrich von Treitschke, que cunhou a frase "os judeus são a nossa desgraça", e um exemplar da *História alemã* de Heinrich Class, um nacionalista radical que escrevia sob o pseudônimo Einhardt.

Friedrich Krohn, que criou uma biblioteca pública de literatura de direita no Instituto Nacional-Socialista em Munique, compilou um inventário dos títulos que Hitler pegou emprestados entre 1919 e 1921, que revela um ecletismo semelhante. A lista de quatro páginas contém mais de cem títulos de assuntos variados, como a história da Igreja antiga — *Lendas papais da Idade Média* —, textos do aclamado historiador Leopold von Ranke, relatos pessoais da Revolução Russa e inúmeras obras sobre a soberania territorial austríaca. Existem também obras de Montesquieu e Rousseau, o tratado *Elementos metafísicos da ética*, de Kant, e *O declínio do Ocidente*, de Spengler.

Não surpreende que Hitler tenha devorado a ampla literatura antissemita do instituto, inclusive clássicos sobre o tema: *Os fundamentos do século XIX*, de Houston Stewart Chamberlain, a tradução alemã de *O judeu internacional: O principal problema do mundo*, de Henry Ford, condensações de obras como *Lutero e os judeus*, *Goethe e os judeus*, *Schopenhauer e os judeus* e *Wagner e o judeu*, e antologias de observações antissemitas, variando de Martinho Lutero a Émile Zola. O inventário de Krohn também inclui *Meu despertar político*, de Anton Drexler, *O manifesto pela superação da escravidão dos juros do capital*, de Gottfried Feder, exemplares antigos do semanário de Dietrich Eckart *Auf gut Deutsch* e um estudo publicado pelo próprio Krohn, *Será a suástica conveniente como símbolo do Partido Nacional-Socialista?*. "Na época, tomei conhecimento de Hitler devido às suas opções de leituras um tanto superficiais e irregulares", Krohn mais tarde observou, "tendo portanto a impressão de que ele não poderia ter 'digerido' tudo que leu."

Capa do exemplar de Hitler da História alemã, *escrita por Heinrich Class sob o pseudônimo Einhardt.*

Embora as recordações de Krohn sobre Hitler, assim como as de Kubicek, Esser e Hanfstaengl, contenham afirmações questionáveis, dispomos de indícios empíricos que corroboram seus relatos dos interesses bibliófilos de Hitler. Uma fotografia de interior rara, tirada por Heinrich Hoffman no apartamento de Hitler na rua Thiersch, o mostra com um terno escuro diante de uma de suas duas estantes — com livros empilhados no alto —, braços cruzados num gesto assertivo de posse.

O mais importante, porém, é que dispomos dos próprios livros. Dos cerca de 1300 volumes de Hitler restantes em Washington, Providence e outras partes, encontrei ao menos quarenta datados do início da década de 1920 que fornecem um instantâneo do mundo intelectual atrás do ombro de Hitler no retrato da rua Thiersch: biografias de Júlio César, Frederico, o Grande, e Immanuel Kant; uma edição de 1919 da *História alemã* de Heinrich Class, provavelmente o volume que Hanfstaengl viu na estante de Hitler; um tratado de 483 páginas sobre "o Estado futuro como uma monarquia socialista"; uma denúncia da culpa britânica pelo início da Primeira Guerra Mundial; um estudo do papel do destino na ópera *Parsifal*, de Wagner; um punhado de livros sobre ocultismo e misticismo, incluindo uma interpretação das profecias de Nostradamus; uma tradução de 1918 de *Nacionalismo*, de Rabindranath Tagore, poeta bengalês que ganhou o prêmio Nobel de literatura em 1915, uma dedicatória de um antigo quadro do Partido Nazista indicando que Hitler ganhou o livro no 32º aniversário. E, é claro, os guias de Osborn e Hymans que Hitler adquiriu na Grande Guerra.

Esses são os fragmentos resmanescentes do mundo intelectual de Hitler à rua Thiersch, 41, o pacato canto de Munique para onde se retirava após seus clamorosos triunfos nas cervejarias e batalhas nas ruas. Aqueles foram os livros que alimentaram suas invectivas racistas, saciaram sua fome intelectual persistente e o fortaleceram para o confronto com pessoas como Otto Dickel. Em

1921, a luta ainda era desigual. Contra o curso de Hitler na Universidade de Munique e seu curso intensivo de dois anos em literatura de direita proporcionado pela coleção do Instituto Nacional-Socialista e pela biblioteca pessoal em duas estantes, estava Dickel, o professor. Contra o punhado de artigos de Hitler para o *Völkischer Beobachter*, Dickel ostentava um denso tratado de trezentas páginas repleto de frases que exibiam seus conhecimentos filosóficos. "De sua parte, Schelling, movido pela mesma insatisfação que acalentava em relação a Kant, sentiu-se compelido a transcender até mesmo Fichte", Dickel escreveu com altivez intelectual. Àquela altura, Hitler ainda grafava Schopenhauer errado, com dois pês, como mostram as anotações sobreviventes dos discursos manuscritos.

As limitações de Hitler não passaram despercebidas aos quadros do partido reunidos em Augsburg, nem mesmo a Dietrich Eckart — em bilhete manuscrito a Eckart em dezembro do ano anterior, Hitler havia escrito "*Liber Herr Eckart*", erro equivalente a "Presado sr. Eckart". Este, apesar de toda a sua lealdade ao "amigo", demonstrava uma lealdade ainda maior às causas nacional-socialista e antissemita, como prova seu abandono de Alfred Kapp um ano antes.

Após a abrupta partida de Hitler, Dickel continuou sua apresentação, delineando sua visão do futuro de um movimento nacional-socialista capaz de transcender a Baviera e empolgar toda a Alemanha. Naquela noite os líderes do partido retornaram de Munique convencidos de dois fatos: que Dickel realmente tinha capacidade de fornecer a visão de mundo e a liderança de que o Partido Nazista precisava na época e, mais importante, que Hitler, "como um homem simples, apesar de sua diligência", não estava à altura de liderar o movimento.

"Hitler era certamente um agitador que sabia como atrair as massas, mas não o arquiteto que concebe um projeto, dá forma a um prédio novo e realiza o trabalho concreto de colocar uma pedra

Hitler, com um livro à sua escrivaninha na sede do Partido Nazista, tinha plena consciência de suas deficiências acadêmicas.

sobre a outra com calma determinação", observou Max Maurenbrecher, um pastor e líder político conservador. "Ele requeria alguém maior por trás dele cujas ordens pudesse executar."

Hitler releu agora o *Ressurgimento* de Dickel como vingança, esquadrinhando cada página em busca de incoerências e contradições, assinalando passagens específicas e preparando uma lista das transgressões ideológicas, raciais e políticas de Dickel, depois transcritas textualmente em uma refutação furiosa. Dickel, ele observou, descreveu Karl Marx como um "idealista" e elogiou Walther Rathenau, o primeiro-ministro judeu da Alemanha, pelas inclinações patrióticas. Observou que Dickel defendeu a República de Weimar e denunciou a "loucura e baixeza" daqueles que tentavam solapar suas estruturas democráticas.

Hitler encontrou suas provas mais condenatórias numa passagem da página 81, em que Dickel preconiza uma forma moderada de antissemitismo, propondo que a economia alemã fosse deixada nas mãos dos judeus. Hitler citou Dickel: "Como negociantes, seus filhos fertilizam o moroso comércio doméstico. São, portanto, de importância inestimável para a saúde de nossa economia". Dickel elogiou Lloyd George por sua cooperação com os interesses comerciais judaicos em Londres. Como, Hitler perguntou, a liderança do partido podia "ousar confiar" num homem capaz de escrever tais coisas? "Acuso o Partido de não se dar ao trabalho de ler integralmente, e muito menos estudar, as obras de um homem a quem estão concedendo tamanha influência no movimento", Hitler enfureceu-se, e pouco depois deixou o seu cargo no partido. "Não posso nem quero mais integrar tal movimento", ele disse.

Conforme planejado, a saída de Hitler precipitou uma crise. A liderança se viu dividida entre Hitler, com sua comprovada capacidade de incitar as massas, e Dickel, com sua promessa de liderança visionária. Também tinha pela frente a certeza de que Hitler dividiria o partido e formaria seu próprio movimento, um golpe potencialmente fatal que poderia perfeitamente acrescentar o Partido Nazista à longa lista de outras iniciativas políticas fracassadas naqueles anos. A opção era tão nítida quanto simples: Hitler ou Dickel.

Na quarta-feira, 13 de julho de 1921, Drexler despachou Eckart para discutir a volta de Hitler ao partido. Os detalhes exatos da discussão entre o mentor e o pupilo são desconhecidos, mas no dia seguinte Hitler concordou em retornar ao partido, só que sob as seguintes condições:

A convocação imediata de uma reunião dos filiados em oito dias, a partir de hoje, com a seguinte agenda: a liderança atual do partido renunciará e, com as novas eleições, exigirei a posição de presidente para mim mesmo, com poderes ditatoriais para criar imediatamente um comitê de ação que irá depurar de modo implacável o partido dos elementos estranhos que nele penetraram.

Quando Gottfried Grandel soube do golpe de Hitler, ficou consternado. "Gosto de Hitler e o valorizo, mas essa busca do poder total me preocupa", Grandel escreveu para Eckart em protesto. "As coisas terminarão mal se ele não mudar sua conduta, permitindo que outros compartilhem o poder. É bom lembrar que a violência e o compadrio acabam espantando os melhores companheiros e tolhem as melhores forças, fortalecendo assim os elementos menos desejáveis." Grandel argumentou que Dickel era, sem dúvida, vital para o movimento nazista, se é que este pretendia ultrapassar os limites da Baviera e tornar-se uma força nacional. Também expressou a preocupação de que o Partido Nazista fosse "degenerar em gritaria e destruição" e que o antissemitismo obstinado e fanático de Hitler acabaria desviando a atenção das questões mais prementes. "O antissemitismo é necessário, mas a preparação para o Reich alemão futuro também é importante", Grandel escreveu. Ele instou Eckart a exercer sua "influência considerável e decisiva" em Munique para enquadrar Hitler e reequilibrar o partido.

Eckart não daria a mínima. Num editorial de primeira página no *Völkischer Beobachter*, jogou todo o seu peso ideológico a favor de Hitler. "Nenhum ser humano pode ser mais desprendido, mais disposto a se sacrificar, mais dedicado, mas fiel, mais honrado do que Hitler em servir nossa causa", Eckart escreveu. Elogiou Hitler por suas veementes objeções à troca do nome do partido, à alteração do programa do partido, à mudança da sede do movimento nazista para longe de Munique. "Será que precisamos de provas adicionais de quem merece a nossa confiança, e em que grau a conquistou?", Eckart concluiu. "Acho que não."

Naquele mês de agosto, durante uma reunião dos membros do partido, concederam-se a Hitler poderes ditatoriais. Numa reunião da liderança do partido em 10 de setembro, Hitler foi investido de seus poderes ditatoriais. Substituiu Drexler como presidente do partido, pôs Max Amann à testa das finanças e expulsou Otto Dickel do partido. A ata da reunião preserva esta última ação em detalhes explícitos: "O sr. Otto Dickel, de Augsburg, autor do livro *Ressurgimento do Ocidente*, está expulso, pelos votos unânimes da direção do Partido Nacional-Socialista dos Trabalhadores Alemães.

Cinco semanas depois, em 22 de outubro de 1921, Hitler exerceu a plena autoridade sobre o movimento ao emitir um memorando abrangente que reestruturou o movimento nascente. O Partido Nazista mudaria de sua sede improvisada, numa sala dos fundos da Cervejaria Sternecker, para seu primeiro escritório independente na rua Cornelius, 12. Seria criado um arquivo do partido para preservar a história do movimento nazista.* O memorando propôs a criação de um "serviço secreto", precursor da Gestapo, visando suprir Hitler de informações sobre ameaças potenciais dentro e fora do seu movimento. Com a emissão do Memorando 10, o arrivista político de 32 anos conseguiu o que queria, exercendo sua plena autoridade para moldar o Partido Nazista à vontade e institucionalizando um estado de paranoia que se tornaria característico do seu movimento. Naquele mesmo sábado, seu mentor de sessenta anos dedicou uma segunda edição encadernada de *Peer Gynt* ao seu "querido amigo".

Se bem que neutralizasse Dickel como ameaça política, Hitler

---

* A Coleção do Terceiro Reich da Biblioteca do Congresso contém mais de duzentas fontes primárias preparadas para uma exposição da história dos primórdios do Partido Nazista. Esses dados incluem correspondências internas do partido, cartazes dos comícios nas cervejarias, um trecho de um livro contábil e diversos materiais registrando os confrontos iniciais do Partido Nazista com a polícia, entre eles as impressões digitais de Dietrich Eckart nos arquivos da polícia.

também reconheceu a necessidade de enfrentar o que poderíamos denominar "carência de Dickel" do Partido Nazista, a ausência de um cânone filosófico ou ideológico. As carteiras de filiados do partido, além dos dados pessoais — data de nascimento, data de ingresso, matrícula no partido e fotografia —, passaram a incluir uma lista de leituras recomendadas. Os títulos parecem ter sido coletados das incursões intelectuais de Hitler no Instituto Nacional-Socialista e de textos obtidos do seu círculo imediato de companheiros: três livros de Gottfried Feder sobre a "escravidão dos juros" e reforma fiscal; seis obras de Alfred Rosenberg, incluindo *Sinais dos judeus no decorrer do tempo, Amoralidade do Talmude* e *Sionismo como inimigo do Estado*; um comentário detalhado dos 25 pontos do Partido Nazista, *Essências, princípios e objetivos do Partido Nacional-Socialista dos Trabalhadores*; e uma coletânea de poemas de Dietrich Eckart. A lista incluiu também *O judeu internacional*, de Henry Ford. Um título em negrito no alto da lista diz: "Livros que todo nacional-socialista deve ler". No rodapé, o endereço da Livraria Nacionalista Alemã, à rua Thiersch, 15, pertinho do escritório de Eckart, e de uma livraria ao lado da cervejaria Hofbräuhaus, no centro de Munique.

O trauma pessoal de Hitler devido ao caso Dickel continuou a ressoar em seus discursos por meses e anos. Em anotações manuscritas para um discurso em agosto de 1921, ele escreveu "dr. Dickel" em letras fortes, sublinhou duas vezes, depois acrescentou "tendência ruim". Em dezembro daquele ano, Hitler denunciou *Ressurgimento* como um "livro de sonhos egípcios" e seu autor, como um "professor cuja distância do mundo real se eleva às nuvens". No mês seguinte, Hitler ameaçou que "qualquer Dickel" que "alegue ser um nacional-socialista, seja em mente ou espírito, é nosso inimigo e deve ser derrotado". Quatro anos depois, Hitler ainda criticava Dickel. Durante um discurso sobre lealdade numa reunião de líderes do Partido Nazista em

Lista das leituras recomendadas por Hitler impressa nas carteiras de filiados do Partido Nazista, incluindo obras de Dietrich Eckart, Alfred Rosenberg, Gottfried Feder e Henry Ford.

junho de 1925, ele relatou seu desafio pessoal a Dickel. "Onde estava a obediência prometida?", Hitler perguntou. Nada além da obediência cega seria tolerado, ele insistiu, mesmo em face da insensatez. "Um líder pode cometer erros, não há dúvida", Hitler disse. "Mas seguir uma decisão ruim atingirá a meta final melhor do que a liberdade pessoal." Tratava-se, é claro, de um princípio a que uma nação inteira acabaria aderindo, com consequências catastróficas.

Dickel também ronda as páginas de *Mein Kampf*, uma presença invisível nunca mencionada nominalmente, mas acompanhando o autor quando este investe contra o "intelectual" que "acredita com toda a seriedade que é 'instruído', que entende algo da vida" quando na verdade "está se distanciando cada vez mais do mundo". Tais pessoas, Hitler diz, pertencem a "um sanatório ou ao parlamento". Dickel também parece estar na mente de Hitler quando este defende sua própria capacidade de empolgar uma multidão, arrolando as deficiências dos outros: Gottfried Feder é um "teórico, não um político"; Karl Harrer é "certamente muito instruído" mas "não é um orador para as massas"; e Anton Drexler "tampouco é muito expressivo como orador".

Como um Banquo* de cervejaria, Dickel ronda uma cena final de *Mein Kampf*, em que Hitler alardeia a coerência e a abrangência do programa do Partido Nazista. "E quando enfim submeti as 25 teses, ponto por ponto, às massas e pedi que pronunciassem de viva voz seu julgamento, um após outro foram aceitos com um júbilo crescente, unanimemente e de novo unanimemente", Hitler escreve. "E quando a última tese atingiu o coração das massas, vi diante de mim um salão cheio de gente unida por uma nova convicção, uma nova fé, uma nova vontade."

Em meio ao triunfalismo de cervejaria, não se pode deixar de sentir uma resposta tardia ao desafio de Dickel em Augsburg e, na insistência estridente, a insegurança de um homem que, como recordou Hanfstaengl, certa vez respondeu ao conselho de um eminente professor de Munique: "*Ach Herr Professor*, isso tudo é muito bom, mas o senhor nunca deve esquecer como é difícil para alguém sem nome, cargo ou qualificação acadêmica ascender à posição em que seu nome se identifica com um programa político. O senhor subestima todo o duro e pesado trabalho pesado exigido."

---

* General do exército real personagem da peça *Macbeth*, de Shakespeare. (N. T.)

LIVRO 3
A trilogia de Hitler

Meu problema é que, após a minha soltura em 1º de outubro, não espero nenhuma receita significativa do meu livro antes de meados de dezembro.

Adolf Hitler em carta da Penitenciária Landsberg,
13 de setembro de 1924

Entre os 1200 livros sobreviventes de Hitler na Biblioteca do Congresso, encontra-se cerca de uma dúzia de exemplares do lendário *best-seller* em dois volumes *Mein Kampf*. O mais antigo é uma segunda edição especial dos dois volumes, individualmente encadernados em couro de bezerro de cor creme com estampa a ouro, datada de 1926. Cada livro traz a nota impressa: "Quinhentos exemplares desta obra foram produzidos em edição de luxo no projeto que se segue e pessoalmente assinadas pelo autor. Este exemplar é de número 155". O espaço para a assinatura de Hitler está em branco.

Existe também uma edição numerada especial do volume 2, de 1927, encadernada em couro vermelho e trazendo o número

178, e um conjunto especialmente encadernado dos volumes 1 e 2 impressos em papel apergaminhado em uma bonita caixa de couro, mas sem a data de publicação. Além disso, existem três exemplares não encadernados do volume 2 com os números 70, 110 e 122; dois lotes de cadernos de livro desordenados de 1940; um original datilografado de 27 páginas para um índice de nomes e assuntos; e vários conjuntos em seis volumes de *Mein Kampf* numa edição especial em braile. Esses últimos livros são do tamanho de pequenas lápides — precisam ser levantados com as duas mãos —, com grandes estampas cegas de suásticas nas capas de papelão grosso. A natureza eclética desses livros e a ausência do ex-libris de Hitler indicam que provavelmente foram retirados do depósito saqueado da Editora Central do Partido Nazista, o antigo escritório de Dietrich Eckart, na rua Thiersch, 11, no verão de 1945 e incluídos por engano entre os livros remanescentes de Hitler.

Só se conhecem duas edições de *Mein Kampf* que seguramente fizeram parte da coleção pessoal de Hitler. A primeira é uma edição encadernada em couro de 1930, retirada do subsolo de Berghof por Edgar Breitenbach, integrante da "missão" da Biblioteca do Congresso em maio de 1945, e doada à coleção de livros raros por sua viúva em 1991.* Quando examinei o volume, encontrei muitas marcações nas margens, por certo não com a letra de Hitler, numerosos pontos de interrogação e, a certa altura, a anotação "*im Gegenteil*", ou "pelo contrário". Encontrei um segundo exemplar entre os oitenta livros retirados do Führerbunker por Albert Aronson, pouco após o suicídio de Hitler na primavera de

---

* O livro foi devolvido em 4 de outubro de 1991 pela viúva de Breitenbach, junto com um segundo livro de Hitler pego pelo marido, uma edição de 1933 de *Reflexões sobre a história do mundo*, do historiador suíço do século XIX Jacob Burkhardt. Esse último volume traz uma dedicatória de Elsa Bruckmann ao "meu amigo e Führer" datada de 24 de dezembro de 1934.

1945, agora na Universidade Brown. Esse segundo exemplar, quase certamente adquirido para a coleção de Hitler na Chancelaria do Reich, é uma "edição popular" de 1938, os dois volumes reunidos numa capa de linho azul-escuro; o ex-libris de Hitler está colado na contracapa.

Walter Benjamin observou que, de todos os meios possíveis de se colecionar livros, "escrevê-los você próprio é considerado o método mais louvável", e recorda o mestre-escola Wutz, o cativante protagonista de um romance popular do século XVIII, mal remunerado e com recursos financeiros tão limitados que não consegue comprar livros e recorre ao artifício de visitar livrarias, onde anota títulos especialmente intrigantes, para depois retornar a sua casa e escrever seus próprios livros plagiando os títulos.

À sua maneira, o mestre-escola pobre reúne uma biblioteca pessoal de porte. Entretanto, Benjamin observa que a maioria dos escritores de verdade se vê compelida a escrever livros por pobreza existencial, e não material. "Os escritores são realmente pessoas que escrevem livros não por serem pobres, mas por estarem insatisfeitos com os livros que poderiam comprar, mas que lhes desagradam", ele diz com um senso de humor que oculta a profundidade dessa observação passageira: a maioria dos escritores se vê compelida a pôr palavras no mundo para expressar ideias ou histórias que ainda não foram enunciadas, ou que sentem que não foram adequadamente expressas ou, no mínimo, parecem requerer ou merecer a repetição em seu estilo particular. No caso de Adolf Hitler, a motivação inicial foi vingança.

Na noite de quinta-feira, 8 de novembro de 1923, em torno das oito e meia da noite, Hitler irrompeu na Cervejaria Bürgerbräu, em Munique, com um esquadrão de tropas de assalto armadas, silenciou o salão com um único tiro de pistola no teto, extraiu sob mira de armas um juramento de fidelidade da liderança política de Munique ali reunida — Gustav von Kahr, Hans Ritter von Seisser e Otto von Lussow — e anunciou uma "revolução nacional". Na manhã seguinte, Hitler reuniu 2 mil radicais de direita no centro de Munique, tentando reproduzir a marcha de Mussolini sobre Roma que estabelecera um governo fascista na Itália no outono anterior. Hitler planejou tomar o poder na Baviera e depois prosseguir até Berlim, onde pretendia derrubar o governo democrático com um levante popular. Naquela manhã nublada de sexta-feira, Hitler, acompanhado pelo herói de guerra Erich Ludendorff, comandou seus homens pelas ruas de Munique até a praça Odeon, onde foram recebidos a tiros por um cordão militar. No caos subsequente, dezesseis golpistas morreram. Hitler mergulhou na calçada quando os homens ao seu lado foram mortos. Foi então levado às pressas a um veículo que aguardava e conduzido para local seguro, para ser preso três dias depois na mansão à beira de um lago de Ernst Hanfstaengl, onde estava tratando de um ombro distendido na queda.

Quase imediatamente, Kahr, Seisser e Lussow se afastaram do empreendimento fracassado. Alegaram ter tentado dissuadir Hitler de realizar o golpe, o que era verdade, e que ele os coagira a cooperar sob a mira de armas, o que também era. Hitler alternou-se entre a perplexidade e a raiva pela "traição" deles. Primeiro cogitou suicidar-se, depois realizou uma breve greve de fome, e enfim decidiu "ajustar contas". Pegou emprestada uma máquina de escrever da administração da prisão e datilografou um "balanço" — *Abrechnung* — de sessenta páginas do fracasso de dois dias. Grande parte dele serviu de base à sua defesa no julgamento de um mês por traição, que se encerrou com a seguinte afirmação de Hitler: "Ainda que vocês nos declarem 'culpados' mil vezes, a deusa eterna do julgamento final", se referia à história, "sorrirá e rasgará a acusação da promotoria, e sorrirá do veredicto do tribunal, porque *ela* nos absolverá". Apesar da violência, a sentença de Hitler foi escandalosamente branda: cinco anos com a possibilidade de liberdade condicional antecipada e desconto do tempo que já passara na prisão. Pelo cálculo de Hitler, poderia estar livre em outubro.

O encarceramento de Hitler foi um complemento adequado à sua sentença leve. O centro de detenção em Landsberg am Lech, a oeste de Munique, parecia um falso castelo medieval, com torres gêmeas e um pátio interno para caminhadas e jogos de futebol diários. A prisão incluía salas de reuniões e uma biblioteca. Até a chegada de Hitler, o residente mais renomado era Anton von Arco-Valley, um conde bávaro condenado à morte pelo assassinato de um líder político socialista. A pena foi comutada para *Ehrenhaft* em Landsberg, de onde o conde foi libertado após menos de quatro anos.

Como radical político de direita, Hitler desfrutava de um *status* especial em Landsberg. Foi alojado num conjunto de quartos no segundo andar — *Stube* 6 — que consistia numa sala de estar central e quartos adjacentes, designados para os colegas golpistas condenados. Do seu quarto podia ver os morros ondulantes e os campos da Baviera central. Recebeu autorização para conservar seu cão, e os privilégios de visitas foram ampliados para acomodar a peregrinação incessante de colegas, defensores e simpatizantes. O arquivo de Landsberg registra um grande número deles.

Hans Kallenbach recordou que o corte de energia — *Stromsperre* — foi revogado para permitir que Hitler se dedicasse à leitura noturna habitual. "Uma única luz permanecia acesa, geralmente até altas horas da noite, e era a lâmpada no quarto do Führer", Kallenbach escreveu em suas memórias. "Naquelas horas noturnas solitárias, Adolf Hitler se debruçava sobre seus livros e papéis e planejava a ressurreição da Alemanha." Conta-se que os guardas da prisão o saudavam com "*Sieg Heil!*". Nessa atmosfera de prisão confortável e cortês, o célebre prisioneiro se preparou para escrever um livro.

Folheto publicitário anunciando a autobiografia de Hitler.
Uma batalha de quatro anos e meio contra mentiras, estupidez e covardia, que na publicação foi abreviada para Mein Kampf.

Na segunda-feira, 5 de maio de 1924, Hitler enviou uma carta ao filho de Richard Wagner, Siegfried, em Bayreuth, descrevendo sua intenção de escrever "um ajuste de contas minucioso com aqueles cavalheiros que, em 9 de novembro, entoaram entusiasticamente 'Hurra'" e depois tentaram denunciar a "impetuosidade do empreendimento louco". À medida que o mês avançava, as ambições autorais de Hitler cresceram. O que começou como mero "ajuste de contas" assumiu proporções maiores à medida que ele ampliava o livro para a história de sua carreira política em Munique, inicialmente intitulada *Uma batalha de quatro anos e meio contra mentiras, estupidez e covardia*.

Conquanto a vingança fosse certamente a força propulsora inicial por trás da decisão de Hitler de escrever um livro, o fator financeiro também desempenhou um papel. O assessor jurídico de Hitler, Lorenz Roder, de Linz, havia interagido com ele para preparar sua defesa, obtendo até o depoimento do professor de história da escola secundária de Hitler, mas seus esforços custaram caro. Em uma carta, Hitler escreveu que os honorários de Roder o deixaram "de cabelos em pé". As preocupações financeiras de Hitler parecem ter sido de conhecimento geral, como indicado por um memorando da prisão: "Ele está contando com uma tiragem grande e espera conseguir arcar com as obrigações financeiras", observou Otto Leybold, o diretor da prisão.

Hitler achou que o desastre do *putsch* fracassado, mais a publicidade subsequente gerada por seu julgamento, permitiriam negociar um contrato favorável com uma editora. Estava enganado. Ernst Hanfstaengl, que visitou Hitler cinco vezes naquele mês de abril, não conseguiu convencer o irmão a publicar o livro de Hitler pela editora da família. Outro editor importante, Ernst Boepple, teria oferecido a Hitler um percentual de direitos autorais "patético". Walter Stang, dirigente da Editora Ring, em Munique, visitou Hitler em Landsberg em 25 de abril e retornou três semanas depois com dois outros representantes da Ring. Stang faria duas novas visitas nas semanas seguintes. Ao mesmo tempo, Max Amann começou a avaliar o potencial do livro de Hitler para a Franz Eher Verlag, a editora do Partido Nazista. No início de maio, Amann encomendou um estudo do potencial de mercado para uma edição especial do livro de Hitler. A avaliação, completada ao final do mês, concluiu "que, se uma edição para colecionadores da obra de Hitler numa encadernação especial com uma tiragem de apenas quinhentos livros, numerados e assinados pelo sr. Adolf Hitler, viesse a lume, valeria ao menos quinhentos marcos".

Ao que tudo indica, aquilo bastou para convencer Amann. No início de junho, Eher publicou um folheto publicitário anunciando a publicação em julho de *Uma batalha de quatro anos e meio contra mentiras, estupidez e covardia: Um relato*. Vinha acompanhado de uma fotografia do autor, não como o demoníaco orador de cervejaria, ou mesmo como o líder das tropas de assalto que, na manhã do *putsch*, chegou com um capacete de trincheira de aço e agasalhado numa jaqueta militar grossa, e sim trajando terno e gravata, com os cabelos lustrosos penteados para trás e o bigode característico bem cuidado. Um alfinete com uma suástica foi discretamente preso na lapela esquerda. Mas, como costumava acontecer com Hitler, sua ambição foi maior que a capacidade de cumprir as promessas. Julho chegou, mas sem o livro.

Hitler não cumpriu seu prazo de julho em grande parte devido à preocupação com os visitantes e às tentativas de controlar, nos bastidores, o movimento nazista banido, emitindo ordens secretas sob o codinome "Rolf Eidhalt", um anagrama de seu próprio nome. Eidhalt significa "Cumprir o Juramento". À medida que a luta política aumentou e o movimento começou a se fragmentar, Hitler afastou-se da política e voltou toda a atenção ao livro.

"O sr. Hitler anunciou de Landsberg que abriu mão da liderança do movimento nacional-socialista e evitará qualquer forma de atividade política enquanto perdurar sua prisão", o *Völkischer Kurier* [Mensageiro do Povo] informou no princípio de julho. "O motivo da decisão reside na atual impossibilidade de assumir qualquer responsabilidade prática, bem como na sobrecarga geral de trabalho." O *Kurier* observou em particular que Hitler estava ocupado com um "livro extenso" e queria garantir que teria "tempo adequado" para dedicar à sua conclusão.

Hitler reduziu os visitantes externos apenas aos colegas mais próximos — Anton Drexler, Gottfried Feder, Max Amann — e alguns amigos e familiares, entre eles Helene Bechstein e Elsa Bruckmann e seus sobrinhos Geli e Leo Raubal. Abandonou as leituras noturnas de seu manuscrito, fato relatado por Rudolf Hess em carta à esposa. Leybold, o administrador da prisão, confirmou a mudança de hábitos de Hitler, observando que ele "se afastou da discussão política" e agora passava grande parte do tempo trabalhando no seu livro.

Assim como mudaram os hábitos de trabalho de Hitler, mudou também sua visão do livro. O que começou como um "ajuste de contas" em dezembro de 1923 e se expandiu para uma "batalha de quatro anos e meio contra mentiras, estupidez e covardia", na primavera de 1924, agora floresceu no calor estival em um épico digno de Dickens em que "a ligação com os capítulos anteriores se rompeu", Hitler contou a Hess. Hitler agora emergia como o herói de sua própria vida.

De novo, Leybold estava ali para registrar o momento. Observou que o livro de Hitler "consiste em sua autobiografia junto com suas ideias sobre a burguesia, o povo judeu, o marxismo, a revolução alemã e o bolchevismo, e o movimento nacional-socialista com os acontecimentos que culminaram no 8 de novembro de 1923". Ao expandir seu "balanço" original, transformando-o numa autobiografia, Hitler não apenas expandia suas próprias ambições autorais, mas também dava um fecho hermético à ideia de Benjamin: o autor se preservando num livro que é, por sua vez, preservado em sua coleção.

A descrição de Adolf Hitler de sua estada na Penitenciária Landsberg como sua "formação superior às custas do Estado" é famosa, e ele aproveitou o encarceramento como oportunidade de pôr em dia as leituras atrasadas. "Pessoalmente disponho de mais tempo livre após a conclusão do julgamento", Hitler escreveu em sua carta para Siegfried Wagner. "Posso enfim retornar às leituras e aprendizado. Eu mal dispunha de tempo para me familiarizar com os novos livros nacionalistas que surgem no mercado."

Ernst Hanfstaengl atribuiu ao líder nazista ocioso um cardápio intelectual mais ambicioso, que incluiria os filósofos Arthur Schopenhauer, Karl Marx e Friedrich Nietzsche, o historiador direitista Heinrich von Treitschke e o líder político Otto von Bismarck. Conquanto nenhum desses indivíduos esteja representado entre os livros sobreviventes dos anos de prisão de Hitler, encontrei uma biografia não lida do pensador do século XVIII Immanuel Kant de autoria de Houston Stewart Chamberlain, bem como uma biografia de Gandhi escrita pelo pacifista francês Romain Rolland, ganhador do prêmio Nobel, com a dedicatória: "Afortunado o homem que é uma nação — sua nação, que jaz no seu túmulo e se erguerá de novo".

Hitler deve ter se irritado com a associação com o líder hindu. "A admiração por Gandhi é, ao meu ver, uma perversidade racial", Hitler certa vez observou. A natureza intrinsecamente marcial dos alemães era, ele observou, incompatível com a desobediência civil pacífica de Gandhi. "A pretensa 'luta pela liberdade' do povo indiano tem tanto interesse para mim como as batalhas que o povo alemão travou há quinze anos para os indianos", Hitler criticou. O livro não dá sinais de ter sido lido, à semelhança de uma antologia de seiscentas páginas dos textos de prisão de Gandhi que Hitler ganhou naqueles mesmos meses.

Um livro que encontrei com extensas marcações nas margens é uma coletânea de ensaios curtos do cirurgião alemão Carl Ludwig Schleich, que se tornou autor de *best-sellers* de autoajuda. O volume fino, publicado em 1924, com "À felicidade" — "*Zur Freude*" — anotado na contracapa em frente ao ex-libris de Hitler, contém uma seleção eclética sobre felicidade, beleza, criatividade, genialidade e imortalidade.

Embora não existam indícios definitivos de que as marcações nas margens sejam do próprio Hitler, as linhas a lápis ressaltam repetidamente passagens ligadas à política e ao relacionamento em geral entre o público e o individual, como na página 26, em que a seguinte passagem foi realçada com duas marcas fortes na margem: "É duvidoso que haja gênios na política. O líder político pertence à nação. Precisa ter caráter. O gênio pertence a toda a humanidade. É uma personalidade exemplar. Existem políticos geniais, mas não gênios políticos".

A certa altura existe uma marca a lápis ao lado da passagem "Os gênios só são reconhecidos após a morte, especialmente na Alemanha".

Houve muita especulação sobre as fontes de Hitler para *Mein Kampf*, mas poucos pormenores. Otto Strasser, um companheiro antigo de Hitler, atribuiu conceitos-chave a conversas, e não leituras. "Neste livro encontramos Houston Stewart Chamberlain e [Paul] Lagarde, dois escritores cujas ideias foram transmitidas a Hitler por Dietrich Eckart", Strasser observou, identificando também Gottfried Feder, Alfred Rosenberg e Julius Streicher como fontes.

Dentre as leituras de prisão de Hitler, o livro que deixou uma marca intelectual observável em *Mein Kampf* é uma cópia bem manuseada de *Um perfil racial do povo alemão*, de Hans F. K. Günther, conhecido como "Günther Racial" devido aos pontos de vista fanáticos sobre a pureza racial. Hitler incluiu esse autor na lista de leituras recomendadas para os nacional-socialistas. Publicada em 1923, essa terceira edição do tratado de quinhentas páginas de Günther traz uma dedicatória do editor do livro, Julius Friedrich Lehmann, a Hitler, que ele saúda como a "vanguarda do pensamento racial alemão".

Além do *Perfil racial do povo alemão*, de Günther, outra influência importante sobre o conteúdo intelectual de *Mein Kampf* foi uma tradução alemã de *O judeu internacional*, de Henry Ford. Embora não disponhamos mais do exemplar pessoal de Hitler da tradução em dois volumes do execrável tratado racista, sabemos que Hitler possuía uma, assim como um retrato do autor, ao menos um ano antes de começar a redigir *Mein Kampf*. "A parede junto à escrivaninha no escritório particular de Hitler está decorada com um retrato grande de Henry Ford", informou o *New York Times* em dezembro de 1922. "Na antecâmara, uma mesa grande está coberta de livros, quase todos sendo uma tradução de um livro escrito e publicado por Henry Ford."

O livro de Ford havia sido publicado naquele ano em alemão sob o título *Der internationale Jude: Ein Weltproblem*, e foi uma sensação imediata. "Li-o e me tornei antissemita," recordou Baldur von Schirach, o futuro líder da Juventude Nazista, que era adolescente quando surgiu o livro de Ford. "Naquela época aquele livro causou uma impressão tão profunda nos meus amigos e em mim porque víamos em Henry Ford a imagem do sucesso, bem como o expoente de uma política social progressista."

Hitler parece ter sido igualmente afetado, como indicam não apenas o retrato na parede, mas também sua constante invocação do nome de Ford. Em um discurso, Hitler elogiou o gênio criativo do autor como industrial, dizendo que era o "máximo" e observando que Ford era racialmente puro, "um tipo absoluto do norte". Em ataque contra o proeminente estadista alemão Gustav Stresemann, Hitler citou Ford como um contraexemplo. "Dizem que o sr. Stresemann está trabalhando num sistema assim como Ford trabalhou por um longo tempo em seu sistema", Hitler observou. "Devo repetir: não comparem o sr. Stresemann com Ford. A despeito do que se possa dizer sobre o automóvel de Ford, ao menos este andava, enquanto a política do sr. Stresemann está constantemente emperrada e não vai a lugar nenhum."

Mais particularmente, Hitler via em Ford um baluarte contra a suposta ameaça judaico-bolchevique nos Estados Unidos, onde, Hitler alegou, os judeus eram os "regentes". "Cada ano os vê surgindo como os administradores da força de trabalho de uma população de 120 milhões de pessoas", Hitler observou. "Um único e grande homem, Ford, mantém até hoje sua independência, despertando a raiva deles."

Para Hitler, Ford representava o ideal do *self-made man* por seus pontos de vista esclarecidos sobre o operário comum. Ford ficou famoso por dobrar os salários dos trabalhadores quando seus lucros aumentaram. Igualmente conhecido era o odioso antissemitismo público de Ford, a que deu vazão numa série de 92 artigos publicados no *Dearborn Independent* entre 1920 e 1922. Escritos por dois colegas de Ford, mas publicados em volumes encadernados sob o nome de Ford, os artigos detalham uma suposta conspiração judaica revelada nos *Protocolos dos sábios de Sião*, uma contrafação de origem russa que delineia planos judaicos para dominar o mundo.

Hitler gostou da observação de Ford de que, depois dos Estados Unidos, o país mais ameaçado por essa conspiração global era a Alemanha. "A Alemanha é atualmente, com a possível exceção dos Estados Unidos, o país mais controlado pelos judeus no mundo — controlado de dentro e de fora — e podemos apresentar agora um conjunto bem mais forte de fatos do que no artigo original", Ford assevera. Observa que, apesar dos esforços para reduzir a presença dos judeus no governo da Alemanha, estes permanecem entranhados nos aspectos básicos da vida e da economia alemãs. "Pois suas trincheiras se estendiam mais longe e fundo do que a mera exibição de poder oficial", Ford escreveu. "Seu controle sobre as indústrias básicas, as finanças, o futuro da Alemanha não afrouxou nem um pouco. Está ali, inabalável."

Quando Ford teve de enfrentar os indícios incontestáveis de que os *Protocolos* eram uma fraude, desprezou o fato, observando que não perdiam sua credibilidade, porque continuavam descrevendo a realidade, uma lógica tacanha imitada por Hitler em *Mein Kampf*: "Não importa saber de que cérebro judeu essas revelações se originam", Hitler escreve sobre os *Protocolos*. "O importante é que, com uma certeza positivamente aterrorizante, elas revelam a

Hitler descreveu Henry Ford como sua "inspiração" e manteve cópias da tradução alemã de O judeu internacional *numa mesa diante de seu escritório na sede do Partido Nazista.*

natureza e a atividade do povo judeu e expõem seus contextos internos, bem como seus objetivos extremos."

Houve, é claro, muitas influências na composição de *Mein Kampf*, e jamais conheceremos a mescla exata das diferentes coisas que Hitler leu ou ouviu. Mas não há dúvida de que o livro de Ford surgiu em sua carreira num estágio inicial e de formação, deixando sua marca nos pensamentos e textos de Hitler, como este afirmou em termos inequívocos. Quando um repórter lhe perguntou sobre o retrato exposto com destaque na parede de seu escritório, Hitler respondeu em termos claros e simples: "Considero Ford minha inspiração".

* * *

Quando Hitler se vangloriou de sua formação à custa do Estado, além de exibir desdém pelo sistema penal bávaro, expôs sua escassa compreensão do que significa uma formação sólida, fato revelado no conteúdo intelectual vazio e nos constrangedores erros gramaticais de *Mein Kampf*. Nos fragmentos sobreviventes de textos inéditos de Hitler que encontrei em arquivos da Europa e dos Estados Unidos, o colecionador e escritor emerge como um homem semi-instruído, que não dominou a ortografia básica nem a gramática comum. Seus textos brutos estão cheios de erros de léxico e de sintaxe. Sua pontuação, como seu uso de maiúsculas, é falha e irregular.

Aos 35 anos, Hitler nem sequer dominara a ortografia básica. Ele escreve "*es gibt*" — "existe" — foneticamente, em vez de gramaticalmente, como "*es giebt*", e a palavra alemã para prisão, *Gefängnis*, com dois esses, o equivalente a escrever "prizão". Mas os textos restantes que estudei, inclusive o rascunho original de Hitler do primeiro capítulo de *Mein Kampf*, bem como um esboço de dezoito páginas dos cinco capítulos subsequentes, demonstram que ele levava sua literatura a sério.

Por muito tempo se acreditou que Hitler ditou *Mein Kampf* para os colegas prisioneiros, em particular seu secretário pessoal, Rudolf Hess, e seu motorista, Emil Maurice. Na verdade, Hitler começou a trabalhar no manuscrito antes que os dois chegassem a Landsberg. Esse primeiro rascunho, datilografado em paica com uma fita de máquina de escrever azul fraca, mostra um início espasmódico para o livro de quatrocentas páginas que se seguiria. Uma única linha foi datilografada no alto da página sem título, "Não é por acaso que meu berço", depois se interrompe e recomeça na linha de baixo. "Deve ser visto, em minha opinião, como um presságio positivo que meu berço se situou em Braunau, já que essa pequena cidade está bem na fronteira de dois Estados alemães cuja reunificação nós, os jovens, vemos como um objetivo mais elevado na vida", Hitler escreve com uma cadência evidentemente medida, embora erre a grafia de *mais elevado* — *hohre* em vez de *höhere* — antes de mudar de novo de linha e mergulhar numa afirmação enfática de que essa reunificação não se baseia em considerações econômicas — "*Nein! Nein!*", ele enfatiza — mas no laço sanguíneo comum. "*Gemeinsames Blut gehört in ein gemeinsames Reich!*", ele escreve. "O sangue comum pertence a um império comum."

A certa altura, nesses parágrafos de abertura, Hitler parou, pegou um lápis azul e voltou para fazer emendas, riscando sua primeira frase malsucedida, fazendo uma correção gramatical, mas deixando de perceber vários outros erros. Como qualquer escritor, tinha plena consciência de que as linhas iniciais do seu livro estavam entre as mais cruciais, definindo o tom e o estilo de tudo que se seguiria. E ele evidentemente retornou àquelas linhas iniciais para novas reflexões e emendas, como indica a edição que acabou sendo publicada, refletindo a constante tentativa de Hitler de infundir sua abertura de um aspecto mais amplo de importância e presságio:

> Considero hoje uma feliz determinação da sorte que Braunau am Inn tenha sido destinada como lugar do meu nascimento. Essa cidadezinha está situada nos limites dos dois Estados cuja reunião parece, pelo menos a nós da geração mais jovem, uma tarefa a que devemos dedicar nossas vidas e para cuja realização todos os meios possíveis deveriam ser empregados.

A partir desse ponto o original manuscrito e a versão publicada coincidem em grande medida, embora de novo transpareça a atenção de Hitler ao tom e à nuance de palavras individuais. Ao descrever seu avô, ele inicialmente escreve que era "um pobre lavrador e diarista" — *Häusler* e *Taglöhner* —, mas acaba elimi-

Rascunho de Hitler da abertura de Mein Kampf, *escrita na Penitenciária Landsberg em abril de 1924. Observe o falso início de sua frase inicial, que foi de novo emendada antes da publicação.*

nando a última palavra na versão publicada. A atenção de Hitler aos antecedentes familiares também é indicada pelo fato de escrever amplamente sobre a mãe e o pai, mas sem fazer menção ao meio-irmão e à meia-irmã mais velhos, Alois e Angela, ou à irmã mais nova, Paula. A única alusão aos irmãos se encontra numa referência à dor sentida na "morte de nosso pai". Paula jamais perdoou o irmão pelo menosprezo; décadas depois, ainda reclamava que sua existência havia sido reduzida a um pronome possessivo.

Hitler parece ter se dedicado intensamente ao manuscrito nos meses de julho e agosto, e setembro adentro, quando se aproximava do final do livro — bem como, assim esperava, do final do período na prisão. Alimentava grandes expectativas em relação a sua obra. Da janela da prisão observara os carros passando pela estrada e se encantara com a ideia de ter um Mercedes-Kompressor. "Vi num folheto e soube imediatamente que teria que ser aquele!", Hitler mais tarde recordou, citando o preço exato: "26 mil marcos!".

Em meados de setembro, Hitler escreveu para Jakob Werlin, na oficina da Benz, que compartilhava o prédio da sede do Partido Nazista, na rua Schelling, e encomendou seu carro dos sonhos, de preferência, Hitler disse, "cor cinza com rodas de raios de arame" e, idealmente, com um desconto. "Meu problema é que, se eu for solto em 1º de outubro, não poderei contar com nenhuma receita significativa do meu livro antes de meados de dezembro, e assim serei forçado a obter um adiantamento ou pedir um empréstimo para alguém." Com base na data do prefácio, Hitler havia concluído o manuscrito inteiro em 16 de outubro de 1924, mas ainda em Landsberg.

Hitler avaliou mal a data que sairia da prisão e, de novo, a data da publicação. Deixou Landsberg em 20 de dezembro, com seu livro programado para ser publicado em março de 1925, e na posse de seu Mercedes, graças à generosidade de Otto e Elsa Bruckmann. Seu livro só seria publicado em julho.

Os repetidos adiamentos da publicação foram em parte causados pela preocupação de Max Amann com o fraco mercado de livros e o número limitado de locais de venda. Além das livrarias, os comícios em cervejarias representavam uma importante fonte de venda de livros. Com Hitler proibido de falar em público, Amann perdera o acesso a grande parte do público-alvo. Mas a razão principal do atraso foi o processo de edição. Até sete companheiros diferentes de Hitler afirmam ter trabalhado no livro antes de seu lançamento, inclusive Bernhard Stempfle, um sacerdote bávaro que editava o *Miesbacher Anzeiger*, jornal antissemita local; Josef Stolzing-Cerny, o crítico teatral do *Völkischer Beobachter*; e Adolf Müller, o proprietário da gráfica utilizada pela Franz Eher.

Hanfstaengl recorda que batalhou com Hitler em torno das setenta primeiras páginas dos originais, afirmando ter eliminado os "piores adjetivos" e seu "emprego excessivo de superlativos", discordando sobre várias nuances. Quando Hitler escreveu sobre seu "talento" como pintor, Hanfstaengl teria censurado: "Você não pode dizer isso. Outros podem dizer, mas você mesmo não pode". Hanfstaengl também observou "pequenas desonestidades", como o fato de Hitler usar o termo "funcionário público graduado" para seu pai. Hanfstaengl também reclamou da natureza provinciana do intelecto de Hitler, que o fez aplicar um termo como história do mundo — *Weltgeschichte* — a "conflitos europeus pouco importantes". Após essa sessão de revisão inicial, Hanfstaengl afirma, Hitler nunca mais lhe mostrou nenhuma parte do manuscrito.

Rudolf Hess e sua mulher, Ilse, que trabalhava para uma editora, também lembraram sua guerra com Hitler por causa do original, embora com melhores resultados do que Hanfstaengl. "Nós batalhamos por semanas e meses com esse manuscrito, também com Adolf Hitler, que só aos poucos concordou que estávamos certos", Ilse recordou. Os Hess examinavam o original juntos e, depois, Rudolf repassava as correções com Hitler linha por linha.

Ilse descreveu o estilo literário de Hitler como uma forma de prosa ligeira — *Sprech-Deutsch* — contendo dispositivos oratórios que funcionavam bem na fumaça e burburinho de uma cervejaria, mas apenas enchiam a página quando postos no papel: *deste modo, também, é claro, mas, ora, portanto*. E poderíamos acrescentar: "*Nein! Nein!*".

Jamais saberemos ao certo o grau em que essas diferentes afirmações editoriais são verdadeiras, já que a maioria dos rascunhos de trabalho desapareceu.* O que transparece desses diversos relatos, porém, é a sensação de domínio de Hitler sobre seu texto, a atenção que dava ao tom e ao teor do livro, e a obstinação demonstrada na tentativa de preservar sua voz autoral característica.

Uma mudança editorial que pode ser creditada a um indivíduo específico, e com certeza a mais importante no processo de edição de um ano, foi aquela proposta por Max Amann, que destilou o título original de Hitler no mais enxuto e conciso *Mein Kampf*.

Na época do lançamento, em julho de 1925, o livro de Hitler foi recebido quase unanimemente com resenhas mordazes. O *Frankfurter Zeitung* descreveu *Mein Kampf* como um ato de suicídio político e deu o título de "O fim de Hitler" à sua resenha. Um jornal de Berlim expressou "certas dúvidas quanto à estabilidade mental do autor". Um crítico observou que Hitler "ajustou contas" com todos, menos consigo próprio.

Mesmo a direita radical teve dificuldade em dizer algo positivo. O general Erich Ludendorff ofendeu-se com o antissemitismo exacerbado de Hitler, distanciando-se tanto do livro quanto

---

* Os arquivos na Biblioteca do Congresso contêm um relato aventuroso da tentativa frustrada de Hans Beilhack de localizar o manuscrito original.

do autor. Alfred Rosenberg, autor de uma prosa praticamente impenetrável que levou quase uma década para escrever e publicar, *O mito do século XX*, fez a observação passageira de que o livro parecia ter sido "escrito muito depressa". O *Bayerische Vaterland* (Pátria Bávara) o denominou "*Sein Krampf*" (Sua cãibra). Em certos círculos, o livro se tornou alvo de gracejos.

Um líder do Partido Nazista, Otto Strasser, alegou que, ao citar passagens inteiras de *Mein Kampf* textualmente durante uma reunião informal de líderes do Partido Nazista, no comício de Nuremberg de 1927, despertou expressões de surpresa nos colegas. Só após confessar que não havia de fato lido o livro, mas apenas memorizado passagens selecionadas, os outros confessaram o mesmo. "Todos começaram a rir, e combinou-se que a primeira pessoa que afirmasse ter lido *Mein Kampf* teria que pagar a conta de todos", Strasser recordou. O primeiro a aparecer foi o irmão mais velho de Strasser, Gregor, que "respondeu com um sonoro 'Não'. Goebbels fez um sinal de não com a cabeça. Goering deu uma sonora gargalhada".* Embora pertença ao folclore gerado pelos colegas insatisfeitos — Otto Strasser fugiu para o Canadá em 1933; Gregor foi assassinado no ano seguinte —, o episódio transmite uma verdade duradoura e geralmente reconhecida: a ilegibilidade geral do livro de Hitler.

Apesar das resenhas nada favoráveis, e das evidentes deficiências do livro, o orgulho de Hitler como autor está preservado nos numerosos exemplares de *Mein Kampf* com dedicatória para familiares, amigos e colegas. Alois Hitler se lembra de ter recebido um, assim como Paula e o antigo senhorio de Hitler, Josef Popp, cujo exemplar trazia a dedicatória "aos velhos tem-

---

* No texto de seu diário de 14 de outubro de 1925, Goebbels era só elogios a *Mein Kampf*. "Vou terminar de ler o livro de Hitler esta noite", ele escreve. "Positivamente fascinante! Quem é esse homem? Meio plebeu, meio deus!"

pos". Emil Maurice recebeu o décimo exemplar numerado de *Mein Kampf* com uma dedicatória assinada por Hitler: "Ao meu leal e valente escudeiro". No Natal daquele ano, Hitler enviou a Goebbels um dos quinhentos livros numerados como expressão de gratidão: "Por seu método exemplar de batalha". Hitler continuou dedicando exemplares de *Mein Kampf* por muitos anos. Deparei com diversos livros com dedicatória da obra em coleções privadas, três delas na Biblioteca de Livros Raros da Universidade Harvard, inclusive uma das edições originais para colecionadores — número 144 — autografada por Hitler ainda em novembro de 1942.

A satisfação de Hitler com seu primeiro livro é demonstrada de forma convincente pela decisão de escrever uma continuação. Na época em que *Mein Kampf* foi lançado, em julho de 1925, ele estava concentrado no volume 2. Naquela primavera, Hitler alugou alojamentos no Obersalzberg, um pico alpino com vista para Berchtesgaden, onde ele se encontrara com Dietrich Eckart nos meses que antecederam o Putsch da Cervejaria, pondo-se a trabalhar numa pequena cabana que se tornou conhecida como Kampfhäusl, ou "Cabana da Batalha", cujas ruínas ainda podem ser encontradas num denso emaranhado de árvores. Hitler retornou no verão de 1926 para completar o manuscrito, dessa feita ocupando um quarto no Hotel Deutsches Haus, em Berchtesgaden.

"Aqui fui de fato mimado", ele recordou. "Todo dia eu subia a pé o Obersalzberg, até o Scharitzkehl, e depois descia, levando duas horas e meia. Embaixo escrevi o segundo volume." Seu primeiro livro havia sido, antes de mais nada, autobiográfico. O segundo foi puramente político, quatrocentas páginas em que Hitler delineia sua visão para a Alemanha, escrevendo sobre a necessidade de *Lebensraum* (espaço vital) para o povo alemão, os laços invioláveis do "*Blut und Boden*" (sangue e solo) e, mais notadamente, o perigo dos judeus.

> Se no princípio ou durante a guerra 12 mil ou 15 mil desses hebreus corruptores do povo tivessem sido vítimas do gás venenoso, como aconteceu com centenas de milhares de nossos melhores trabalhadores alemães no campo de batalha, o sacrifício de milhões no *front* não teria sido em vão. Pelo contrário: 12 mil patifes eliminados em tempo poderiam ter salvado as vidas de milhões de verdadeiros alemães, valiosos para o futuro.

Hitler encerrou o manuscrito em agosto de 1926, com uma dedicatória a Dietrich Eckart, "que dedicou a vida ao despertar do seu, do nosso povo, em seus textos e seus pensamentos e finalmente suas ações". Depois se voltou a um projeto literário em que começara a cogitar na primavera anterior: um livro de memórias da Primeira Guerra Mundial.

A decisão de Hitler de dedicar o próximo desafio literário ao seu serviço militar na guerra é notável, não apenas porque parece ter sido ignorada pela maioria de seus biógrafos, mas porque representou um afastamento consciente não apenas da literatura política, mas também do Partido Nazista, e de Franz Eher como seu editor. Conforme disse Otto Bruckmann, Hitler fez aquilo "na esperança de ir mais alto e mais longe que o partido com aquele livro apolítico". Foi a expressão mais explícita do interesse de Hitler de ser um escritor de verdade.

Vários fatores parecem ter motivado Hitler. Não obstante todas as suas aspirações para *Mein Kampf*, sem falar no investimento de tempo e energia no processo de redação e edição, o livro só alcançou um sucesso moderado, mal conseguindo esgotar a primeira edição em um ano: fato respeitável dadas as condições do mercado, mas que não estava à altura de suas ambições elevadas. As expectativas para o segundo volume foram mais moderadas. Na verdade, enquanto o volume 1 foi recebido com sarcasmo e desprezo pelos resenhistas, o volume 2 foi simplesmente ignorado — não apenas pelos críticos, mas pelos leitores também. Vendeu menos de setecentos exemplares após um ano no mercado.

Mas havia lições a aprender com sua experiência inicial como escritor. Os jornais que haviam publicado trechos do volume 1 invariavelmente escolheram seu relato da época na frente de batalha, que parece ter tido repercussão. Quanto à Franz Eher, ficou claro para Hitler que se tratava de uma editora regional, com pouco acesso ao mercado além da Baviera. Assim, na primavera de 1926, em meio ao segundo volume de *Mein Kampf*, ele começou a conversar com Otto e Elsa Bruckmann sobre seu próximo projeto de livro. Como editor dos *Fundamentos do século XIX* de Chamberlain, que estava em sua 17ª edição, Bruckmann possuía credenciais conservadoras e acesso ao público leitor mais amplo.

Ao mesmo tempo, Hitler vinha mergulhando na literatura sobre a Primeira Guerra Mundial, inspirado em parte por *Fogo e sangue*, de Ernst Jünger, enviado pelo autor naquele ano com uma dedicatória pessoal: "Ao Führer nacional Adolf Hitler". Os três livros anteriores de Jünger — *Tempestade de aço*, *Guerra como experiência interna* e *Cadáver 125*, em que uma unidade alemã é exterminada no afã heroico de manter sua posição num pequeno grupo de árvores — fizeram do veterano a voz mais proeminente do soldado de linha de frente. Contrastando com a enxurrada de literatura pacifista, que encontraria sua expressão máxima poucos anos depois em *Nada de novo no front*, de Erich Maria Remarque, os livros de Jünger glorificavam o soldado alemão e seus sacrifícios pela terra natal, encontrando encanto e nobreza em meio à carnificina. Parece que Hitler absorveu Jünger vigorosamente naquela primavera. "Li todos os seus textos", escreveu ao autor em maio. "Neles passei a valorizar um dos poucos comunicadores poderosos da experiência na linha de frente."

Durante o verão de 1926, Hitler parece ter planejado suas próprias memórias de guerra, pois um mês após terminar o segundo volume de *Mein Kampf*, em agosto de 1927, falou com Elsa Bruckmann sobre suas ideias para o próximo livro. "Ele já anda refletindo sobre a forma de seu livro sobre a guerra, e diz que está se tornando mais clara e viva dentro dele", Bruckmann escreveu ao marido em 26 de setembro. "As imagens estão se cristalizando em torno do núcleo que ele concebeu e exigem que sejam completadas." Em dezembro, as memórias de guerra de Hitler haviam progredido a ponto de Bruckmann já ter fixado uma data de publicação. Quando Alfred Rosenberg o consultou sobre a publicação de um manuscrito recém-concluído, Bruckmann recusou a oferta sob a alegação de que "na primavera estarei publicando as memórias de guerra de Hitler". Mas Hitler nunca entre-

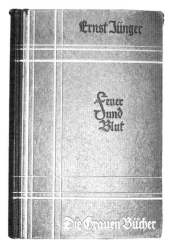

Hitler leu este exemplar de Fogo e sangue, *de Ernest Jünger, no início de 1926, enquanto se preparava para escrever as próprias memórias do seu período no* front.

gou o livro. Assim como a maioria do texto datilografado de *Mein Kampf*, nenhum manuscrito jamais foi encontrado.

Não obstante, podemos fazer algumas conjecturas fundamentadas sobre sua forma e conteúdo, com base não apenas em descrições de batalhas em *Mein Kampf*, mas também nas fotocópias de cartões e cartas que Hitler enviou a um amigo de Munique, Ernst Hepp, que preservam em estilo compacto, mas equilibrado, as emoções de seu batismo de fogo aos 26 anos: a marcha à meia-noite sob um céu cheio de estrelas, ouvindo o troar da artilharia distante, a crescente tensão à medida que os projéteis vão caindo cada vez mais perto e a incerteza torturante diante da gritaria ao redor, seguidas por um ataque súbito e emocionante contra uma posição do inimigo onde os soldados britânicos "enxameiam como formigas" das suas trincheiras. "Nós avançamos correndo como um raio sobre os campos e, após repetidos e sangrentos embates corpo a corpo, expulsamos os sujeitos de uma trincheira para outra", o jovem Hitler relata. "Muitos erguem as mãos. Quem não se rende é fuzilado. Assim limpamos uma trincheira após a outra."

Na primavera de 1926, Hitler foi lembrado desses momentos pelas páginas das memórias da frente de batalha de Jünger, com suas descrições quase idênticas de marchas noturnas, fogos de barragem distantes e os surtos emocionais que advinham com a corrida para a batalha. Jünger não apenas despertou lembranças do tempo de guerra e emoções familiares, mas também inspirou a imitação, como indicam as negociações que Hitler manteve com os Bruckmann naquela primavera a propósito do seu livro e as passagens que encontrei destacadas em seu exemplar de *Fogo e sangue*.

O livro encadernado de 190 páginas contém repetidas intromissões a lápis, linhas prolongadas ao lado de frases individuais, e parágrafos frequentemente terminando numa série de traços em *staccato* que parecem complementar as rajadas esporádicas de metralhadora descritas nessas páginas. Nessas marcas a lápis, podemos ver Hitler seguindo as reflexões e comentários de Jünger sobre os efeitos transformadores da guerra. Assim como este, Hitler experimentou a carnificina como algo enobrecedor e transformador. "Mas esse é um dos enigmas inexplicáveis que o campo de batalha costuma nos apresentar e com que continuaremos a nos ocupar por algum tempo, se conseguirmos sobreviver", Jünger reflete na página 86, seguido pelo lápis atento de Hitler. "E aquela é a serenidade firme e nobre que um homem revela quando encara seu próprio extermínio, e que nós, em nossa insignificante existência do dia a dia, não conseguimos sequer imaginar."

Hitler marcou uma passagem de Fogo e sangue, *livro de memórias de Jünger, em que são descritas as reações dos homens diante do* "extermínio" (Vernichtung).

Ao folhear esse volume fino, observei que Hitler concentrou sua atenção nas explorações de Jünger dos aspectos emocional e espiritual da guerra, ignorando as descrições das batalhas, exceto em dois lugares: no alto da página 106 e na parte inferior da página 107, em que marcou passagens que recordam uma barragem de artilharia, onde "o abalo sufocante das explosões" se torna tão intenso que tudo começa a "estremecer e dançar qual imagens num filme tremeluzente". Jünger se vê paralisado pela sobrecarga sensorial. "Já não consigo ouvir o bombardeio, ele transcendeu o ponto em que é possível ouvir." Ao lado dessas passagens, Hitler traçou linhas a lápis.

Mas quase sempre seu lápis marca as descobertas de Jünger dos efeitos transformadores da carnificina: o endurecimento de coração e mente, o forjamento do espírito humano em algo "duro e implacável", a experiência aglutinante de homens avançando para a batalha, a fusão da vida humana e do aparato do Estado na expressão da vontade coletiva de um povo, um mundo além de todas as "fronteiras dos valores humanos" conhecidas, em que "coragem, medo, solidariedade — tudo que não existe mais" — se fundem até o ponto em que a vontade humana primeiro "fala através do fogo, depois fala através do sangue".

O lápis de Hitler segue essas enunciações numa concordância de uma só linha, com uma exceção: na página 26, ao lado de uma passagem em que Jünger especula sobre o poder da vontade humana em face da "força cinética" da "produção em massa monstruosa". "A batalha é uma medição assustadora da produção concorrente", Jünger escreve, "e a vitória é o sucesso do oponente que sabe produzir mais barato, com mais eficiência e mais rápido." Ao lado dessa passagem, Hitler colocou um ponto de interrogação único, um aparente desafio a Jünger, e um anúncio de maquinações caluniosas a serem feitos nos campos de batalha futuros da Europa.

Dado o que sabemos de tudo isso, só podemos especular sobre as dimensões, tom e rumo das memórias de guerra perdidas de Hitler. Talvez nunca tenham sido completadas, provavelmente vitimadas pela carreira política dele. Em 1927, a maioria dos Estados alemães havia revogado a proibição de manifestações que impedira as aparições públicas de Hitler, permitindo-lhe recomeçar a atividade política. Como escreveu em carta para Siegfried Wagner, e enfatizou no prefácio de *Mein Kampf*, Hitler era um homem da cena política, não do mundo literário.

O que de fato existiu do manuscrito é possível que tenha sido queimado junto com a maioria dos documentos pessoais de Hitler na primavera de 1945, quando ele despachou seu ajudante, Julius Schaub, primeiro ao seu apartamento em Munique a fim de coletar os documentos privados, depois à sua residência em Obersalzberg para apanhar o resto, e incinerar tudo. Christa Schröder, uma das secretárias de Hitler, foi testemunha do evento e recorda que Schaub primeiro esvaziou a caixa-forte na biblioteca do segundo andar de Hitler, depois empilhou diversas cartas, arquivos, manuscritos e livros ao lado do mastro de bandeira e, "com a ajuda de alguns tambores de gasolina", tacou fogo na pilha de papéis, apagando grande parte da vida privada de Hitler — mas não tudo. O que Hitler havia esquecido, e Schaub não tinha como saber, é que, quinze anos antes, havia guardado uma cópia em carbono de seu quarto projeto literário num cofre dos escritórios da Eher Verlag, no centro de Munique.

A pilha de cinco centímetros de papel amarelado é uma cópia em carbono de um manuscrito datilografado de 324 páginas. O tempo corroeu as margens de páginas individuais. Em certos lugares, palavras inteiras desapareceram. A certa altura, água penetrou no manuscrito nas páginas 18 a 22, dando origem a mofo, que ingeriu trechos inteiros de pensamento.

Um memorando anexo, identificando o local original do manuscrito como rua Thiersch, 11, diz:

Joseph Berg, que mora na 35 Scheubner Richter Strasse, Munique, e foi gerente técnico dessa editora, entregou-nos um original de um suposto livro inédito de Adolf Hitler. Foi escrito há mais de quinze anos e guardado no cofre. O sr. Berg recebeu ordens rigorosas de que o manuscrito nunca poderia ser publicado ou mostrado a alguém.

O memorando está assinado pelo capitão Paul M. Leake, do Corpo de Comunicações do Exército, e identifica o manuscrito como "Alvo n° 589". Com ele, além do único rascunho completo de um original de Adolf Hitler, possuímos também um documento que preserva seu desenvolvimento literário. No verão de 1928, o escritor de 39 anos tinha quatro de experiência em redação, revisão e edição. Estilo e forma demonstram confiança, sem a vagueza e a indecisão encontradas na primeira redação de *Mein Kampf*. As mudanças editoriais, quando ocorrem, visam claramente intensificar o texto, introduzir maior concisão ou confiabilidade, com um ouvido atento para as nuances. Em um caso, o futuro do pretérito plangente "eu gostaria" (*ich möchte*) é substituído pelo mais consciente "eu quero" (*ich will*). Em outro, a "quantidade de força" (*Machtgehalt*) é substituída pelo "emprego da força" (*Machteinsatz*). Outras mudanças são de natureza estilística. Um equívoco sintático é corrigido à página 5, em que a "eterna fome" é de início "satisfeita", depois substituída por "saciada". Na página 19, "ter coragem" recebe uma carga emotiva maior com a expressão "trazer coragem no coração". Na página 20, uma passagem recebe um significado totalmente novo quando "transformação biológica" vira "transformação geológica". Uma referência à "reestruturação artificial" se torna "reestruturação súbita", e em outra passagem circunstâncias são "determinadas", em vez de "influenciadas".

Nesses originais brutos, vemos a mente do autor em funcionamento, processando informações, lutando com suas ideias, observando suas palavras surgirem na página, avaliando o estilo e nuan-

I

Politik ist werdende Geschichte.Geschichte selbst ist die
Darstellung des Verlaufs des Lebenskampfes eines Volkes.Ich
setze hier mit Absicht das Wort "Lebenskampf" ein,weil in Wahr‑
heit jegliches Ringen um das tägliche Brot ganz gleich ob im
Frieden oder Kriege ein ewiger Kampf ist gegen tausend und
abertausend Widerstände,so wie das Leben selbst ein ewiger
Kampf gegen den Tod ist.Denn warum sie leben,wissen die Men‑
schen so wenig als irgend eine andere Kreatur der Welt.Nur
ist das Leben erfüllt von der Sehnsucht, es zu bewahren.Die
primitivste Kreatur kennte ohne den kennt nur den Selbst‑
erhaltungstrieb des eigen Ichs,für höherstehende überträgt
er sich auf Weib und Kind,für noch höhere auf die gesamte
Art. Indem aber der Mensch auf seinen eigenen Selbsterhaltungs‑
trieb scheinbar nicht selten zugunsten der Art entsagt,dient
er ihm in Wahrheit dennoch am höchsten.Denn nur in dieser
des Einzelnen
Entsagung/liegt nicht selten die Gewährung des Lebens für
die Gesamtheit und damit dennoch wieder für den Einzelnen.
Daher der plötzliche Mut der Mutter in der Verteidigung der
Jungen und der Heldensinn des Mannes im Schutze seines Vol‑
kes. Der Größe des Triebes der Selbsterhaltung entsprechen
die beiden wichtigsten Triebe des Lebens : Hunger und Liebe.
Stillung.
Indem die Erfüllung des ewigen Hungers die Selbsterhaltung
gewährleistet,sichert die Befriedigung der Liebe die Forter‑
haltung. In Wahrheit sind diese beiden Triebe die Regenten
des Lebens. Und wenn tausendmal der fleischlose Aesthet gegen
eine solche Behauptung Protest einlegt,so ist doch schon die
Tatsache seiner eigenen Existenz die Widerlegung seines Pro‑
testes. Was aus Fleisch und Blut besteht,kann sich nie den
Gesetzen entziehen,die sein Werden bedingten. Sowie der
menschliche Geist glaubt,darüber erhaben zu sein,vernichtet
er jene reale Substanz,die der Träger des Geistes ist.

Primeira página da continuação inédita de Hitler para Mein Kampf, *escrita no verão de 1928. Observe o pequeno número de correções, em comparação com a primeira página do original de* Mein Kampf. *Ver a ilustração à página 103.*

ces, às vezes tropeçando na gramática e sintaxe, fazendo uma rápida correção à máquina, depois avançando numa torrente implacável de prosa. Na frase de abertura, ele escreve: "Em agosto de 1925, enquanto redigia o segundo volume [de *Mein Kampf*], esbocei os conceitos fundamentais para uma política externa nacional-socialista alemã, embora de forma um tanto abreviada". Hitler diz que pretende nesse livro fornecer uma visão mais detalhada do papel da Alemanha no mundo, transformando assim *Mein Kampf* numa trilogia integrada: o volume 1 enfocando Hitler e o movimento nazista, o volume 2 explorando o Partido Nazista e a Alemanha, e o volume 3 contextualizando a Alemanha no mundo.* Isso marcou um retorno aos textos políticos e à Franz Eher como sua editora.

À semelhança dos dois primeiros volumes de *Mein Kampf*, Hitler recorreu à sua voz autoral apenas quando privado da pública. Assim como o volume 1 havia sido escrito atrás dos muros da prisão, e o volume 2 durante uma proibição de falar em público, o volume 3 emergiu num momento de silêncio imposto. Nos dois anos anteriores, Hitler havia trabalhado implacavelmente para tornar o Partido Nazista uma força política nacional. Viajou sem parar, afirmando sua autoridade pessoal por todo o movimento disperso e por vezes hesitante, e em maio de 1928 pôs o partido em condições de participar de suas primeiras eleições nacionais. Mas se viu enfrentando um refluxo político.

Pouco mais de quatro anos após o *putsch* de Munique, a República de Weimar estava estabilizada, graças à visão política de seu ministro do Exterior, Gustav Stresemann. Em 1924, ele negociou o Plano Dawes, revogando os pagamentos de reparações esmagadoras que haviam provocado a catastrófica inflação de 1923. No ano seguinte, assinou o Pacto de Locarno, reconhecendo formalmente as fronteiras ocidentais pós-guerra e reconciliando a Alemanha com seus vizinhos, em particular a França. O esforço lhe valeu o prêmio Nobel da paz. Stresemann havia neutralizado

---

* Hitler também publicou uma monografia sobre política externa, extraída do volume 2 de *Mein Kampf*, abordando o Tirol do Sul, uma porção do norte da Itália habitada por grande população de alemães étnicos.

grande parte do estopim que alimentava a direita radical alemã na primavera de 1928, quando os eleitores alemães foram às urnas e deram a Hitler uma derrota esmagadora. O partido de Stresemann obteve o respeitável resultado de 30% dos votos numa paisagem atulhada de movimentos políticos. A direita obteve apenas 26%. Naquela noite, em seu apartamento de Berlim, Goebbels descreveu os resultados das eleições como "*trostlos*" (desesperadores).

Naquela mesma noite, Hitler minimizou a derrocada, observando que o Partido Nazista era agora o único movimento de direita na Alemanha. Mas, com menos de 3% dos votos nacionais, o partido cambaleava à beira da extinção. "Continuaremos atuando, e nossa meta é, daqui a alguns anos, estar onde o marxismo está agora, e o marxismo estará onde estamos hoje", Hitler disse. Na quarta-feira seguinte, ele repetiu sua convicção num discurso de três horas e meia que, de acordo com um relatório da polícia, contou com apenas um "público moderado". No dia seguinte, retirou-se para Obersalzberg a fim de escrever seu livro.

Ao contrário dos dois volumes anteriores de *Mein Kampf*, Hitler abriu seu livro novo — após uma breve introdução em que admite a marginalização do Partido Nazista ("sozinho e isolado") na política alemã — com um toque seguramente filosófico. "*Politik ist werdende Geschichte*", ele começou, ou "política é a história em desenvolvimento". "A própria história é a apresentação do progresso da luta pela sobrevivência de um povo", ele continuou. "Uso as palavras 'luta pela sobrevivência' de propósito, porque na verdade todo esforço para garantir o pão de cada dia, seja na paz, seja na guerra, constitui uma luta eterna, contra milhares e dezenas de milhares de obstáculos, assim como a própria vida é uma batalha eterna contra a morte." A voz narrativa é firme e direta, o texto é claro e seguro, com correções apenas ocasionais. A tecla *ä* bate de modo irregular.

"Os seres humanos entendem por que estão vivos tão pouco quanto qualquer outro animal neste mundo, mas a vida está repleta do desejo de preservá-la. O animal mais primitivo não podia..." Hitler faz uma pausa pela primeira vez, risca com um X o "não podia" e começa de novo. "O animal mais primitivo só se preocupa com a sobrevivência do eu, enquanto o mais avançado transpõe essa preocupação à mulher e ao filho, e o mais avançado ainda à raça inteira." Como exemplos, Hitler cita a coragem que uma mãe demonstrará ao defender seus filhos, e o heroísmo de um homem ao proteger seu povo. Observa que apenas essa "renúncia ao individual" torna possível a existência prolongada da comunidade. Para atingir esse estado mais elevado, o indivíduo precisa transcender os instintos animais mais fundamentais: "fome" e "amor". "Aquilo que consiste em carne e sangue", escreve, "não pode escapar dessas leis que determinam seu ser, e se o espírito humano acredita ser superior a isso, extermina essa substância básica que é a portadora desse espírito." A sobrevivência do espírito requer a continuação da espécie. Trata-se, no fundo, do lamento darwinista.

Hitler então estende esse paradigma da sobrevivência individual à comunidade — "O corpo comunitário não passa da multiplicação de seres individuais mais ou menos idênticos" — e eleva o conceito a uma filosofia da política externa. "Essas mesmas leis que determinam e controlam a vida dos indivíduos, portanto, também são válidas para um povo", ele escreveu. "O sustento do eu e a procriação são os maiores impulsos de cada ação, desde que o corpo tenha saúde suficiente. Portanto, a manifestação dessas regras gerais da vida será semelhante entre os povos e entre os indivíduos." Impelidas pela necessidade de saciar essa "fome eterna" e por esse desejo insaciável de reprodução, as várias espécies de nosso planeta se veem presas em uma eterna *Lebenskampf*, uma luta pela sobrevivência.

Invocando o conceito de *Weltgeschichte* nos termos mais amplos possíveis — sem nenhuma das "brigas europeias" mesquinhas de que Hanfstaengl se queixou —, Hitler remonta a "luta pela existência" às próprias origens do nosso mundo. Fala de uma *Welt-*

geschichte geológica anterior à espécie humana, quando irrompeu uma "batalha entre as forças da natureza" que separou a terra do mar e criou as montanhas, planícies e oceanos, e da qual emergiram as primeiras formas de vida orgânica, "cujo desenvolvimento está marcado pela batalha eterna do homem contra os animais e mesmo contra o homem". Dessa batalha dentro da espécie humana emergiram raças, tribos, povos e finalmente nações, uma observação que traz Hitler de volta à tese de abertura. "Mas se a política é a história em desenvolvimento, e a própria história é a descrição da luta dos homens e povos pela sobrevivência e procriação", ele escreve, "então, na verdade, a política é a implementação da luta vital de um povo." Para Hitler, a política não passa — voltando à máxima de Clausewitz — de guerra em sua forma mais refinada. Para Hitler, a política é a "arte" da luta pela vida.

Nessas páginas de abertura, não há nada do emocionalismo e confissão pessoal encontrados no volume 1, ou dos detalhes próprios do partido do volume 2. Aqui o tom é particularmente medido, refletido, analítico. Encontramos Hitler enunciando seus pontos de vista sobre a existência de forma mais minuciosa e completa do que em qualquer outro ponto em seus textos, discursos ou monólogos publicados. Nós o vemos tentando reunir em um arcabouço filosófico seus conhecimentos ecléticos acumulados, buscando uma profundidade numa colcha de retalhos estranha que parece ter sido cortada do tecido de pensadores como Charles Darwin e Max Weber. Como de hábito, Hitler apresenta suas ideias quase sem referência às fontes, deixando que os estudiosos especulem, com um grau de certeza variável, sobre as origens de suas ideias, quer derivem de leituras intensivas e amplas, quer do folheio de fontes secundárias e jornais sensacionalistas. Com os dois volumes de *Mein Kampf*, escritos em períodos de tempo prolongados e submetidos a repetidas revisões, ficamos especulando sobre as fontes tanto da forma como do conteúdo. No caso do terceiro livro de

Hitler, sabemos com exatidão as semanas em que foi escrito e dispomos de um dos livros que sabemos ter servido de modelo.

Seis semanas antes de começar a trabalhar no projeto do livro novo, Hitler celebrou seu 39º aniversário. Entre os presentes recebidos havia uma edição encadernada de 105 páginas, *A crença alemã de Fichte*, escrito por Maria Grunewald e com dedicatória ao "venerado Führer" de Theodor Lühr, o marido de Maria Lühr, uma hábil encadernadora de livros com oficina na badalada Kurfürstendamm, em Berlim. Encadernado em linho verde-floresta, o título e o nome do autor estampados em letras góticas douradas, *A crença alemã de Fichte* contém uma série de litografias de donzelas arianas e guerreiros em combate, com títulos como *Sobre a beleza* e *Deuses da luz combatendo as forças das trevas*. O próprio texto trata dos ensaios espirituais de Fichte e, embora não haja marcações nas margens ou outros vestígios de intromissões de Hitler, encontramos as impressões digitais intelectuais de Maria Grunewald nas páginas do manuscrito de Hitler.

Ao explicar a filosofia de Fichte do papel do indivíduo na sociedade, Grunewald identifica um desenvolvimento em três estágios: a "forma inferior de uma personalidade" é completamente autocentrada, pensando apenas em si; no próximo estágio de desenvolvimento, um indivíduo estende sua preocupação à família: a forma, por exemplo, como um homem protege sua mulher e filhos; a personalidade mais elevada transcende as preocupações imediatas e se estende à "comunidade". Quando Hitler organizava as ideias para o seu livro, as palavras de Grunewald parecem ter ecoado em sua mente e, enfim, se refletido em suas páginas. Mas enquanto Grunewald, ao interpretar Fichte, vê essa evolução transcendendo o mundo material até o domínio espiritual e, finalmente, uma união com Deus, Hitler desvia para a ética implacável do darwinismo social. A essa altura, o ritmo medido e a lógica progressiva dele se dissipam em duzentas páginas de objetivos divagantes de política externa, com ênfase especial nas minorias alemãs do norte da Itália, pontilhadas com uma arenga de cervejaria sobre conspirações judaicas e bolcheviques, antes de retornar ao axioma de Clausewitz com a distorção hitleriana: "É responsabilidade da política lutar pela existência de um povo e, para isso, precisa lançar mão das armas que pareçam mais apropriadas, de modo a servir melhor à vida", Hitler conclui. "Ninguém se envolve em política para morrer, e sim permite que pessoas morram ocasionalmente, para que um povo possa viver."

Hitler deve ter terminado o manuscrito no segundo fim de semana de julho — 234 páginas em seis semanas —, pois na segunda-feira, 13 de julho, viajou a Munique, onde proferiu um discurso; de lá prosseguiu até Berlim, onde fez outros dois discursos, abordando a questão dos alemães étnicos do norte da Itália e citando amplamente seu manuscrito. Na segunda-feira seguinte, sua irmã Angela e a sobrinha Geli se juntaram a ele e, em companhia de Goebbels, que concluíra os retoques finais em seu romance, *Michael*, o grupo viajou até Helgoland para uma semana de férias no mar do Norte. Max Amann retornou a Munique com uma cópia em papel-carbono do original de Hitler e trancou-o no cofre na rua Thiersch, 11, onde permaneceria pelos dezessete anos seguintes.

A atividade política renovada de Hitler pode tê-lo levado a abandonar ou pôr de lado o livro. Mas também é possível que houvesse um fator comercial. Após uma onda de interesse inicial depois do lançamento de *Mein Kampf*, no verão de 1925, as vendas despencaram. Em 1927, o volume 1 vendeu menos de 5 mil exemplares, e o volume 2, não mais de 1200. Em 1928, Amann deve ter relutado em lançar outro livro de Hitler num mercado fraco. O próprio Hitler pode também ter reconhecido as falhas intrínsecas na estrutura eclética e irregular do livro ou possivelmente suas limitações como escritor. "Que belo italiano Mussolini fala e escreve", Hitler comentou com seu advogado pessoal e futuro *Gauleiter*, Hans Frank. "Não sou capaz de fazer isso em alemão. Simplesmente não consigo organizar meus pensamentos quando estou escrevendo." Em comparação com a obra de Mussolini, Hitler observou, *Mein Kampf* parecia um exercício de fantasia "atrás das grades", pouco mais que uma "série de artigos para o *Völkischer Beobachter*". "*Ich bin kein Schriftsteller*", Hitler disse para Frank. "Não sou um escritor."

Para Hitler, porém, essa revelação não constituiu uma crise criativa ou existencial, uma admissão de fracasso ou da ambição arruinada. Não passou da afirmação de um fato. Em essência, ele era, conforme vivia repetindo, um homem de ação, não de palavras. Reconhecia não apenas suas limitações como escritor, mas também as obrigações inerentes à palavra escrita. Como disse a Frank: "Se eu tivesse alguma ideia em 1924 de que me tornaria chanceler do Reich, jamais teria escrito o livro".

Ele expressou um sentimento semelhante sobre seu manuscrito inédito. "Estou certamente contente que esse volume não tenha sido publicado", Hitler disse a Ernst Hanfstaengl em meados da década de 1930. "Que complicações políticas traria para mim neste momento." Observou que Amann havia oferecido um adiantamento de 1 milhão de marcos e que outros milhões se seguiriam em direitos autorais. Por mais tentadoras que fossem as perspectivas, Hitler sentiu que o risco político era grande demais. "Talvez mais tarde, quando eu tiver avançado mais", disse. "Agora é impossível." Um ano após completar o que se tornaria o Alvo nº 589, Hitler viu suas possibilidades políticas, tão sombrias no verão de 1928, mudarem drasticamente. Em 3 de outubro de 1929, Gustav Stresemann sofreu um violento ataque cardíaco. Três semanas depois, a Bolsa de Nova York despencou, e com esta a economia alemã. A popularidade de Hitler disparou. Não mais ocioso pela marginalização política, Hitler abandonou a carreira de escritor. Em três breves anos, se tornaria chanceler da Alemanha.

LIVRO 4
O filósofo perdido

Todo e qualquer judeu irritante é uma séria afronta à autoridade e veracidade de nossa identidade alemã.
Passagem realçada no exemplar de Hitler dos *Ensaios alemães*, de Paul Lagarde

Em seu ensaio sobre coleção de livros, Walter Benjamin afirma que a maioria dos bibliófilos leu no máximo 10% de suas coleções e alega basear sua estimativa em gente confiável. "Basta citar a resposta de Anatole France a um burguês que admirou a sua biblioteca e encerrou a visita com a pergunta corriqueira: 'O senhor leu todos estes livros, Monsieur France?.'" Benjamin lembra que o grande e velho homem da prosa francesa, ganhador do Nobel, habilmente respondeu: "Nem um décimo deles. Nem acredito que você use sua porcelana de Sèvres todos os dias."

Colecionar livros é uma arte, Benjamin insiste, que amadurece com o tempo. "Durante anos, ao menos o primeiro terço de sua existência, minha biblioteca consistiu em não mais de duas ou três estantes que aumentavam apenas umas polegadas a cada ano. Aquela foi sua época militante, em que nenhum livro podia entrar sem a certeza de que eu o havia lido." Com o tempo, Benjamin passou a apreciar os livros por outras razões: uma encadernação particularmente bonita, ilustrações encantadoras, um volume raro e antigo oferecido num leilão, a lembrança de um livro específico num dia específico numa livraria específica. "De repente a ênfase mudou", ele diz. "Os livros adquiriram um valor real." A posse se tornou um fim em si. Sem essa inchação", Benjamin observa, nunca teria adquirido livros suficientes para dignificar o termo *biblioteca*.

Com Hitler, vemos uma aceleração semelhante. Na década em que residiu no modesto apartamento na rua Thiersch, sua biblioteca cresceu aos poucos, preenchendo primeiro uma estante, depois outra, e quando as duas esgotaram a capacidade, acumulando-se em pilhas fortuitas e precariamente erguidas sobre caixas de livros, como mostra a fotografia tirada no início de 1925. Naquele ano, sua coleção de livros esteve entre os poucos bens dignos de menção em sua declaração do imposto de renda. Em meio a um inventário pobre que incluiu sua escrivaninha e uma cadeira, ele listou "duas estantes com livros".

Durante a década de 1930, a coleção de Hitler se expandiu substancialmente. De novo, a declaração do imposto de renda atesta a intensidade dos interesses bibliográficos de Hitler. A maior dedução fiscal após os custos com pessoal e viagens políticas foi com livros: 1692 marcos em 1930, com montantes semelhantes nos dois anos seguintes. Ao segurar o conteúdo de sua residência em Munique, em novembro de 1934, na Seguradora contra Incêndios Gladbacher, Hitler calculou o valor de seus bens em 300 mil marcos, com metade da quantia atribuída à sua coleção de arte e o resto aos livros e outros bens. Num adendo datilografado à apólice-padrão, Hitler acrescentou a ressalva "*einschliesslich Bücher*", "incluindo livros".

A fama da coleção de livros de Hitler fez que Janet Flanner, ao escrever um perfil do líder nazista para *The New Yorker* em 1935, informasse que ele possuía uma "refinada biblioteca", que estimou em 6 mil volumes. Alguns anos depois, Frederick Oechsner, o correspondente em Berlim da United Press International, calculou a coleção de Hitler em 16,3 mil volumes. Em época mais recente, dois estudiosos, Philipp Gassert e Daniel Mattern, estudaram os livros remanescentes de Hitler, bem como materiais de arquivo, inclusive as listas de aquisição para a Biblioteca da Chancelaria do Reich, e chegaram à mesma estimativa de Oechsner.

Após janeiro de 1933, o fluxo constante de livros que ingressavam na biblioteca de Hitler se tornou uma enxurrada. Entre os livros de Hitler, encontrei numerosas memórias de colegas veteranos que, à semelhança de Adolf Meyer, haviam enviado a Hitler relatos pessoais de seu serviço militar, dezenas de volumes de autoridades nazistas locais e centenas de outros de admiradores distantes que o saúdam como um "messias" e "salvador". Havia também relatórios sobre diferentes atividades oficiais. O chefe de uma associação local para túmulos dos mortos em combate enviou a Hitler um álbum de fotografias com a dedicatória: "Ao ex-soldado de linha de frente, o criador da unidade alemã e pioneiro da nova ascendência após uma profunda ignomínia". O presidente do Ministério da Saúde do Reich forneceu a Hitler um relatório sobre uma convenção médica de 1938 com a dedicatória manuscrita: "Através da saúde de nosso povo, nós, médicos, estamos batalhando pelo alto desempenho na cultura e economia e, assim, pela força política da nação". Um afiliado local de Leipzig do Partido Nazista enviou a Hitler um exemplar de sua obra *Recomendação para a melhoria e consolidação dos procedimentos contábeis para fábricas de charutos, também um caminho para métodos econômicos nacional--socialistas*. Numa intensificação da regra dos 10% de Benjamin, pode-se presumir que Hitler nunca viu, menos ainda leu, grande parte desses livros.

Os livros dos apaniguados de Hitler são de natureza diferente.

A apólice de Hitler da Seguradora contra Incêndios Gladbacher, de novembro de 1934, contendo uma ressalva suplementar para sua coleção de livros: "einschliesslich Bücher" (incluindo livros).

Ali encontramos volumes e dedicatórias que preservam a natureza da dinâmica pessoal entre ele e alguns de seus companheiros. No quarto aniversário do *putsch* de Munique, em 1927, Hermann Goering, o substituto egocêntrico de Hitler, o presenteou com um exemplar de uma breve biografia pessoal, *Goering, em que você estava pensando! Esboço de uma vida*, em cuja dedicatória demonstra "lealdade e reverência". O líder da ss Heinrich Himmler deu a Hitler dois volumes impregnados de ideologia: *Vozes de nossos ancestrais*, em 1934, e *Morte e imortalidade na visão de mundo dos pensadores indo-germânicos*, em 1938. Nesse último livro, um presente de Natal, Himmler usa a circunlocução pagã *Julfest* — relacionada à época natalina — para contornar as associações cristãs com as festas de fim de ano.

No 44º aniversário de Hitler, Baldur e Henriette von Schirach o presentearam com uma edição antiga em dois volumes da história de Braunau, a cidade austríaca onde Hitler nasceu. A dedicatória diz: "Ao nosso adorado Führer em comemoração, família Schirach, abril de 1933". A natureza pessoal da história de Braunau e a intimidade confiante dessa dedicatória preservam o relacionamento especial entre Hitler e os Schirach. Indica também a fragilidade desses relacionamentos. O líder da Juventude Nazista ingressou no círculo íntimo de Hitler ao casar-se com Henriette Hoffmann, filha do fotógrafo pessoal de Hitler. Este, que conhecia Henriette desde seus nove anos e costumava referir-se a ela como "meu raio de sol", promoveu sua recepção de casamento em seu apartamento na praça Príncipe Regente.

Durante a guerra, Henriette aproveitara um encontro noturno em Berghof para expressar seu pesar após testemunhar o tratamento brutal às mulheres judias em Amsterdã. "Não posso acreditar que você saiba sobre elas", ela disse a Hitler. "Mulheres indefesas estavam sendo detidas e reunidas para serem enviadas a um campo de concentração e acho que nunca retornarão." O rosto de Hitler congelou. Em silêncio, ele se levantou. Depois gritou: "Você é sentimental, senhora Von Schirach! Precisa aprender a odiar. O que as mulheres judias da Holanda têm a ver com você?". Henriette abandonou o aposento e foi aconselhada a deixar Berghof imediatamente. Jamais voltou a ver Hitler.

Entre os volumes mais reveladores dos amigos de Hitler que encontrei estão aqueles com dedicatórias da cineasta Leni Riefenstahl, que dirigiu o tributo de 1934 ao Partido Nazista, *Triunfo da vontade*, e *Olympia*, o documentário épico memorável, em duas partes, dos Jogos Olímpicos de Berlim de 1936. Riefenstahl presenteou Hitler com dois livros de luxo em formato grande com fotogramas em preto e branco de *Olympia*, um no Natal de 1936 e o outro no Natal de 1937. O último volume é particularmente bonito.

Encadernado em linho vermelho, *Beleza nos Jogos Olímpicos* realça os momentos mais impressionantes dos Jogos de Verão: Hans Woellke, olhos semicerrados, preparando-se para arremessar o peso que lhe valeria a medalha de ouro olímpica; Gisela Mauermeyer, lançando para trás a cabeça em êxtase e triunfo enquanto seu disco decola; o boa-pinta vencedor da medalha de ouro Glenn Morris — com quem Riefenstahl manteve um breve caso amoroso — segurando seu dardo no decatlo; Jesse Owens pronto para começar a corrida, pontas dos pés firmes no solo, olhos fixos atentamente à frente. A legenda desta última imagem diz: "O homem mais veloz do mundo".

Existem também dois closes de Hitler — um com o braço erguido numa saudação nazista e outro com um olhar pensativo — e mais de uma dúzia da notoriamente narcisista Riefenstahl "no trabalho", examinando o estádio olímpico, consultando sua equipe de filmagem, dirigindo um operador de câmera, sentada na sala de edição em meio a quilômetros de celuloide não editado. O volume traz dedicatória a "meu Führer em gratidão e lealdade", assim como o outro livro olímpico, *Olympia*, que mostra 67 fotogramas da filmagem completa e expressa uma "lealdade inextinguível" e "gratidão profunda".

A gratidão de Riefenstahl era especialmente merecida. Além de conceder à cineasta de 34 anos exclusividade e recursos ao que tudo indica ilimitados para filmar os Jogos Olímpicos no verão de 1936, Hitler também se incumbiu de livrá-la da ruína financeira naquele outono. Apesar do orçamento inédito de 1,5 milhão de marcos, Riefenstahl estava quase falida em novembro. Quando um banco se recusou a lhe adiantar 500 mil marcos adicionais, ela recorreu ao ministro da Propaganda nazista. "Fräulein Riefenstahl chegou aqui histérica. Impossível trabalhar com essas mulheres furiosas", Joseph Goebbels registrou no seu diário. "Agora ela quer mais meio milhão para seu filme e [quer] transformar em dois [filmes]. Apesar do fato de sua contabilidade ser uma porcaria. Eu me mantenho frio. Ela grita. É a arma suprema de uma mulher. Mas isso não funciona mais comigo." Mas funcionou com Hitler. Quando Riefenstahl contornou Goebbels e apelou a Hitler, o empréstimo foi aprovado. Os dois livros olímpicos são um testemunho de sua estima, bem como de sua sagacidade.

Um terceiro volume de fotogramas, cuja dedicatória a Hitler exprime "lealdade e reverência" por ocasião de seu aniversário em abril de 1944, preserva a gratidão de Riefenstahl por um projeto igualmente extravagante, porém mais sinistro: o filme inacabado *Tiefland*, dessa vez envolvendo trabalhadores escravizados, em vez de atletas olímpicos.

Certamente, a contribuição mais valiosa de Riefenstahl à biblioteca de Hitler foi uma primeira edição das obras completas do filósofo alemão Johann Gottlieb Fichte. Publicado em 1848, o bonito conjunto em oito volumes está encadernado em velino creme com folhas de ouro inclinadas nas páginas. Cada lombada tem um quadrante pintado à mão em pastel vermelho com o título em dourado e um segundo quadrante, 2,5 centímetros abaixo, em verde-claro. Os volumes individuais estão indicados em números romanos. Na contracapa do volume 1, em letra cursiva elegante,

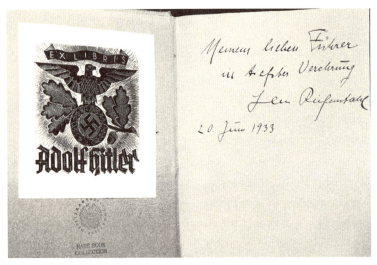

*Dedicatória de Leni Riefenstahl a Hitler no volume 1
das* Obras completas *de Johann Gottlieb Fichte.*

Riefenstahl expressa sua "mais profunda reverência" ao "meu querido Führer". A dedicatória está datada de 20 de junho de 1933.

Fiquei intrigado não apenas com a escolha por Riefenstahl de um filósofo do início do século XIX, mas também com a data da dedicatória, que não correspondia a nenhuma celebração evidente, como um aniversário ou feriado. Quando deparei com esses volumes de Fichte, na primavera de 2001, faltava um ano para Riefenstahl celebrar o centésimo aniversário. Eu havia me comunicado com ela alguns anos antes, ao realizar uma pesquisa sobre a corporação Daimler-Benz — Hitler certa vez presenteara Riefenstahl com um carro esporte Mercedes-Benz — e voltei a escrever-lhe, indagando se tinha alguma lembrança dos livros de Fichte. Ela se lembrou das circunstâncias exatas, que havia registrado em detalhes precisos em suas memórias: uma bela tarde na primavera de 1933 no terraço da Chancelaria do Reich em Berlim.

Riefenstahl havia conhecido Hitler no ano anterior, no auge do sucesso do filme *A luz azul*, em que representou uma bela aldeã — olhos carregados de misticismo erótico — dotada de dons visionários. Ao acompanhar um amigo para ouvir um discurso de Hitler, Riefenstahl ficou tão impressionada que escreveu uma carta de admiração. Hitler ficou da mesma forma encantado. Tendo recentemente visto a beldade de olhos escuros em *A luz azul*, convidou-a para um encontro em Horumersiel, aldeia de pescadores do mar do Norte. Os dois passaram várias horas caminhando juntos ao longo da praia assolada pelo vento, com o séquito de Hitler seguindo à distância.

Nos meses seguintes, Hitler e Riefenstahl se viram muitas vezes, despertando rumores de que eram amantes. Hitler tinha questões mais prementes. Sua sorte política flutuava de modo espantoso. Fragorosamente derrotado na candidatura à presidência em março, viu seu partido crescer nas eleições parlamentares de julho para voltar a cair em novembro. Naquele outono, os nazistas depararam com uma opção espinhosa: aproveitar o momento e negociar a ascensão ao poder, com concessões, ou permanecer na oposição e arriscar-se à ruína política e financeira.

Como Hitler se recusou a fazer concessões, Gregor Strasser saiu do partido em meio a rumores de que teria sido convidado para o cargo de vice-chanceler. Para Hitler, a traição foi especialmente amarga. Junto com seu irmão Otto, Gregor havia sido o cérebro das vitórias do movimento nazista no norte da Alemanha. Mesmo depois da saída de Otto, Gregor permaneceu leal a Hitler, e nos dias sombrios após o revés eleitoral de 1927, escreveu uma dedicatória num livro para ele "em leal fidelidade". Trata-se de uma edição belamente encadernada do tributo de Alfred Rosenberg de 374 páginas a figuras proeminentes do Putsch da Cervejaria de 1923, *Trinta retratos de novembro*, com dedicatória a Hitler de 18 de novembro de 1927. Agora, cinco anos após empenhar sua fidelidade por escrito, Strasser estava fechando um acordo em benefício próprio.

"Esses traidores, esses covardes — e logo antes da vitória final

— esses tolos", Riefenstahl lembra-se de ter ouvido Hitler dizer, furioso, no dia em que Strasser apresentou sua carta de renúncia. "Por treze anos, lutamos, labutamos e demos tudo de nós, superando as piores crises, e agora, pouco antes do objetivo, essa traição!" Riefenstahl ouviu com compreensão, ofereceu palavras de consolo, depois partiu para permanecer três meses na Suíça, onde viveu uma pilota audaciosa no filme seguinte, *SOS iceberg*, sobre uma mulher que se aventura no Ártico em busca do marido desaparecido.

Após dois meses, depois de uma série de acordos de bastidores, Hitler se tornou chanceler. No final de maio de 1933, pouco após a volta de Riefenstahl a Berlim, esta recebeu uma ligação em nome de Hitler convidando-a para o chá na tarde seguinte. Num agradável dia de primavera, sob um céu azul límpido, a atraente atriz, vestida num traje branco elegante, com maquiagem suficiente para "parecer natural", chegou à Chancelaria do Reich em seu cupê vermelho. Foi conduzida ao jardim da chancelaria, onde, no terraço banhado pelo sol, encontrou Hitler diante de uma mesa posta para dois.

Enquanto saboreavam seu chá, conversaram sobre a drástica reversão da sorte de Hitler, e Riefenstahl recorda que, como faria Henriette von Schirach uma década depois, expressou sua preocupação com o tratamento aos judeus. Quando Riefenstahl mencionou uma série de amigos judeus que haviam encontrado dificuldades sob o novo regime, Hitler levantou a mão em protesto: "Fräulein Riefenstahl, conheço sua opinião, que você me revelou em Horumersiel", ele disse. "Eu a respeito. Mas peço que não fale comigo sobre um tema que me é desagradável. Respeito-a muito como artista, você possui um raro talento, e não quero influenciá-la. Mas não posso discutir com você o problema judeu." Apesar de a reprimenda de Hitler ter sido leve, Riefenstahl disse que se sentiu enfraquecida.

Hitler rapidamente desviou a conversa para o tema do filme. Riefenstahl conta que Hitler lhe ofereceu a chefia da direção artística da indústria cinematográfica alemã. Riefenstahl, embora lisonjeada, recusou. Ela era uma "artista", não uma "gerente". Na verdade, ela desprezava Goebbels, o ministro da Propaganda, e preferiu permanecer o mais longe possível do seu domínio. Hitler, então, sugeriu que ela dirigisse um filme sobre Horst Wesse, o camisa-parda cuja morte numa briga de bar foi imortalizada no hino nazista "Hasteiem a bandeira!" ("Die Fahne hoch!"). "Não posso, não posso", Riefenstahl lembra ter bradado em desespero.

Um silêncio ressentido se seguiu. Hitler levantou-se. "Sinto muito que não possa atraí-la para os meus filmes, mas lhe desejo muita sorte e sucesso", ele disse sumariamente. Indicou ao garçom: "Por favor, acompanhe Fräulein Riefenstahl até seu carro".

Riefenstahl partiu da Chancelaria do Reich em estado de extrema aflição. Quando contou o vexame a Arnold Fanck, um amigo próximo que a dirigira em *Êxtase branco* e que havia editado *A luz azul*, ele deu uma sugestão: enviar a Hitler a "primeira edição valiosa das obras completas de Fichte" que sua irmã havia encadernado "elegantemente" em couro branco, e com que Fanck presenteara Riefenstahl alguns anos antes quando estava apaixonado por ela. "Que tal desfazer-se delas, escrever algumas linhas e dar de presente para Hitler?", Fanck sugeriu.* A proposta dele foi duplamente inteligente: alimentou as ambições bibliofílicas de Hitler e adulou suas pretensões filosóficas.

---

* Steven Bach, autor de uma biografia recente de Leni Riefenstahl, recomenda cautela quanto aos detalhes desse incidente. Bach observa que Riefenstahl era uma narradora nada confiável. Mesmo assim, os volumes de Fichte dão certa credibilidade ao seu relato, assim como o roteiro de filmagem para o filme de Franz Wenzler *Hans Westmar* com o título original *Horst Wessel: Um destino alemão*. A dedicatória manuscrita do roteirista Hanns Heinz Ewers é para "Herr Reichskanzler Hitler". A partitura foi escrita por Giuseppe Becce, que havia composto a música de *A luz azul* e a partitura para a versão filmada de *Peer Gynt* e para *Tiefland*, de Riefenstahl. Na composição da trilha para *Hans Westmar*, Becce foi auxiliado por Ernst Hanfstaengl, que compôs música de fundo para o filme e se envolveu fortemente na produção, o que descreve em detalhes nas memórias.

* * *

Apesar de toda a falação sobre a exploração dos conceitos de "raça superior" e de "vontade de poder" de Friedrich Nietzsche que Hitler usou para intitular o comício do partido de 1934 e Riefenstahl copiou como um título de sua crônica cinematográfica daquele evento, dispomos de poucos indícios confiáveis do envolvimento pessoal de Hitler com filosofia séria. Quase tudo que sabemos é tênue ou, no máximo, provém de rumores.

O confidente Hans Frank afirmou que Hitler contou que levou a obra central de Schopenhauer, *O mundo como vontade e representação*, consigo durante a Primeira Guerra Mundial, embora seja difícil imaginar o jovem cabo que deixou marcas de lama e cera de vela nas páginas de *Berlim*, de Osborn, transportando, ou mesmo lendo, a obra máxima de Schopenhauer nas trincheiras do norte da França. A afirmação se torna ainda menos confiável quando se observa que Hitler, como já vimos, nem sequer sabia grafar direito o nome do filósofo. Em anotações para um discurso de 1921, Hitler escreve "Schoppenhauer".

Contudo, Schopenhauer consta entre os autores dos livros que Hitler pegou emprestados da biblioteca de Krohn no Instituto Nacional-Socialista, entre 1919 e 1921, e faz uma breve aparição em *Mein Kampf*, quando Hitler se refere à deplorável descrição antissemita de Schopenhauer do judeu como o "grande mestre" de mentiras. Schopenhauer também encontra lugar nos discursos de Hitler, mas geralmente em companhia aleatória.

Em certa ocasião, Hitler fala de "Kant, Goethe e Schopenhauer"; em outra, de "Goethe, Schiller e Schopenhauer"; em ainda outra, Schopenhauer é agrupado com outros nacionalistas alemães, como Richard Wagner, Paul Lagarde e Friedrich Ludwig Jahn, o pioneiro prussiano da ginástica moderna. Essas referências se fazem sem nenhum conteúdo ou profundidade intelectual:

meras frases de efeito, poderiam ter sido igualmente captadas de uma conversa passageira ou leitura fortuita.

Embora não haja razão para duvidar que possuía exemplares das obras de Schopenhauer, encontrei um só volume desse filósofo entre os livros remanescentes de Hitler, uma reedição de 1931 de uma tradução feita por ele de *A arte da sabedoria mundana: Um oráculo de bolso*, do jesuíta do século XVII Baltasar Gracián. Essa edição em encadernação barata, de 92 páginas, é tão modesta no tamanho que o ex-libris de Hitler preenche toda a contracapa. O indício mais sólido da centralidade de Schopenhauer na vida de Hitler é o busto do filósofo descabelado que Hitler exibia em uma mesa no seu escritório em Berghof.

As associações de Hitler com Nietzsche são igualmente ecléticas e suspeitas. Sabemos que ele visitou o arquivo de Nietzsche em Weimar, onde foi recebido pela irmã do filósofo — uma virulenta antissemita —, posou para uma foto ao lado do busto de Nietzsche e saiu com a bengala do filósofo morto. O inventário da biblioteca da Chancelaria do Reich indica que Hitler possuía uma primeira edição das obras completas de Nietzsche, um conjunto

Hitler olhando para o busto de Friedrich Nietzsche em Weimar no início da década de 1930.

em oito volumes publicado entre 1903 e 1909, mas o único volume de Nietzsche sobrevivente é um livro tirado do Führerbunker em Berlim, *O legado político de Nietzsche*, organizado por Eitelfritz Scheiner. Trata-se de uma edição fina em capa dura com uma citação de Nietzsche escrevinhada na contracapa pelo organizador e datada de 15 de dezembro de 1933: "Foram aqueles que criaram as raças e as dotaram de uma crença e de amor: assim foram úteis à vida".

Outras fontes que atestam o interesse de Hitler por Schopenhauer e Nietzsche são notoriamente suspeitas. Ernst Hanfstaengl afirmou que Schopenhauer havia sido o "deus filosófico" de Hitler "nos velhos tempos de Dietrich Eckart" — o próprio Eckart, em sua "Conversação", atribui a Hitler diversas observações sobre Schopenhauer —, porém, após o encontro com a irmã de Nietzsche, Hitler se tornou um adepto. "Desde aquele dia em Potsdam, as expressões típicas de Nietzsche começaram a aparecer com mais frequência: a vontade de poder do *Herrenvolk*, a moralidade do escravo, a luta pela vida heroica, contra a educação reacionária, a filosofia e ética cristãs baseadas na compaixão", Hanfstaengl recordou com confiança, embora situasse o encontro em Potsdam em vez de Weimar. "Schopenhauer, com sua delicadeza quase budista, foi soterrado para sempre, e os *Gauleiters* começaram a retirar sua inspiração de uma paródia selvagem de Nietzsche."

Riefenstahl proporciona um relato igualmente eloquente, mas contraditório. "Tenho muita coisa a pôr em dia", Riefenstahl lembra que Hitler contou no conforto guarnecido de livros de seu apartamento na praça Príncipe Regente. "Na minha juventude, não tive os meios ou a possibilidade de obter uma educação adequada. Toda noite leio um ou dois livros, mesmo quando vou para a cama tarde." Ele disse que aquelas leituras constituíam sua fonte básica de conhecimentos, a essência de que derivava seus discursos públicos. "Quando se dá também se precisa tirar, e eu tiro o que preciso dos livros", ele disse. Quando Riefenstahl perguntou a Hitler o que gostava de ler, ele teria respondido: "Schopenhauer".

"Nietzsche não?", Riefenstahl perguntou.

"Não, não consigo aproveitar muito Nietzsche", Riefenstahl lembra que Hitler respondeu. "Ele é mais artista do que filósofo; falta-lhe a compreensão cristalina de Schopenhauer. Claro que valorizo Nietzsche como um gênio. Ele escreve talvez a linguagem mais bonita que a literatura alemã pode oferecer atualmente, mas não é meu guia."

Embora não reconhecido publicamente, Johann Gottlieb Fichte foi, de fato, o filósofo mais próximo de Hitler e do seu movimento nacional-socialista em tom, espírito e dinâmica. Ao contrário de Schopenhauer, homem taciturno e teórico, ou do frágil e sempre acamado Nietzsche, Fichte era ousado e desafiador. Em 1808, com tropas francesas ocupando Berlim, ele incitou os alemães a se rebelarem contra a opressão estrangeira em seus memoráveis *Discursos à nação alemã*. Na véspera da batalha decisiva contra Napoleão em Leipzig, Fichte apareceu diante dos seus alunos armado para a batalha. Tinha fama de orador empolgante, mantendo seu público "cativo" com suas palavras. "À ação! À ação! À ação!", ele certa vez bradou. "Para isso estamos aqui."

Assim como Fichte, Hitler preconizava a "derrubada da elite política" através de um levante populista. Fichte falou sobre uma *Volkskrieg*, uma guerra do povo. Assim como ele, Hitler queria ver unida a nação alemã dividida. Quando Hitler denunciou o diálogo político da democracia parlamentar e exigiu o diálogo direto com o povo alemão, assumiu uma posição retórica nitidamente fichtiana e preconizou "discursos à nação alemã".

Fichte foi mais importante como um dos pioneiros da ideia da excepcionalidade alemã. Os alemães eram, segundo ele, singulares em meio aos povos da Europa. Sua língua não se baseava no latim, mas num idioma nitidamente teutônico. Os alemães não apenas falavam de maneira distinta da dos demais europeus, mas também pensavam, acreditavam e agiam de forma diferente. Fichte sustentava que a língua alemã pura, livre da corrupção do francês e de outras influências estrangeiras, poderia dar expressão ao pensamento alemão puro. O esforço nazista de depurar a língua alemã de elementos estrangeiros se fundamentava em conceitos fichtianos, que Hitler enunciou ao refletir sobre a noção da palavra Führer. "O título Führer é decerto o mais bonito, porque surgiu de nossa própria língua", ele observou, e acrescentou com satisfação que somente elementos da nação alemã podiam falar de "meu Führer".

Fichte também foi um rematado antissemita. Para ele os judeus sempre permaneceriam um "Estado dentro do Estado" e, portanto, uma ameaça a uma nação alemã unificada. Propôs livrar a Europa de sua presença pela criação de um Estado judeu na Palestina. Sua outra solução: "Cortar todas as suas cabeças uma noite e colocar cabeças novas sobre seus ombros, que não deveriam conter nenhuma ideia judaica".

De todos os astros filosóficos da constelação da ideologia nazista, poucos brilharam com tanta intensidade durante o Terceiro Reich ou desapareceram tão rápido depois como esse defensor do final do século XVIII do nacionalismo alemão beligerante. Schopenhauer e Nietzsche podem ter se prestado convincentemente às frases curtas de forte impacto da era nazista, mas foi Fichte quem proporcionou as bases filosóficas para a mistura tóxica de singularidade teutônica e nacionalismo odioso. Ninguém menos que Dietrich Eckart identificou Fichte, Schopenhauer e Nietzsche como o triunvirato filosófico do nacional-socialismo. Arnold Fanck reconheceu esse fato quando recomendou as obras de Fichte como proposta de paz de Riefenstahl a Hitler.

Atualmente, os volumes de Fichte representam as únicas obras filosóficas sérias dentre os livros sobreviventes de Hitler. Embora mais de cem páginas dos volumes de Fichte tragam marcações nas margens, um exame atento das diversas intromissões, especialmente as palavras "*sehr gut*" (muito bom) rabiscadas na margem da página 594 do volume 4, indica um autor diferente de Hitler. Além disso, o volume potencialmente mais revelador, contendo os *Discursos à nação alemã* de Fichte e um ensaio sobre a técnica retórica, está faltando.

Apesar da ausência dessas obras seminais da filosofia alemã, a biblioteca restante de Hitler abriga um grupo de livros que devem ter moldado o núcleo sombrio da visão de mundo dele bem mais do que as divagações idealistas de Schopenhauer, Fichte e Nietzsche: mais de cinquenta volumes, com dedicatórias a Hitler entre 1919 e 1935, de Julius Friedrich Lehmann, indivíduo com as qualidades dúbias de o mais generoso contribuinte da coleção particular de livros de Hitler e artífice público da pseudociência nazista do racismo biológico.

Coletivamente, os cinquenta e poucos livros de Lehmann, todos menos um publicados por sua editora homônima, J. F. Lehmann Verlag, preservam o legado nacional-socialista na plenitude de suas nuances multifacetadas e falsidade, um verdadeiro compêndio dos absurdos e excessos morais, éticos, sociais, políticos, legais, econômicos e históricos generalizados que passamos a associar à era nazista. Encontrei um tratado de 1930, *A missão do advogado*, com dedicatória a Hitler como uma "contribuição à recuperação do Direito alemão", e um livro sobre a democracia de Weimar intitulado *Justiça acorrentada*. Uma proposta de seguro de saúde trazia o subtítulo "Antes uma maldição, transformada em uma salvação para o povo".

Em suas dedicatórias manuscritas a Hitler, Lehmann repetidamente se refere àqueles livros como os "componente" do movimento nazista e, em certos casos, como manuais educativos para o próprio Hitler. No primeiro volume de um maciço estudo em duas partes, *Lições sobre a hereditariedade humana e higiene racial*, Lehmann escreveu: "Ao sr. Adolf Hitler, como um importante componente para aprofundar sua compreensão. Calorosamente oferece J. F. Lehmann". Um manual de 1929 de Otto Kankeleit sobre esterilização, *Interrupção da capacidade reprodutiva por razões higiênico-raciais e sociais*, que inclui sete ilustrações com detalhes sinistros, traz a dedicatória "com grande amizade" a Hitler.

À semelhança de Dietrich Eckart, Lehmann foi um partidário de primeira hora das causas de direita e reconheceu o potencial nascente de Hitler. O primeiro livro que Lehmann ofereceu a Hitler foi a edição de 1919 da *História alemã por Einhardt*, que Ernst Hanfstaengl recorda ter visto em meio à coleção inicial de Hitler, trazendo a dedicatória: "Herr Hitler, em agradecimento ao seu trabalho de esclarecimento do povo alemão". Durante o *putsch* de 1923, a mansão de Lehmann em Munique serviu para manter o governo bávaro refém. Mas Lehmann parece ter suprido Hitler sobretudo de cópias com dedicatórias das suas próprias publicações, livro após livro, ano após ano, por quase uma década e meia, gradualmente enchendo as estantes de livros do apartamento da rua Thiersch e por fim adornando as estantes da residência na rua Príncipe Regente. Encontrei uma tradução do clássico tratado racista de 1916, *O declínio das grandes raças, ou a base racial da história europeia*, de Madison Grant. O exemplar de Hitler, uma quarta edição publicada em 1925, vem com a "dedicatória calorosa" de Lehmann.

Além de *O declínio das grandes raças*, de Grant, os livros mais famosos são aqueles de Hans F. K. Günther, cujas obras Hitler incluiu entre as leituras recomendadas aos quadros do Partido Nazista. O antigo estudioso de literatura transformado em antropólogo social produziu uma série de estudos deploráveis sobre tipologia racial que definiram a disciplina nazista da antropologia racial e assentaram os fundamentos de suas leis raciais e programas eugênicos. Os esforços de Günther lhe valeram a alcunha de "Günther Racial" (*Rassengünther*) e o comparecimento de Adolf Hitler à sua cerimônia de posse como professor da Universidade de Jena.

Quatro dos seis volumes de Günther em mãos de Hitler são exemplares de *Tipologia racial do povo alemão*, um denso tratado de quinhentas páginas que fornece um compêndio da identidade ariana. O volume mais antigo, uma terceira edição publicada em 1923, traz dedicatória de Lehmann ao "defensor bem-sucedido do pensamento racial alemão", sendo seguido por uma edição de 1928 enviada

Exemplar de Hitler da tradução alemã do tratado racista de Madison Grant, O declínio das grandes raças, ou a base racial da história europeia, *presenteado por Julius Lehmann.*

como uma "saudação de Natal", uma 14ª edição de 1930 e um exemplar da décima edição de 1933 com dedicatória manuscrita que saúda Hitler como "o pioneiro do pensamento racial".

Esse último volume, encadernado em linho cinza simples, com o nome do autor e o título estampados em letras góticas tradicionais na capa e um longo apêndice sobre os judeus europeus, mostra sinais de estudo frequente e prolongado. Abrindo-se facilmente, revela páginas gastas e um rasgão irregular ao longo da contracapa, onde a lombada começou a se romper.

Com esse grupo de livros de Lehmann, estamos de posse de uma coleção central da biblioteca de Hitler e dos componentes fundamentais não apenas do mundo intelectual de Hitler, mas das bases ideológicas do seu Terceiro Reich.

Nas publicações de Lehmann, Hitler encontrou em particular a suposta substância empírica de que sentira falta nos livretos racistas de seus anos de Viena. Como editora proeminente de compêndios e manuais médicos conhecidos pela qualidade e precisão de suas ilustrações, a J. F. Lehmann Verlag trouxe credenciais científicas substanciais à pseudociência do racismo biológico. Mesmo enquanto supria a comunidade médica de compêndios indispensáveis e obras de consulta, Lehmann vinha servindo como o maior fornecedor do racismo biológico. Diz-se que a J. F. Lehmann Verlag instituiu quase sozinha a disciplina da ciência racial na República de Weimar. Por sua contribuição à defesa da causa nazista, Hitler homenageou Lehmann com o alfinete de ouro do partido, uma das maiores honrarias na Alemanha nazista.

Ao examinar esses volumes solidamente encadernados e com fartas ilustrações, muitos impressos em papel de alta qualidade que preservou sua flexibilidade e vitalidade, calculei que a coleção de Hitler das obras da Lehmann atingiu facilmente o dobro dos 10% do cociente de leitura de Benjamin. Vários dos livros estavam bem gastos, com páginas dobradas e lombadas bem manuseadas

Página do exemplar de Hitler de Tipologia racial do povo alemão, *de F. K. Günther, mostrando judeus de diferentes regiões da Alemanha.*

que se abriam naturalmente, com frequência em páginas com ilustrações. Um volume, uma reedição de 1934 da coleção de Paul Lagarde do final do século XIX de textos nacionalistas e antissemitas, trazia quase cem páginas de anotações a lápis: sublinhados, traços verticais e ocasionais pontos de interrogação.

Os *Ensaios alemães* de Lagarde pertencem ao punhado de obras "clássicas" do nacionalismo alemão que foram parar na coleção de Hitler: diversas obras de Houston Stewart Chamberlain, inclusive uma intitulada *Richard Wagner: O alemão como artista, pensador, político*; uma reedição da obra de Julius Langbehn *Rembrandt como educador*; um plágio canhestro de um ensaio de Nietzsche sobre Schopenhauer; e mais notadamente *O Terceiro Reich*, de Arthur Moeller von den Bruck, cujo título forneceu ao movimento nazista seu *slogan* emblemático.*

Lehmann parece ter presenteado Hitler com dois exemplares dos *Ensaios alemães* de Lagarde, cada qual com uma dedicatória ligeiramente diferente. O primeiro é dedicado "ao profeta do Terceiro Reich, ao seu criador", e o segundo, "do antigo profeta do povo alemão, ao seu sucessor". O acadêmico húngaro Ambrus Miskolczy estudou as marcações nas margens de Hitler e especula que o segundo volume poderia ter sido destinado a Alfred Rosenberg, sendo por engano incorporado à coleção de Hitler após a guerra, mas acaba concluindo que ambos os volumes foram destinados a Hitler. Miskolczy observa que Lehmann teria tido "diplomacia" suficiente para não "elevar" Rosenberg acima de Hitler como profeta do Terceiro Reich. Observa também que a seleção de passagens específicas, bem como as "linhas a lápis finas inconfundíveis", indica que as anotações foram de autoria de Hitler.

Em particular, Miskolczy observa o realce de uma passagem que corresponde aos pontos de vista específicos de Hitler sobre a teoria da revolução e o Estado. Miskolczy nota que, à página 44, Lagarde escreve: "Todo o poder da Alemanha será expresso em ações do Estado, e o Estado que deveria ser apenas o servidor da

---

* Moeller von den Bruck conheceu Hitler em 1922, mas rejeitou seu "primitivismo proletário". Não obstante, o movimento nazista não hesitou em lançar mão de ideias selecionadas das teorias de Von den Bruck e, mais notoriamente, plagiou o título de seu livro para o movimento. Von den Bruck sofreu um colapso nervoso e suicidou-se em maio de 1925.

![Moeller van den Bruck / Das dritte Reich — página com dedicatória manuscrita]

Um exemplar de O Terceiro Reich, *tratado de 1923 de Moeller von den Bruck cujo título forneceu ao movimento nazista seu slogan emblemático. Este exemplar traz uma dedicatória a Hitler de novembro de 1924, no primeiro aniversário do* putsch *fracassado de Munique.*

nação tornar-se-á o senhor dos representantes da nação", com o lápis de Hitler acompanhando em aparente concordância. Na página anterior, um ponto de interrogação ao lado de uma passagem sobre a criação de uma religião única para a Alemanha leva Miskolczy à conclusão de que "seria mais típico de Hitler" questionar tal proposta, já que permaneceu ambivalente, ou ao menos neutro, em questões espirituais, enquanto Rosenberg militou pela fusão de Estado e religião. Miskolczy observa ainda que o realce de passagens relacionadas a um líder resoluto também indica a mão de Hitler.

À página 72 dos *Ensaios* de Lagarde, por exemplo, uma linha realça uma passagem que discute a sensação de alienação experimentada por "grandes homens" que moldam o destino de suas sociedades, um sentimento repetido em passagens marcadas em livros de Hitler que encontrei na Universidade Brown.* A natureza dessas intromissões parece respaldar a tese de Miskolczy, bem como a teoria da leitura do próprio Hitler, detalhada em *Mein Kampf*. Ele compara o processo de leitura ao de colecionar "pedras" para preencher um "mosaico" de ideias preconcebidas. Ele examina o sumário ou mesmo o índice remissivo de um livro e colige capítulos selecionados em busca de informações "úteis". Às vezes, lê a conclusão primeiro, para saber de antemão o que procurar. Recomenda que um leitor aperfeiçoe a capacidade de discernir "instantaneamente" informações que sejam úteis às suas necessidades pessoais ou conhecimento geral.

"Uma vez que os conhecimentos assim adquiridos tenham sido corretamente coordenados dentro do quadro existente desse ou daquele assunto criado por sua imaginação, funcionarão como um corretivo ou um complemento, aumentando assim a correção ou a clareza do quadro", Hitler escreveu.

> Se qualquer problema da vida se apresenta para exame ou contestação, a memória, por essa arte de ler, poderá recorrer ao modelo do quadro de percepção já existente, e por este todas as contribuições coligidas ao longo de dezenas de anos e que dizem respeito a esse

---

* Os dois livros são *A sabedoria da alegria*, de Carl Ludwig Schleich, publicado em 1924, e *Magia: História, teoria e prática*, de Ludwig Schertel.

problema são submetidas a uma prova racional e ao nosso exame, até que a questão seja esclarecida ou respondida.

Mediante essa técnica, Hitler pôde armazenar quantidades prodigiosas de informações na memória, com uma lembrança quase instantânea de uma série aparentemente infinita de temas, da produção de tanques a obras dramáticas. Certa noite, após ouvir Hitler comparar as qualidades das obras de Friedrich Schiller e George Bernard Shaw, Goebbels voltou para casa e anotou no diário: "O homem é um gênio".

Como contou a Riefenstahl, Hitler lia todas as noites, hábito que parece remontar aos seus primeiros anos em Linz e Viena, onde August Kubizek observou sua intensa paixão por livros. "Livros, sempre novos livros! Não consigo lembrar Adolf sem livros", Kubizek recordou. "Os livros eram seu mundo." Outro colega antigo, Rudolf Häusler, que dividiu alojamentos com Hitler em Viena e, mais tarde, em Munique, lembra-se do companheiro de quarto lendo densos tratados até duas ou três da madrugada. De acordo com Kubizek, sua paixão pelos livros nada tinha a ver com lazer ou prazer. Era um "assunto da maior seriedade".

A partir de minhas próprias conversas com colegas sobreviventes de Hitler concluo que seus hábitos noturnos se conservaram décadas depois. Margarete Mitlstrasser, uma das antigas governantas de Hitler, relatou uma rotina noturna que incluía seus óculos de leitura, um livro e um bule de chá. Hitler lia muito, até furiosamente. O administrador da propriedade de Berghof, Herbert Döring, lembrou uma noite quando Eva Braun interrompeu uma das sessões de leitura altas horas da noite e foi despachada com uma xingação que a fez descer às pressas o corredor, enrubescida. O próprio Döring agia com extrema cautela. A cada noite, antes de fechar Berghof, saía para aguardar até que a luz de leitura de Hitler fosse apagada. Em mais de uma ocasião, a aurora irrompia no horizonte. Anni Plaim, uma empregada em Berghof, lembra um aviso diante do escritório de Hitler no segundo andar dizendo SILÊNCIO ABSOLUTO.

No verão de 2001, quando falei com Traudl Junge, a última secretária sobrevivente de Hitler, ela se referiu aos cafés da manhã em que Hitler reprisava as leituras da noite anterior em detalhes às vezes tediosos, um hábito que foi sagazmente observado por Christa Schröder, outra das secretárias de Hitler, quando explicou em suas memórias que ele costumava discutir "um tema sobre o qual havia lido várias vezes a fim de fixá-lo melhor na mente". Schröder notou a natureza "compartimentalizada" da mente de Hitler, que lhe permitia recordar passagens inteiras de livros.

O correspondente a esse processo de compartimentalização está preservado entre os livros de Hitler numa edição de luxo de vinte volumes, encadernados em couro, da *Grande enciclopédia Brockhaus*, um volumoso compêndio de fatos e informações concebido para ser consultado com o máximo rendimento e eficácia, o recurso supremo de homens autodidatas e, segundo a opinião geral, a fonte de consulta e afirmação preferida de Hitler.

Christa Schröder lembrou como Hitler costumava discutir a extensão de um rio ou o tamanho de uma cidade e depois recorrer à enciclopédia. "Hitler, excessivamente minucioso em tudo, pesquisava, então, duas enciclopédias para ter certeza total", Schröder recordou. Traudl Junge relatou um processo idêntico, lembrando um debate certa noite sobre a altura exata de Napoleão Bonaparte, quando Hitler deixou o aposento e voltou com o volume correspondente de sua enciclopédia. Tanto Junge como Schröder falaram da preferência de Hitler pela *Enciclopédia Meyer*, da qual um conjunto é visível numa fotografia de uma estante de livros em Berghof, mas a presença da *Grande enciclopédia Brockhaus*, em edição publicada entre 1928 e 1934, com um volume suplementar de 1935, e o ex-libris de Hitler colado na contracapa de vários volumes, preserva de forma tangível as estruturas físicas que refletem mais de perto a dimensão interna do mundo intelectual de Hitler.

No volume de Lagarde, podemos observar a aplicação da técnica de leitura de Hitler em toda a sua intensidade seletiva, sentir o lápis pairando ao lado do livro enquanto o olho esquadrinha a página em busca de informações "úteis", depois atingindo-a, sublinhando uma passagem individual ou uma frase inteira, depois traçando uma linha dupla na margem para realçar a importância. Ocasionalmente se encontram pontos de exclamação e não raro pontos de interrogação, mas em geral vemos uma série de linhas concentradas e esporádicas indicando uma pilhagem do volume em busca de fatos que se adaptem ao seu "mosaico" preconcebido de ideias.

Esse processo está bem evidente em passagens relacionadas à questão judaica, repetidamente realçadas através do tratado de 520 páginas, começando na página 41, em que Lagarde adota o ponto de vista fichtiano de que os judeus, agora em número de 2 milhões, jamais poderão ser assimilados. Existe uma linha a lápis sob a passagem recomendando o seu "transplante" para a Palestina, com duas grossas linhas verticais na margem. O lápis continua rastreando as referências de Lagarde aos judeus, pausando numa passagem onde Lagarde afirma que os alemães não conseguem competir com os judeus. Os alemães, Lagarde afirma, são feitos de "material inferior" (*zu weiches Material*) comparados aos judeus, "que se fortaleceram na forja dos estudos talmúdicos". Lagarde chega à única conclusão natural, sublinhada com uma marca particularmente espessa: "Como conheço os alemães, não posso querer que os judeus sejam autorizados a viver com eles".

Duzentas e cinquenta páginas depois, à página 292, quando Lagarde volta a abordar a irreconciliabilidade fundamental entre alemães e judeus, a passagem inteira está realçada:

Apesar do seu desejo de serem postos nas mesmas condições dos alemães, os judeus continuamente enfatizam seu caráter estrangeiro, da maneira mais óbvia, pelo estilo de suas sinagogas. Que negócio é esse de reivindicar o honrado nome alemão enquanto se constroem os locais mais sagrados num estilo mouro para não esquecer que se é um semita, um asiático, um estrangeiro?

A passagem está indicada com grossas linhas a lápis e um traço duplo na margem direita. Na página 370, uma passagem ainda mais deplorável está realçada: "Todo e qualquer judeu irritante é uma séria afronta à autenticidade e veracidade de nossa identidade alemã". As linhas a lápis acompanham as palavras de Lagarde pela página quando este insiste que os "judeus irão permanecer judeus" e que acabará cabendo ao povo alemão resolver a "questão judaica". É a última passagem marcada no volume.

Essas marcações nas margens trazem pouca novidade à nossa compreensão do próprio Hitler ou do movimento nazista em geral. Os sentimentos e a retórica beligerantes já nos são familiares pelos discursos e textos de Hitler ao longo dos quinze anos anteriores. São peças de mosaico redundantes sendo encaixadas num padrão redundante. O que é novo e chama a atenção é o contexto. Como Lehmann nunca datava suas dedicatórias, raramente sabemos a data exata em que Hitler recebeu um volume específico, com exceção de um presente ocasional em algum feriado, embora o padrão sugira que Lehmann escreveu as dedicatórias e despachou os volumes individuais no mesmo ano da publicação. Com Lagarde, podemos ter um pouco mais de certeza sobre a época e o contexto. Sabemos que os *Ensaios alemães* foram publicados em 1934 e que Lehmann morreu em março de 1935, sendo portanto o primeiro volume dos poucos livros com dedicatória dele a Hitler após sua nomeação como chanceler.

Quando esse exemplar da obra de Lagarde ingressou na coleção de livros de Hitler, em 1934 ou princípio de 1935, este não era mais o líder de um partido de direita radical que vivia em crise ou à beira da dissolução. Era agora um chefe de Estado, que, após o incêndio do Reichstag, em março de 1933, declarou um estado de emergência, suspendeu o processo democrático e assumiu os poderes ditatoriais que conservaria pelos doze anos seguintes. A ressonância das intromissões a lápis de Hitler, guiadas por uma mão imbuída de poderes ditatoriais, é diferente da de antes de 1933.

Quando Lagarde escreve sobre as responsabilidades de ser alemão, na página 164, e Hitler enquadra o parágrafo com um grupo de três linhas densas à esquerda e três linhas igualmente intensas à direita, as marcas ressoam sinistramente com as palavras:

> A Alemanha é a totalidade de todos os alemães que se sentem alemães, que pensam como alemães, que desejam ser alemães, e cada um de nós é um traidor da nação se não percebe e respeita sua responsabilidade pessoal pela existência, felicidade e futuro da pátria em todos os momentos da vida; cada um de nós é um herói e um libertador quando percebe e respeita isso.

Essas já não são as anotações do marginalizado. Uma marca a lápis pode virar doutrina do Estado. Os volumes de Lehmann haviam se tornado os elementos fundamentais que o editor sempre tencionara que fossem.

LIVRO 5
Livros de guerra

> *O nacional-socialismo também não trouxe ao povo alemão uma ideia boa e valiosa, fazendo que o apoio de pessoas com atitude religiosa positiva ao movimento seja não apenas desejável, mas absolutamente necessária?*
>
> Da introdução a *Fundamentos do nacional-socialismo*, do bispo Alois Hudal, 11 de julho de 1936

Com seu título e autor sussurrados num dourado atenuado por uma capa de linho que parece de um matiz intermediário entre o marrom estridente de um uniforme de tropa de assalto e o tom chocolate forte de uma batina franciscana, o exemplar de Hitler de *Fundamentos do nacional-socialismo* parece um tratado conspiratório, assim como a fotografia brilhante em página inteira de seu autor de 49 anos, com seu olhar amável, estudioso, até juvenil, mais investigador do que calculista, mal parece a imagem do artífice de uma trama com base no Vaticano para dividir o movimento nazista de dentro, purificá-lo das toxinas antissemitas, infundi-lo da caridade cristã e despertar em Adolf Hitler o catolicismo romano latente que os conspiradores tinham certeza de que jazia dormente dentro de sua alma. Um plano que parecia tão ingênuo quanto ambicioso, mas por algumas horas em novembro de 1936, quando Hitler recebeu o livro, aquele plano pareceu cambalear à beira do sucesso, uma conspiração de um homem só iniciada dois anos e meio antes, na tarde de 7 de fevereiro de 1934, por um estudioso do Antigo Testamento.

Naquela tarde especial, Hitler recebeu o cardeal Karl Joseph Schulte, o bispo de Colônia, em seu escritório na Chancelaria do Reich. Schulte, responsável pela vida espiritual do grande número de católicos romanos na Renânia alemã, viera a Berlim para expressar sua preocupação com a agitação anticristã crescente entre os nazistas locais e, em particular, com a recente nomeação de Alfred Rosenberg como o "ideólogo principal" de Hitler, responsável pelo bem-estar "espiritual" do povo alemão.

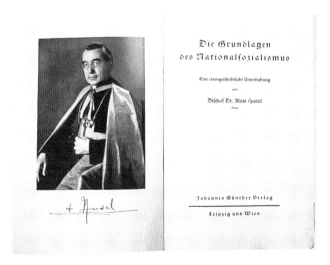

O exemplar de Fundamentos do nacional-socialismo, *de Alois Hudal, entregue a Hitler em novembro de 1936 como parte de uma conspiração para dividir o movimento nazista.*

Rosenberg estava entre os nazistas anticristãos mais militantes, seu livro *O mito do século XX* constituindo um compêndio de heresias, incluindo a defesa da poligamia, a esterilização forçada e a propagação do "quinto Evangelho", que revelaria a verdadeira natureza de Jesus Cristo. De acordo com aquele "Evangelho perdido", Jesus não foi a corporificação do perdão e da bondade, cuja identidade foi definida pelo sofrimento e crucificação. Pelo contrário, foi um profeta irado propenso à destruição e à vingança. Em seu livro, Rosenberg alegou que são Pedro, agindo como um agente judeu, mudou seu nome de Saulo para Paulo e ocultou o quinto Evangelho como meio de escravizar os povos da Europa.

Rosenberg falou de uma ética cristã "judaizada" e imaginou o surgimento de uma nova religião. "Os assustadores crucifixos das eras barroca e rococó, que exibem pernas e braços emagrecidos em cada esquina de rua, serão gradualmente substituídos por monumentos a soldados tombados", Rosenberg previu. "Trarão os nomes daqueles homens que, como símbolos do mito eterno do sangue e vontade, deram a vida pela mais nobre das causas: pela honra do nome alemão."

Em outubro de 1933, o Vaticano havia feito um protesto formal contra a inclusão do *Mito* de Rosenberg nos currículos escolares, mas em vão. Em janeiro, o ministro da Educação prussiano incluiu o livro numa lista de títulos "recomendados" a bibliotecas escolares. Os bispos fizeram soar o alarme. "Recentemente, soube que os livros *Mein Kampf* e *O mito do século XX* deveriam ser incluídos nas bibliotecas escolares das escolas de nível médio", um bispo se queixou. "Não há nada a objetar nesse primeiro livro, mas o livro de Rosenberg não condiz com tal biblioteca; no mínimo, caberia no Index [o Index Librorum Prohibitorum do Vaticano, a famosa lista de livros proibidos]."

Agora Schulte vinha levantando a questão com o próprio Hitler. Este foi lembrado de que Schulte era responsável pelo bem-estar espiritual de 7 milhões de católicos, que inicialmente apoiaram a tomada do poder pelos nazistas e o acordo firmado com o Vaticano. Schulte disse que havia observado um aumento preocupante da retórica anticristã e anticlerical entre os líderes nazistas, tendência agravada ainda mais pela nomeação de Rosenberg como "representante" do ensino "ideológico e espiritual". Não apenas o monitoramento do ensino religioso violava os termos do acordo com o Vaticano, como Rosenberg era um conhecido militante crítico da Igreja, fato que ficava bem claro em seu *Mito*. À menção do livro de Rosenberg, Hitler interrompeu Schulte.

"Não quero aquele livro", Hitler vociferou. "Rosenberg sabe disso. Eu mesmo lhe disse." E informou que não queria nenhuma relação com "aquelas coisas pagãs".

"O senhor não pode mais falar assim sobre Rosenberg e seu livro, Herr chanceler do Reich", Schulte replicou.

"Por que não?"

"Porque, há poucos dias, o senhor nomeou oficialmente esse mesmo Herr Rosenberg como instrutor ideológico do Partido Nazista e, portanto, como instrutor de grande parte do povo alemão", Schulte lembrou. "Portanto, quer goste ou não, o senhor será identificado com Herr Rosenberg."

"Está certo, eu me identifico com Herr Rosenberg, mas não com o autor do livro *Mito*", Hitler respondeu. De que maneira então, Schulte insistiu, Hitler pretendia tornar a distinção clara ao povo alemão?

Hitler ignorou a pergunta. Confirmou que Rosenberg era de fato o principal ideólogo do Partido Nazista. Repetiu sua convicção de que a nomeação de Rosenberg nada tinha a ver com seu *Mito*. O livro, Hitler voltou a insistir, era um assunto particular. Depois acrescentou, com um toque de ironia, que, se alguém devia ser responsabilizado pelo livro, era a Igreja Católica. "São os bispos que tornaram o livro de Rosenberg tão conhecido", Hitler disse. "Sem eles, ninguém lhe teria dado a menor atenção."

Schulte ficou perplexo.

"Quer dizer que os bispos são os culpados?"

"Sim, os bispos", Hitler repetiu. "Não foi o cardeal de Munique quem falou sobre o livro nos seus sermões e tentou destruir os antigos ideais alemães em nossa juventude?" Quando Schulte disse que Hitler estava "distorcendo" os fatos, este mudou de assunto. O encontro chegou a um final nervoso.

Como chanceler, Hitler estava se mostrando um mestre da evasiva retórica, do desvio dialético, da tese contrapontística excêntrica em que um argumento é lançado numa direção tangencial para nunca voltar ao ponto original. E fazia isso com a calma e a confiança de um chefe de Estado. Sentado no escritório outrora ocupado por Otto von Bismarck, Hitler já não precisava se esquivar ou se defender. Dava respostas evasivas como se fizesse uma boa ação e mentia com magnanimidade. Havia progredido muito em doze meses.

Em fevereiro de 1933, quando nomeado por Paul von Hindenberg como o 16º chanceler da República de Weimar, Hitler foi apenas o próximo político a assumir aquele cargo notoriamente instável, do qual quinze predecessores haviam caído desde 1919, uma média de um por ano. Em um grupo de jornais de direita de fevereiro de 1933, encontrados no Führerbunker na primavera de 1945, transparece a "insegurança" que Franz von Papen então sentia em Hitler. Num jornal amarelecido, Hitler realçou diversas passagens de um artigo — "Senhor Chanceler! Só umas Poucas Perguntas" — criticando suas promessas de campanha e de outro afirmando que ele havia caído numa "armadilha judaica" armada por Von Papen. Aqui Hitler sublinhou parte de uma frase dizendo que ele só conseguia se encontrar com Hindenburg na presença de Von Papen. Em dez meses tudo havia mudado.

O chanceler da agitada e turbulenta República de Weimar era agora o Führer do Reich de Mil Anos. Os livros recebidos naquele dezembro refletem não apenas suas novas circunstâncias, mas também as da Alemanha. Uma coleção de "humor e sabedoria" coligida dos textos de Goethe traz uma dedicatória "respeitosamente" ao "Führer, fundador e primeiro chanceler do Terceiro Reich". Um exemplar do *Universo ressonante de Wagner* traz a dedicatória do autor, Walter Engelsmann, ao "guia e artífice dos descendentes de Siegfried sobre a terra". Na página seguinte, Engelsmann escreveu em tom triunfal: "O sonho de Wotan do homem-deus se cumpriu".

Em junho de 1934, Hitler daria a forma definitiva à sua nova Alemanha. Tendo desmantelado as estruturas democráticas da República de Weimar e, com isso, qualquer resistência política efetiva, voltou-se contra seus próprios homens. Na noite de 30 de junho de 1934, numa operação cujo código foi "Beija-flor" mas mais conhecida como "Noite dos Longos Punhais", Hitler mandou que oitenta líderes do Partido Nazista, inclusive seu colega Ernst Röhm, fossem presos e executados. Hitler agora detinha a autoridade absoluta, e a natureza implacável do seu regime era evidente a todos.

Mas, enquanto Hitler eliminava a dissidência em seu país e no próprio partido, a trama de Alois Hudal para solapar o movimento nazista já estava em andamento. Na mesma tarde em que Hitler discutiu com Schulte sobre o *Mito* de Rosenberg, uma assembleia de cardeais conhecida como Santo Ofício se reunia em Roma para tomar uma decisão que pôs em marcha os projetos ambiciosos de Hudal.

Na tarde de 7 de fevereiro de 1934, o jornal *L'Osservatore Romano*, do Vaticano, publicou a notícia de que o Santo Ofício recomendara a inclusão do *Mito* de Rosenberg no Index do Vaticano. A lista de livros proibidos era bem católica no sentido literal da palavra, e seus milhares de títulos incluíam *Corpos celestes*, de Galileu, *Madame Bovary*, de Flaubert, e *A origem das espécies*, de Charles Darwin. Geralmente os livros eram inseridos no Index sem nenhuma explicação ou comentário, mas naquele caso o Santo Ofício viu-se compelido a tornar público o seu argumento. *L'Osservatore Romano* informou:

> O livro escarnece de todos os dogmas da Igreja Católica, aliás dos próprios fundamentos da religião cristã, rejeitando-os por completo. Defende a necessidade da fundação de uma religião nova ou uma Igreja germânica e decreta o princípio: "Hoje está despertando um novo credo, o mito do sangue, o credo da defesa pelo sangue do ser divino do homem; o credo que corporifica o conhecimento absoluto de que o sangue do norte representa aquele mistério que substituiu e superou os antigos sacramentos".

A aparição do *Mito* de Rosenberg no Index transformou da noite para o dia aquele volume estranho, rebuscado e, pelo consenso geral, impenetrável numa sensação. Um livro que levara sete anos para ser escrito e mais seis para encontrar uma editora — havia sido aceito pela Hoheneichen Verlag, a antiga editora de Dietrich Eckart, após ter sido rejeitado até pela Hanfstaengl e Bruckmann — se tornou uma das obras mais comentadas do mundo, citada em manchetes em Paris, Londres e Nova York. Sua inclusão no Index levou a um debate público na Alemanha e criou uma controvérsia em torno de Rosenberg na imprensa nazista.

Seis meses após o *Mito* ser proibido pelo Vaticano, teólogos alemães realizaram um grande estudo dissecando o livro linha por linha, evidenciando não apenas suas transgressões religiosas, mas também as históricas, geográficas e ortográficas. Publicaram-no anonimamente — temendo represálias nazistas — num livro de

Hitler certa vez descreveu O mito do século XX, *de Rosenberg, como impenetrável. Esta edição de 1940 contém o ex-libris de Hitler mas não mostra sinais de ter sido lida.*

duzentas páginas intitulado *Estudos do mito*. Além das questões substantivas, observaram que Adriano IV, mencionado no livro, foi de fato Adriano VI, que certo historiador da Igreja se chamava "Merx", e não "Merk", que outro, Eusébio, não foi um eunuco, como Rosenberg afirmou, e que os "monges", segundo Rosenberg, reunidos em Niceia foram de fato bispos. Quando Rosenberg consultou a Hoheneichen sobre a remoção dos erros nas edições futuras, seu editor foi contra. Seria preciso remover 60% do conteúdo do livro.

Em vez disso, Rosenberg contra-atacou. Respondeu com sua própria polêmica de duzentas páginas, *Aos homens obscurantistas de nossa época*, em que defendeu o *Mito* insistindo que o livro afirmava uma verdade que ia mais fundo do que a precisão histórica ou teológica. "Aquilo que sustento em meu *O mito do século XX* e vejo como absolutamente necessário para a nossa época", Rosenberg disse, "perduraria mesmo que todos os indícios históricos contradissessem cada detalhe." *Aos homens obscurantistas* foi imediatamente incluído no Index junto com o *Mito*, para o deleite de Rosenberg.

No final de 1934, o *Mito* havia vendido mais de 150 mil cópias. *Aos homens obscurantistas* vendeu o dobro. Decorrido um ano, as vendas do próprio *Mito* haviam duplicado. Em 1935, o livro estava na septuagésima edição, com 353 mil exemplares publicados.

Apesar de todo o lucro, e prazer, de Rosenberg, é bem possível que Hitler tenha ficado incomodado com o escândalo. Ele detestou o *Mito*, considerou-o ilegível e disse que conseguira ler apenas uma pequena parte. Como escritor, talvez tenha se aborrecido com a enorme atenção crítica recebida pelo *Mito*, ao contrário do que aconteceu com *Mein Kampf*. Não deve ter ficado satisfeito com o fato de a atenção pública ter alçado o *Mito* à posição de companheiro ideológico de *Mein Kampf*. Rosenberg havia repetidamente solicitado que Hitler concedesse ao *Mito* um *status* oficial, o que este se recusara a fazer, mas, na onda de sua proibição, o livro alcançara de fato essa condição. Acabou vendendo mais de 2 milhões de exemplares, superado apenas por *Mein Kampf* como *best-seller* do Terceiro Reich.

De consequências mais sérias para Hitler foram as implicações religiosas. De acordo com o parágrafo 47 da lei eclesiástica atualizada de 1900, "estão sujeitos à pena de excomunhão todos aqueles que, embora conscientes da lei e penalidade, leem, conservam, editam ou defendem livros de professores hereges ou apóstatas que cultivam heresias". Tornou-se um pecado punível com a excomunhão automática para milhões de católicos romanos, inclusive estudantes, ler ou possuir o livro de Rosenberg.* Não apenas os milhões de alemães católicos romanos que Hitler tentara apaziguar mediante um acordo com o Vaticano tiveram de enfrentar a opção entre as autoridades concorrentes da Igreja e do Estado, como os próprios colegas de partido de Hitler foram forçados a tomar posição no debate sobre Rosenberg, que era exatamente o que o bispo austríaco Alois Hudal tencionara.

Nas negociações que culminaram no acordo da primavera e verão de 1933, Hudal havia identificado duas facções dentro do movimento nazista: os "conservadores" como Goering e Goebbels, preocupados principalmente com o poder político, e os "radicais" do partido, como Rosenberg, que promoviam uma ideologia ariana fanática e estranha. Complementando a inclusão do *Mito* de Rosenberg no Index, Hudal recomendou uma campanha de relações públicas para expor essas divisões e forçar Hitler a tomar partido.

"No *L'Osservatore Romano* e todos os outros jornais possíveis no exterior, e também em discursos, sim, até discursos, deveriam ser enfatizadas a expectativa e a esperança de que Adolf Hitler e Franz von Papen gostariam da reconciliação religiosa", Hudal propôs em memorando interno do Vaticano. Recomendou que aquilo "fosse repetido inúmeras vezes — em diferentes variações". Para Hudal, a expectativa pública poderia obrigar Hitler e Von Papen a se distanciarem dos radicais e adotar plenamente os termos do acordo como parte de seu "dever com a felicidade" do povo alemão. "Desse modo e nesse sentido, a posição do Vaticano e de todos os jornais católicos possíveis no exterior deve ser a exigência idêntica no espírito idên-

---

* A biblioteca de Hitler contém dois exemplares do *Mito* de Rosenberg, ambos edições relativamente tardias, publicadas em 1940 e 1942, ao que parece aquisições protocolares para sua biblioteca de Berlim. Como um católico romano registrado, o próprio Hitler também estaria sujeito ao parágrafo 47.

tico: Von Papen e Hitler, Hitler e Von Papen!", Hudal insistiu. "Só assim um clima potencialmente benéfico pode ser criado".

Ao recomendar a inclusão do *Mito* no Index e o lançamento de uma campanha na imprensa, Hudal tencionava não apenas expor e agravar uma divisão pública dentro da Alemanha, mas também reforçar sua própria credibilidade dentro do Vaticano, prevendo uma segunda fase, ainda mais importante, do seu plano. Uma vez que o movimento nazista tivesse sido polarizado, os "radicais" apartados na extrema esquerda e os "conservadores" atraídos para a ala cristã, Hudal pretendia propor um projeto teológico combinando a crença católica romana com a doutrina nacional-socialista. Hudal via grande potencial nisso.

Em seu estudo da ideologia nacional-socialista, Hudal reconhecera várias compatibilidades fundamentais entre católicos e nazistas. Ambos tinham a crença comum na obediência cega à autoridade. A noção nazista de *Führerprinzip* não passava de uma versão secular da infalibilidade papal. Tanto nazistas como católicos revelavam aversão arraigada em relação aos judeus. Hudal observou que, já no século XIII, São Tomás de Aquino, em seu tratado *De regimine Judaeorum*, alertou para a tentativa dos judeus de dominar o mundo. Se os nazistas pudessem ser persuadidos a abandonar o "antissemitismo" a favor do "antijudaísmo", ou seja, odiar os judeus como comunidade religiosa, em vez de racial, Hudal acreditava que os alemães pudessem criar uma forma catequizada de fascismo que representaria a força política e social mais poderosa do continente e serviria como anteparo à ameaça comum maior da Europa: a disseminação do bolchevismo. Hudal se referiu a uma certa "Wehrmacht do espírito" e notou que o ministro do Exterior soviético, Viatcheslav Mólotov, declarara que a maior ameaça ao comunismo seria uma fusão do fascismo com o catolicismo romano.

No outono de 1934, Hudal viajou de Roma à Alemanha para reunir uma biblioteca abrangente sobre a ideologia nacional-socialista. Retornou, então, a Roma para começar a elaborar a arquitetura teológica de seu plano. Quando Hudal delineou sua estratégia durante uma audiência privada com Pio XI, o papa ouviu pacientemente e depois disse ao bispo austríaco que este julgara mal Hitler e seu movimento ao achar que o nacional-socialismo representava um sistema de crenças. "Aí você cometeu seu primeiro erro. Você não pode falar de nada espiritual nesse movimento", o pontífice informou Hudal. "É um materialismo total." Na cabeça de Pio, não havia desejo por parte dos nazistas de entrar em acordo com o cristianismo, e nunca haveria. O movimento envolvia táticas e poder, não fé ou crença. No final da audiência, Pio informou a Hudal que não acreditava na "possibilidade de uma compreensão" entre nazistas e católicos, mas desejava a Hudal "boa sorte" em sua iniciativa. Hudal ignorou o conselho papal. Havia lido *Mein Kampf* e observara as passagens no primeiro capítulo em que Hitler abordava seu período de menino de coro no mosteiro beneditino em Lambach e o impacto daquilo sobre sua pessoa. "Quando, nas minhas horas livres, eu recebia lições de canto no coro paroquial de Lambach, tive uma excelente oportunidade de me extasiar com o esplendor solene das brilhantes festas da Igreja", Hitler havia escrito na página 6. "Assim como meu pai via na posição de pároco de aldeia o ideal na vida, a mim também a situação de abade pareceu a aspiração mais elevada." Conquanto os interesses de Hitler mudassem com o tempo, aqueles anos iniciais deixaram uma impressão indelével. Basta olhar a suástica gravada na pedra angular do mosteiro de Lambach ou ouvir o instrutor musical de Hitler, o idoso padre Bernard Grüner, falar sobre o ex-aluno. "A suástica aqui na nossa abadia impressionou a criança, e o pequeno Hitler sonhava com ela incessantemente", Grüner contou a um jornalista no verão de 1933.

Para Hudal, o impacto residual daqueles anos se manifestou em toda parte na vida posterior de Hitler: a "cruz trançada" preta sobre o fundo branco na bandeira vermelho-sangue, a "catedral de luz" no comício anual do partido em Nuremberg, as suas frequentes alusões à retórica bíblica e litúrgica nos discursos públicos. "E o poder e a esperança e a glória da Pátria": assim Hitler concluiu um discurso num crescendo intenso, suspirando depois um breve desenlace que parecia reflexivo: "Amém". Como um católico austríaco, Hudal sentia que "conhecia" Hitler.

Na primavera de 1935, quando Hudal se aproximou de Von Papen com sua proposta de uma fusão católico-fascista, ele instintivamente viu o potencial e acreditou que aquilo fosse agradar a Hitler, não apenas por razões táticas, mas também devido às ressonâncias mais profundas com sua formação austríaco-católica. "O fato de um prelado de tal estatura, um alemão nativo da velha monarquia do Danúbio, se dedicar à questão alemã com 'paixão ardente' deixaria uma forte impressão em Hitler", Von Papen raciocinou.

Como vice-chanceler, nos últimos dois anos Von Papen havia convivido com Hitler regularmente, em diversas ocasiões se envolvendo em discussões religiosas. Assim como Hudal, achava que conhecia Hitler. Naquela primavera, ao discutir a proposta de Hudal várias vezes com Hitler, ficou encorajado pelo "grande interesse" que este mostrou pela ideia. Von Papen aconselhou Hudal a não publicar sua obra até que tivesse oportunidade de mostrá-la pessoalmente a Hitler e assegurar sua aprovação pessoal. Hudal concordou em aguardar.

Em 8 de junho de 1936, durante uma reunião com Hitler e Goebbels, Von Papen apresentou os originais de Hudal, louvando sua capacidade de reduzir a distância entre a teologia católica e a ideologia nazista, formando assim um anteparo contra a ameaça bolchevique. Conforme a previsão de Hudal, Hitler pareceu receptivo à ideia. Goebbels manteve-se cético. Pegou os originais e disse que iria examinar. Uma semana depois, enviou a Von Papen uma lista de dezessete pontos de que discordava. "Livro do bispo Hudal proibido, Von Papen intercedeu muito por ele", Goebbels anotou no seu diário. Mas Von Papen não esmoreceu. Mostrou a resposta de Goebbels a Hudal e recomendou que o bispo fizesse as emendas sugeridas. Depois escreveu a Hitler insistindo que apoiasse Hudal "de modo a manter esse homem capaz de lutar por nós e não expô-lo ao grupo de cardeais que são seus superiores e podem silenciá-lo para sempre se seu livro iminente for oficialmente proibido". A controvérsia se arrastou por todo o outono.

Conforme se pretendia, o manuscrito de Hudal semeou a discórdia entre a elite nazista. Claro que Von Papen pressionou pela publicação. Rosenberg ficou furioso com o fato de que um bispo pudesse "impor" condições ao partido. No início de outubro, Hitler, cansado do exibicionismo e brigas em torno do original de Hudal, afirmou que iria "decidir se aquele livro será ou não publicado no Reich, e ponto final". Ele "endossou" o livro. *Fundamentos do nacional-socialismo*, de Hudal, foi publicado naquele mês pela Johannes Günther Verlag, em Viena. As fissuras na elite do Partido Nazista foram claras, as posições se acirrando, mas a balança parecia pender a favor de Hudal. "Se eu não tivesse agido resolutamente, o livro ainda não teria sido publicado, já que Goebbels ainda não deu o seu 'sim' *oficial*, enquanto Goering, Hitler, Hesse e Neurath estão a seu favor", informou uma fonte interna de Hudal, e depois se entusiasmou: "Alcançaremos nosso objetivo!!! Mesmo contra Rosenberg".

Em outubro de 1936, Hitler havia se cansado das escaramuças públicas incessantes com a Igreja e ainda mais do *Mito* de Rosenberg. Desprezou-o como produto de um "báltico bitolado que pensa em termos horrivelmente complicados". De acordo com Hitler, até o título estava errado. O movimento nazista se baseava na ciência moderna, não num "mito". Como um nacional-socialista, Rosenberg deveria saber daquilo. Devia ter denominado seu livro "Conhecimento do século XX", um título que teria realçado os avanços empíricos da compreensão humana naquele período. Ademais, Hitler mal conhecia algum líder nazista que tivesse lido o livro, e menos ainda entendido.

Em setembro de 1935, Hitler já havia se distanciado publicamente dos radicais do partido. "Seu discurso é uma rejeição singular de Rosenberg e Streicher", Goebbels anotou no seu diário. "E os dois aplaudem com força." Mas Hitler também vinha se cansando de Goebbels. Por quase dois anos o ministro da Propaganda havia orquestrado uma série de "processos por indecência", expondo abusos sexuais entre o clero. Goebbels fez que manchetes sobre aqueles processos aparecessem nos jornais diários, até que o público se cansou. Em 25 de outubro, Goebbels escreveu sobre o final de sua campanha contra o clero e o desejo de Hitler de resolver as diferenças com a Igreja. "Os processos contra a Igreja Católica temporariamente pararam", Goebbels anotou no diário. "Possivelmente deseja a paz, ao menos por um tempo. Agora uma batalha contra o bolchevismo. Quer falar com Faulhaber."

O desejo de Hitler de falar com Michael Faulhaber foi significativo. Como arcebispo de Munique e Freising, Faulhaber não era apenas o guia espiritual da maior comunidade católica da Alemanha, mas também um dos críticos mais acirrados da ideologia nazista. Judeus, protestantes e católicos haviam lotado a Catedral de Munique para ouvir seus sermões do Advento em dezembro de 1933, quando ele claramente rejeitou a ideologia nazista e acolheu os judeus alemães como "irmãos". Quando o governo solicitou uma lista dos judeus que haviam se convertido ao cristianismo entre 1900 e 1935, Faulhaber obedeceu informando que 331 "israelitas" — 138 homens, 178 mulheres e 15 crianças — haviam sido batizados na Baviera. As autoridades nazistas pediram os nomes, mas Faulhaber se recusou a fornecê-los, ou mesmo os anos exatos da conversão. Agora católicos romanos, não seriam abandonados nem traídos por sua Igreja. "A ideologia nacional-socialista segue sua lei do sangue e raça, 'um judeu permanece um judeu', quer seja um judeu batizado ou não", Faulhaber afirmou. Mas

> da perspectiva dos bispos, em que o ex-judeu, segundo a palavra de Paulo em II Coríntios 5:17, se torna uma "nova criatura", um verdadeiro filho de Deus através do batismo, estendemos a nossa mão a ele como faz qualquer outra diocese nessa crisma. Com isso, o judeu batizado recebeu um direito das autoridades da Igreja de ser tratado como cristão, e não mais como judeu, e ao menos de não ser entregue a inimigos antissemitas.

Faulhaber, além de altivo, era um homem de princípios, intelectual e espiritualmente. Assim como Schulte, havia saudado a nomeação de Hitler como chanceler pela estabilidade e perspectiva que trazia à Alemanha, sobretudo na luta contra o bolchevismo, mas ele não seria demovido em questões de fé, moral ou princípios, sobretudo quando se tratava dos aspectos mais radicais da ideologia nazista. Já na primavera de 1930, Faulhaber havia alertado para os perigos do *Mito* de Rosenberg numa conferência de bispos em Fulda, em que citara e criticara extensas passagens. Hitler aludira a essa conferência no encontro com o cardeal Schulte, quando culpou o "bispo de Munique" por popularizar o livro de Rosenberg.

No primeiro sermão do Advento de Faulhaber, em dezembro de 1933, o bispo de Munique atacou o radicalismo do tipo de Rosenberg que vinha penetrando na sociedade alemã. Não mencionou o principal ideólogo de Hitler pelo nome, mas as alusões à obra de Rosenberg foram óbvias. Faulhaber observou que as pesquisas raciais, "em si uma matéria neutra no tocante à religião", haviam sido "reunidas para a luta contra a religião e vinham abalando os próprios fundamentos do cristianismo". Faulhaber falou sobre uma reação necessária por parte da Igreja. "Quando se trata de tais vozes e movimentos, o bispo não pode silenciar", ele afirmou. Faulhaber não foi menos direto quando chegou a Berghof na manhã de 6 de novembro de 1936.

O Obersalzberg estava envolvo em névoa. Uma garoa outonal caía, gelando o ar alpino. Hitler conduziu Faulhaber à privacidade de seu "gabinete" no segundo andar, em companhia de Rudolf Hess. Assim que se sentaram, Hitler informou a Faulhaber que iria dizer coisas que não agradariam ao cardeal, mas que precisavam ser ditas abertamente.

Repetindo a tese de Hudal, Hitler afirmou que o bolchevismo constituía uma ameaça não apenas à Alemanha, mas também ao cristianismo. Observava o surgimento do movimento esquerdista da Frente Popular na França, a ameaça crescente na Tchecoslováquia, Polônia e outros países, e em especial na Espanha, onde naquele momento os fascistas vinham combatendo os comunistas pelo controle de Madri. "A Igreja Católica não pode se deixar enganar", Hitler disse. "Se o nacional-socialismo não se tornar o senhor do bolchevismo, será o fim do cristianismo e da Igreja na Europa."

Hitler, então, se voltou para o assunto em pauta: o relacionamento entre o nacional-socialismo e a Igreja Católica. "O cristianismo está indissoluvelmente ligado ao nosso povo e à cultura ocidental por uma história de mil anos", contou a Faulhaber. Disse também que sua pasta continha 380 casos de sacerdotes acusados de pregar contra o nacional-socialismo. A Igreja Católica precisava abandonar aquela "bagatela ridícula" contra o Estado. Com a ameaça bolchevique pairando, tanto católicos quanto fascistas tinham preocupações maiores. Entretanto, "se a Igreja continuar se opondo ao nacional-socialismo e continuar a batalha, o nacional-socialismo terá que continuar sem a Igreja", Hitler disse a Faulhaber. Prosseguiu por quase uma hora.

Faulhaber ouviu, paciente, e depois respondeu. Não precisava de nenhuma lição sobre a ameaça bolchevique, ele disse. Vinha repetidamente pregando com veemência contra o bolchevismo por uma década e meia. Citou seu discurso no encontro católico em Salzburgo em 1921, quando denunciou o bolchevismo como "a maior tormenta de nossos tempos". Disse que se manifestara de forma semelhante em 1921, 1922 e 1930. Hitler poderia ficar seguro de que a Igreja havia muito reconhecera o perigo do comunismo. A Igreja apoiava o governo nacional e respeitava o chefe de Estado. Mas Hitler precisava entender, em termos inequívocos, que ela não agia assim por "considerações táticas". A Igreja estava disposta a obedecer às leis do Estado desde que não violassem princípios fundamentais. "Acredito que em nenhuma religião a noção de autoridade seja mais fortemente enfatizada do que na Igreja Católica", disse a Hitler. "Mas por certo, quando suas autoridades, ou suas leis, violam o dogma da Igreja ou as leis da moralidade, ofendendo assim a nossa consciência, precisamos ser capazes de denunciar isso como defensores responsáveis das leis morais."

O governo nazista, Faulhaber acusou, a despeito do que dizia, nos últimos três anos havia travado guerra contra a Igreja Católica. Não apenas os eventos da Juventude Nazista eram programados para as manhãs de domingo a fim de manter os jovens longe da comunhão, como mais de seiscentos professores de religião haviam perdido o emprego só na Baviera, e o número logo subiria para quase 1700. Para piorar, o Estado havia introduzido políticas que a Igreja jamais poderia endossar, incluindo a esterilização de criminosos e pessoas com deficiências genéticas.

Faulhaber fez sermão durante uma hora completa, com Hitler ouvindo quase sempre em silêncio. Todavia, quando Faulhaber reclamou dos radicais e recordou recentes peças, folhetos e discursos preconizando a "erradicação da cristandade", Hitler pro-

Gabinete de Hitler no segundo andar em Berghof, seu refúgio alpino no Obersalzberg, onde se reuniu com o cardeal Michael Faulhaber. Observe o busto de Schopenhauer diante das estantes de livros.

testou. Disse a Faulhaber que "quando houvesse paz entre o nacional-socialismo e a Igreja, tudo aquilo cessaria. Não temos nada a ver com esse movimento!", Hitler insistiu. "Sempre informei aos líderes do meu partido político que não quero desempenhar o papel de reformador religioso", Hitler persistiu. "Não quero fazer isso e não vou fazer isso."

Então chegaram a Rosenberg, e Hitler repetiu o argumento empregado com Schulte: a Igreja era culpada pelo sucesso de Rosenberg. "Somente quando a conferência de bispos em Freising divulgou uma advertência sobre o livro e, depois, a Igreja o incluiu no Index, as vendas do livro começaram a crescer, atingindo centenas de milhares de exemplares vendidos", Hitler afirmou. Faulhaber respondeu que, antes da inclusão de Rosenberg no Index, o *Mito* havia sido promovido através da Alemanha. Empatados em força de vontade e convicção, nenhum dos dois homens deporia as armas: Hitler erguendo a voz e a mão, Faulhaber pontilhando suas objeções com um tonitruante "*Herr Reichskanzler!*".

Após três horas, Hitler proferiu a palavra final. "Senhor cardeal, deveria falar com os outros líderes da Igreja e avaliar de que maneira apoiarão a tarefa grandiosa do nacionalismo para que o bolchevismo não domine, e como chegarão a uma relação pacífica com o Estado", ameaçou. "Ou bem o nacional-socialismo e a Igreja sairão vitoriosos, ou bem serão ambos destruídos. Eu prometo: vou eliminar todas as miudezas que atrapalham a cooperação pacífica, como os processos contra os sacerdotes e o movimento religioso alemão. Não quero me envolver em barganhas. Você sabe que sou inimigo da concessão, mas que seja uma última tentativa." Depois o tom de Hitler se suavizou. Hitler tornou-se reflexivo.

Qualquer um, ele disse para Faulhaber, que examinasse a própria vida tinha que saber que, a certa altura, toda e qualquer pessoa teria de encarar a própria mortalidade: Michael Faulhaber, o cardeal, Alfred Rosenberg, o escritor campeão de vendas, e, sim, até Adolf Hitler, o Führer. "Todo e qualquer indivíduo é nada", ele disse. "Todos irão morrer. O cardeal Faulhaber irá morrer, Alfred Rosenberg irá morrer, Adolf Hitler irá morrer. Isso nos torna introspectivos e humildes perante Deus."

Os homens se levantaram do sofá e desceram à sala de jantar no térreo, onde sentaram num nicho com vista para Untersberg e fizeram uma pequena refeição. Conversaram sobre questões econômicas. Faulhaber se impressionou com a capacidade de Hitler de lembrar fatos e detalhes. Às duas da tarde, Faulhaber preparou-se para partir. A chuva e a neblina haviam se dissipado, e o sol apareceu entre as nuvens. Faulhaber lembrou-se do Salmo 29: primeiro cai uma tempestade no Líbano, mas no final, *Dominus benedicet populo suo in pace* — o Senhor abençoará seu povo com a paz. De volta a Munique, Faulhaber refletiu sobre o dia. Em memorando confidencial sobre o encontro, escreveu que estava convencido de que Hitler era um homem de convicção espiritual séria.

Alguns dias depois, Hitler fez um relato da reunião para Goebbels. Disse que "havia sido claro". Ou bem lutariam juntos contra o bolchevismo, ou a guerra seria contra a Igreja.

Naquela mesma semana de outubro, os primeiros exemplares do livro de Hudal saíram da gráfica. Sentado no escritório em 3 de novembro de 1936, Hudal, com uma série de floreios elegantes, escreveu uma dedicatória no primeiro exemplar para "o Führer da ressurreição alemã" e "o Siegfried da esperança e grandeza alemãs", entregando-o depois a Von Papen para que fosse presenteado a Hitler. No sábado, 14 de novembro, Von Papen reuniu-se com Hitler, junto com Goebbels e Martin Bormann, na Chancelaria do Reich para pressionar por uma decisão final sobre o livro de Hudal. Von Papen entregou a Hitler o belo volume marrom com sua estampagem dourada e a dedicatória pessoal. Hitler pegou o livro e disse a Von Papen que com certeza o leria.

Os *Fundamentos* de Hudal, Von Papen disse, haviam chegado num momento em que tanto a Igreja como o governo estavam prontos para selar a paz. Insistiu que Hitler permitisse a máxima distribuição possível do livro na Alemanha. Este oferecia uma chance de transpor o fosso que se abrira entre os nacional-socialistas alemães e os católicos romanos, e curar as feridas públicas causadas pelos processos contra sacerdotes e os debates sobre o *Mito*. O livro de Hudal acolhia os valores comuns de nazistas e católicos alemães: reconhecia o papel proeminente da Alemanha no continente, os perigos intrínsecos do bolchevismo e, embora assumidamente de forma moderada, a ameaça secular dos judeus. Vindo de um alto prelado no Vaticano, os *Fundamentos* também traziam uma credibilidade que poucos outros tratados ideológicos poderiam ter. O livro de Hudal representava uma oportunidade singular de forjar um elo duradouro e significativo entre nazistas e católicos.

Goebbels e Bormann discordaram com veemência. Argumentaram que, ao injetar catolicismo romano na ideologia nacional-socialista, Hudal diluiu a essência desse movimento, seu fundamento no racismo científico. Von Papen sustentou que no mínimo um debate público sobre o livro daria oportunidade de explorar o potencial de um denominador comum. Goebbels e Bormann acharam que o livro de Hudal seria desagregador, perigoso e subversivo. O debate se estendeu por várias horas tensas. Cada vez que Von Papen parecia ter convencido Hitler, Bormann intervinha e o fazia recuar. Os "radicais" do partido acabaram prevalecendo. "No final, consegui assegurar a importação de 2 mil exemplares sob o pressuposto de que seriam distribuídos aos círculos dominantes do partido", Von Papen mais tarde lembrou. "A tentativa de uma discussão séria acabou sendo sabotada." "O livro de Hudal foi de novo derrubado", Goebbels escreveu no seu diário.

Quando Hudal soube do resultado, ficou arrasado. Com toda a sua ambição para o livro, este havia sido relegado a um círculo de indivíduos que dificilmente o leriam, e menos ainda o entenderiam. *Fundamentos* havia se tornado irrelevante.

Mais ou menos na mesma época, o Vaticano se distanciou do livro de Hudal numa declaração oficial. "Como o próprio autor declarou a uma entidade austríaca, e com base em diferentes observações solicitadas, declara-se que, ao escrever seu livro, não foi inspirado por mais ninguém e não foi oficialmente incumbido de fazê-lo." Como reitor do seminário de Santa Maria dell'Anima e bispo proeminente com vinte anos de serviço ao Vaticano, Hudal se sentiu tão insultado quanto magoado por aquela afronta. Ao reclamar com um cardeal sobre aquela reprimenda pública, foi informado de que poderia ter sido pior. De acordo com o cardeal, Pio XI ficara furioso com os *Fundamentos* e defendera sua inclusão no Index. O que salvou Hudal de ser o primeiro bispo de todos os tempos a entrar no Index foi que isso pareceu "inoportuno". Quando Hudal tentou discutir o assunto com o próprio papa, seu pedido de audiência foi recusado. Os bispos católicos da Alemanha foram igualmente duros. Chamaram-no de "bispo nazista". Faulhaber o apelidou de "teólogo da corte" de Hitler.

Hudal nunca se recuperou da derrota. Após a guerra, viu-se forçado a deixar seu posto no Vaticano, e foi transferido para um mosteiro isolado. O bispo controvertido talvez tenha se consolado com a máxima latina: *habent sua fata libelli* — os livros têm seu próprio destino.

Hudal foi poupado de um desapontamento final. Quando abri o exemplar do *Fundamentos* com dedicatória de Hudal para Hitler, chamaram-me a atenção duas citações na segunda folha de guarda, claramente visando reforçar o argumento de Hudal por um movimento nazista "batizado". Uma era de Mólotov, datada de 1934, afirmando que a maior ameaça à expansão do bolchevismo seria uma aliança entre as "internacionais católica e fascista". A segunda é um trecho extenso das páginas 124 e 125 de *Mein Kampf*: "Aquele que pensa poder chegar, pelo atalho de uma organização política, a uma reforma religiosa, mostra somente que lhe falta discernimento da evolução das noções religiosas ou mesmo das dogmáticas e da atuação prática do clero".

Esse volume particular não contém marcações nas margens, embora as dezesseis primeiras páginas se abram facilmente, como se tivessem sido bastante manuseadas. O restante do livro se conserva firme, guardando uma mensagem de que nunca foi além dessas páginas bem encadernadas.

LIVRO 6

Inspiração divina

O intelecto humano, portanto, nunca é um primeiro motor, mas o resultado da interação entre corpo e alma.

Maximilian Riedel, "Lei do mundo"

No princípio da década de 1930, quando o jornalista Edward Deuss perguntou a Hitler qual a frase individual mais reveladora de *Mein Kampf*, este respondeu que era uma curta passagem na página 11 em que fala do seu interesse por história. Ele então disse que uma influência igualmente importante foi sua formação religiosa. Se Hitler falou algo mais sobre o assunto, Deuss não registrou. No capítulo 1 de *Mein Kampf*, Hitler menciona apenas de passagem a influência "inebriante" do ritual católico romano.

Entretanto, o original não corrigido de *Mein Kampf* de Hitler sugere um interesse mais intenso e prolongado pela ambição religiosa. Nas páginas sobreviventes do texto, Hitler descreve seu desejo de tornar-se um abade como sua "aspiração mais elevada", sem a ressalva "pelo menos temporariamente isso se deu" que apareceu na versão publicada. De forma semelhante, nessas páginas do original as "aspirações" de Hitler por alto cargo religioso não são mitigadas pelo adjetivo amenizador "temporário". Os amigos e a família também são testemunhas da antiga obsessão de Hitler pelo catolicismo romano. Helene Hanfstaengl recordou que ele falava amplamente sobre sua antiga devoção pelo catolicismo romano e de como costumava cobrir os ombros com uma toalha de mesa, erguer-se no banco da cozinha e fazer longos sermões para os irmãos reunidos. Paula recordou que o irmão certa vez disse para ela: "Acredito que o bom Deus mantém uma mão protetora sobre mim".

Em seus monólogos após o jantar para seu círculo íntimo de auxiliares, durante a Segunda Guerra Mundial, Hitler tratava repetidamente de questões de fé e do espírito, falando de suas tentativas de compatibilizar o catecismo rotineiro do ensino religioso com as aulas de biologia — "eu me plantava na frente do professor da segunda aula com o que havia aprendido na primeira aula, levando os professores ao desespero" — e do seu gradual afastamento da doutrina religiosa formal. Parece ter restado a Dietrich Eckart inocular a dúvida com o ódio, fato registrado na "Conversação" e que Hitler estava repetindo duas décadas depois. "O maior golpe já sofrido pela humanidade é o cristianismo", Hitler observou em uma de suas arengas noturnas. "O bolchevismo é o filho ilegítimo da doutrina cristã. Ambos são uma consequência dos judeus. Através do cristianismo o mundo se encheu com a mentira consciente nas questões de religião."

O catolicismo romano residual que Hudal e Von Papen detectaram em Hitler era pouco mais do que uma aparência vazia, sem nenhum significado. Os rituais nazistas, com suas cruzes trançadas e catedrais de luz, constituíam uma impostura plagiada, bem como seus discursos, em que ressoam alusões bíblicas. Sua invocação do divino não passava de falsa retórica espiritual, cheia de barulho e fúria, para citar o volume 6 das obras completas de Shakespeare, nada indicando: retórica tão vazia de significado como o "amém" automático ou ensaiado — não importa qual dos dois — ao final daquele famoso discurso inflamado.

O que restou da vida espiritual abandonada por Hitler foi a arquitetura interna que havia surgido em sua juventude, outrora preenchida com as impressões inebriantes dos "rituais solenes", e que Hitler passou a vida tentando encher de significado. Não foi a crença em si que ele buscou, mas aquele impulso humano mais fundamental, a necessidade de acreditar, de entender e de explicar as forças mais profundas que movem e moldam o nosso mundo.

"Existe em cada ser humano a capacidade intuitiva de compreender as forças que chamamos de Deus", Hitler certa vez observou. "A Igreja explorou essa capacidade interior ameaçando punir aqueles que não acreditavam naquilo em que se devia acreditar." De acordo com Hitler, a Igreja mutilou essa capacidade intuitiva, instrumentalizando-a para fins partidários. Como era possível, ele se perguntou, que existissem 2 bilhões de pessoas na Terra e 170 grandes religiões, cada uma orando para uma divindade diferente? "Cento e sessenta e nove delas têm de estar erradas", ele declarou, "porque só uma pode estar certa." Uma observação cética, temos que admitir, mas enraizada nos sentimentos do agnóstico perscrutador, e não do ateu convicto, da qual Hitler tratou repetidamente durante seus monólogos.

Traudl Junge, por longo tempo secretária de Hitler, esteve presente em muitas dessas divagações prolongadas sobre o homem, natureza, religião e Deus. Quando a visitei em seu apartamento em Munique, no verão de 2002, ela confirmou a preocupação de Hitler com questões do espírito, não apenas nos seus monólogos, mas também em suas leituras noturnas. Embora se recusasse a atribuir a Hitler uma convicção espiritual específica — "Como podemos saber em que outra pessoa acredita?" —, estava certa de que ele acreditava na existência de uma força mais profunda que movia o mundo, evidenciada nas leis da natureza, na presença de uma inteligência superior ou, como ele próprio disse, numa "força criativa" que deu forma e sentido ao mundo.

Os livros sobre espiritualismo e ocultismo remanescentes na biblioteca de Hitler, dos quais existe grande número, talvez sejam as testemunhas mais eloquentes da quase obsessão permanente de Hitler. Muitos dos livros foram adquiridos no início da década de 1920, e outros são dos anos finais de sua vida. Entre eles estão a obra de Peter Maag, *O reino de Deus e o mundo contemporâneo*, publicada em 1915, com "A. Hitler" rabiscado na contracapa, mas sem data ou local; uma reedição não datada de *Anulus platonis*, um clássico das ciências ocultas do século XVIII, dedicado a "Adolf", com duas páginas de símbolos alquímicos manuscritos; livros mais tendenciosos, como o relato de fenômenos paranormais de 1922 *Os mortos vivem!*, que traz exemplos de "ocultismo, sonambulismo e espiritualismo" em diferentes países europeus, e fornece dezesseis fotografias como "provas irrefutáveis" de momentos sobrenaturais. Uma imagem granulosa em preto e branco mostra quatro pessoas, numa sessão espírita de 1909 em Gênova, fazendo levitar uma mesa. Outra revela "o fantasma" de uma menina polonesa de quinze anos, Stasia, sendo consumido por uma "substância luminosa e nebulosa". A foto de um inglês de aspecto majestoso traz como legenda: "O Fantasma do escritor inglês Charles Dickens, que morreu em 1871 e está enterrado na Abadia de Westminster. Ele apareceu em 1873 e foi fotografado". O mais antigo desses livros é um tratado de 165 páginas chamado *A essência da criação: Pesquisa sobre este mundo e a vida pós-morte, sobre as verdades essenciais da natureza, sobre a substância da alma e as conclusões resultantes*, publicado em 1914, com uma dedicatória manuscrita não datada ao "sr. Adolf Hitler".

A reedição de um tratado alquímico do século XVII, Ciências ocultas, *pertence a um grupo de livros de ocultismo adquiridos por Hitler nas décadas de 1920 e 1930.*

Vários desses primeiros livros acabaram em Berlim e finalmente no Führerbunker, onde foram descobertos após o suicídio de Hitler, e hoje estão na coleção de livros raros da Universidade Brown. Outros foram tirados de sua biblioteca de Berghof, inclusive uma tradução alemã de 1934 de *Corpo, espírito e razão viva*, de

Dicaiarchos Carneades, um belo livro encadernado em couro que explora as interações complexas — "filosofia, história, religião, monismo, dualismo, pleiadismo e miriadismo" — subjacentes ao processo de tomada de decisões do homem. E ainda outros foram descobertos entre os volumes encaixotados pegos na mina de sal em Berchtesgaden que agora estão na Biblioteca do Congresso.

Vários desses livros contêm marcas nas margens que correspondem a passagens marcadas semelhantes nos livros de Hitler na Universidade Brown, sugerindo uma autoria comum. Apesar da ausência de comentários manuscritos que permitiriam a atribuição definitiva, existe um alinhamento notável entre essas marcas nas margens e ideias expressas em monólogos de Hitler e outros comentários registrados. Como pegadas na areia, não revelam necessariamente o propósito da jornada, mas nos permitem ver onde sua atenção foi atraída e se deteve, onde correu para a frente, onde uma pergunta foi formulada ou uma impressão foi formada. Nesses livros, encontra-se o lápis de Hitler sempre atraído para passagens relacionadas à ligação entre os mundos científico e espiritual, material e imaterial. Num livro sobre o "Estado futuro", publicado em 1910 mas sem indicação de quando Hitler possa tê-lo adquirido, ele escreveu seu sobrenome na contracapa a lápis, numa letra caprichada. Na página 391, marcações a lápis indicam a passagem "Quem se aprofunda bastante em ciência se acostuma a ir de milagre em milagre, sem jamais chegar ao fim", um sentimento repetido nos monólogos de Hitler. "O que distingue o ser humano do animal, possivelmente a prova mais notável da superioridade do ser humano, é o fato de ter compreendido a existência de uma força criativa", Hitler observou. "Basta olhar pelo telescópio ou microscópio: ali fica claro que o ser humano tem a capacidade de entender essas leis."

No exemplar de Hitler da coletânea de 1924 de ensaios de Carl Ludwig Schleich, encontrei uma série de marcações a lápis num capítulo que explorava o relacionamento entre biologia celular, imortalidade e conhecimento humano. "O que consigo criar fisicamente nesta vida através da luta, esforço e sofrimento devolvo um bilhão de vezes com minhas células imortais; assim como esta pequena centelha de vida que denomino eu retorna à propriedade orgânica da terra, meu eu espiritual pertence ao universo", Schleich observa, com o lápis seguindo na margem. "Ali encontrará formas novas à medida que ascender lentamente até atingir a igualdade com a alma coletiva do mundo, e se rejubilará com a oportunidade de nutrir uma estrela com um ser baseado na minha efígie purificada."

Encontramos passagens quase idênticas marcadas num compêndio de 1923 sobre "história, teoria e prática" do ocultismo de Ernst Schertel. Nesse belo volume encadernado em linho vermelho ostentando o ex-libris de Hitler e a dedicatória "respeitosa" de Schertel, Hitler marcou uma passagem onde Schertel cita Schleich, quase literalmente: "O nosso corpo apresenta um conjunto de energias potenciais e cinéticas do mundo e estende-se além para outras linhagens através dos animais, plantas e cristais, descendo até o próprio princípio das coisas". O lápis de Hitler marca a passagem na margem. "Em nosso corpo repousa toda a história do mundo, a partir do nascimento da primeira estrela. Através de nosso corpo fluem as energias do universo, do eterno ao eterno. E estas acionam os moinhos de nossa existência." Hitler repete essa mesma visão panteísta em suas próprias palavras numa noite de dezembro de 1941, enquanto divagava sobre o suicídio. "Mesmo que nos privemos da própria vida, simplesmente retornamos à natureza, em substância tanto quanto em espírito e em alma", ele disse, repetindo o tema alguns dias depois e chegando às mesmas conclusões de Schleich e Schertel. "A noção de eternidade é fundamental à nossa natureza", ele disse. "Espírito e alma sem dúvida retornam a um reservatório coletivo — como o corpo. Como a substância da vida, fertilizamos assim a base da qual surge uma nova vida."

-3-

Vorwort

Vorliegendes Buch, in welchem erstmals das

Gesetz der Welt

veröffentlicht wird, hat den Zweck, den grossen Umbruch der
Weltanschauung des 20.Jahrhunderts in einer zeitlosen Sach-
lichkeit der natürlichen Ursachen und Gründe zu erklären.
        Der Inhalt dieses Buches stützt sich in keiner
Weise auf eine zeitliche Politik oder Konfession, sondern
stellt lediglich die Tatsachen und   n a t ü r l i c h e n
Wahrheiten fest, welche die Grundlagen jeder Politik und
Religion bilden.
        In verständlicher Form beginnt dieses Buch mit dem
Anfang des Ur - Geschehens, um bei dem wahren praktischen
Wert der gegenwärtigen Weltanschauung zu enden.
        Als wesentlich   N e u   bringe ich Klarheit über
die   n a t u r g e s e t z l i c h e   D r e i e i n i g k e i t
des Daseins- und Gottbegriffes und deren Erkenntnis durch die
z w ö l f   menschlichen Sinne. Weiterhin, den ursächlichen
und zusammenhängenden Beweis für die Richtigkeit der not-
wendig gewordenen neuen Weltanschauung der Gegenwart.
        Möge dieses Werk all denen ein Wegweiser sein,
welche sich aus den bestehenden Teilwerten unseres Wissens
und Empfindens kein   k l a r e s   Weltbild machen können.

                                    1937/
        München, den ~~21.Juni~~ 1939

                Maximilian Riedel

*Página de rosto de um manuscrito não publicado intitulado
"Lei do mundo" enviado por Max Riedel a Hitler em agosto de 1939.*

Sem dúvida, a mais interessante das obras que encontrei
entre os volumes esotéricos é um tratado inédito chamado "Lei
do mundo", de Maximilian Riedel, que inclui um diagrama de
duas páginas delineando as ligações entre os mundos físico e
espiritual, descreve as técnicas de acesso às sabedorias mais profundas embutidas no mundo natural e traz várias intromissões

a lápis em passagens sobre a relação entre os mundos natural e espiritual.

Hoje, esse original datilografado, um tanto surrado, de 326 páginas, em cópia mimeografada e encadernada, tendo por subtítulo "A religião vindoura", está catalogado na Biblioteca do Congresso como BR856.R49. O prefácio é datado de 21 de junho de 1939, com o ano 1937 escrito acima em lápis azul, possivelmente indicando que o texto vinha sendo escrito havia dois anos. A palavra *original* foi escrita na página de rosto em letras vermelhas fortes, com uma anotação adicional em lápis azul: "Apelo pelo reconhecimento da existência de Deus". Trata-se claramente de uma obra em andamento. Acompanha o original uma carta datilografada endereçada a Hitler e datada de 7 de agosto de 1939, alegando que essa "nova descoberta" fornece "provas científicas incontestáveis" do "conceito da trindade de Deus como lei natural".

Quando Riedel confiou seu original não publicado a Anni Winter, a governanta do apartamento de Hitler na praça Príncipe Regente, em agosto de 1939, Hitler estava veraneando em seu refúgio alpino em Obersalzberg. Ele passara a semana anterior em Bayreuth, onde assistiu a encenações de *Tristão e Isolda*, *O navio fantasma* e a íntegra do *Anel dos Nibelungos*, inclusive o clímax monumental, *Crepúsculo dos deuses*, em que o império dos Nibelungos desaba, transformando-se em ruínas, e as águas do Reno se elevam para purificar a Terra da ganância e da ambição fracassada.

A atividade de lazer cultural de Hitler contrastava com as tensões daquele verão politicamente agitado, com a Europa à beira da guerra. Ao retornar a Berghof em 4 de agosto, Hitler encontrou uma mensagem lacônica do governo polonês rejeitando em definitivo suas propostas para solucionar o crescente antagonismo entre Polônia e Alemanha. Em 7 de agosto, dia em que Riedel entregou o original, Hitler convocou Alfred Forster a Berghof para discutir a crise que se agravava.

Como o "homem de Hitler em Danzig", esse antigo integrante das tropas de assalto passara os últimos nove anos desenvolvendo a estrutura do partido naquela cidade e fomentando a agitação entre seus 300 mil moradores alemães. Exibia a beligerância tenaz e rude que Hitler apreciava em seus principais lugares-tenentes. Quando a Liga das Nações enviou Carl J. Burckhardt à cidade livre como alto-comissário, Forster recebeu o culto diplomata suíço com certa indelicadeza afável: "Quer dizer que o senhor é o representante daquele clube de fofocas judaico-maçom de Genebra?".

Hitler passou grande parte do dia com Forster, discutindo a situação em Danzig e a reação alemã apropriada à missiva polonesa, enviando-o depois de volta a Danzig para o reconvocar três dias depois, dessa vez em companhia de Burckhardt. Em 11 de agosto, Forster e Burckhardt embarcaram num avião Douglas de dois motores em Danzig e voaram a Salzburgo. Ali foram recebidos por um carro que os transportou até Berchtesgaden, e dali até Obersalzberg, passando por Berghof, depois subindo por uma série de estradas íngremes e ziguezagueantes cortadas na rocha que os levou a Kehlsteinhaus, uma enorme casa de pedra no alto de um penhasco íngreme. Foram saudados por uma vista estonteante dos picos cobertos de neve, recortados contra o céu azul, e por Adolf Hitler trajando terno azul formal.

"Espero que tenha tido um voo confortável", Hitler disse ao dar as boas-vindas a Burckhardt com uma afabilidade descontraída. "Meu avião Condor não é tão veloz como o Douglas, mas é mais sólido e útil como avião militar." Acrescentou de forma agourenta: "Resiste melhor a tiros de canhão".

Hitler disse a Burckhardt que sabia que a semana havia sido tensa. Falou sobre os esforços de Forster para atenuar a situação, da paciência alemã, da crescente intransigência polonesa. Disse que

Forster era um homem paciente, como o próprio Hitler, mas eles tinham seus limites. Hitler expressou um aborrecimento especial com o tom beligerante da carta recebida de Varsóvia após seu retorno de Bayreuth. "Na última sexta-feira eu me satisfaria com um telefonema deles", ele disse. "Os poloneses sabiam que conversações eram possíveis. Não precisavam enviar uma carta."

Os dois homens passaram as horas seguintes discutindo a política e as "tecnicalidades" das negociações de paz fracassadas, Hitler a toda hora se enfurecendo. Ele se recusava a receber ultimatos. Não seria ridicularizado na imprensa. Não seria acusado de ter se apavorado. "Se ocorrer o mais leve incidente", Hitler disse ameaçadoramente, "esmagarei os poloneses de modo tão cabal que não se encontrará nenhum traço da Polônia depois. Como um raio, atacarei com o poder total de meu exército mecanizado, poder do qual os poloneses não têm nenhuma ideia. Grave bem minhas palavras."

Burckhardt procurou acalmar o líder nazista, mostrando compreensão por suas preocupações, mas também advertindo que um conflito armado com a Polônia necessariamente desencadearia uma guerra maior. "Se tenho que conduzir a Alemanha à guerra, prefiro fazê-lo hoje a amanhã", Hitler disse, de novo se enfurecendo. "Não conduzirei as coisas como Guilherme II. Ele deixou que escrúpulos de consciência o impedissem de lançar completamente suas forças armadas. Lutarei até o fim."

"Uma nova guerra trará o fim da civilização", Burckhardt advertiu. "Essa é uma grande responsabilidade perante o futuro." Sugeriu ser melhor "viver honradamente" a carregar a responsabilidade pela guerra. "Quanto mais forte você é, mais tempo pode ser paciente", ele aconselhou. "Quanto maior a honra de um homem, mais ataques consegue evitar. Alguém certa vez me disse que a força da Alemanha está na paciência quando se trata das questões polonesa e de Danzig." Hitler animou-se e mandou Forster anotar a observação para seu ministro do Exterior. Continuaram discutindo os detalhes da crise. A certa altura, Hitler levantou-se da cadeira e sugeriu que saíssem para um passeio. Deixando o imponente prédio de pedra, caminharam pelo cume escarpado para observar os picos elevados que mesmo no verão ainda estavam embranquecidos pela neve. Hitler parou para apreciar a vista. "Fico tão feliz quando estou aqui", ele disse. "Tive problemas suficientes. Preciso do meu repouso."

"Você está expressando os sentimentos do mundo inteiro", Burckhardt observou, para depois salientar o papel singular de Hitler no mundo. "Você, mais do que ninguém, tem a chance de dar ao mundo a paz e o sossego de que precisa."

Enquanto caminhavam, Hitler foi ficando pensativo. Discorreu sobre a natureza singular do povo alemão. Um verdadeiro Estado-nação — *Volksstaat* — unificado pelo sangue e pelo solo, ele disse. O que tornava os alemães diferentes, digamos, dos britânicos, que controlavam um império formado de diferentes raças, uma reunião híbrida de povos. Burckhardt respondeu que todos os povos eram essencialmente iguais, que a natureza humana era universal, unida por um desejo comum pela paz. "*Paix, Pax, Pacts*", ele informou a Hitler. "Todas essas palavras têm a mesma raiz." Lembrou a Hitler que a palavra alemã para "paz", *Friede*, derivava da mesma raiz linguística de "felicidade", *Freude*.

Hitler deixou passar o comentário e retornou ao seu orgulho ferido, aos insultos que havia engolido, à sua determinação de proteger os interesses alemães na Polônia a qualquer preço. Seu humor voltou a anuviar-se. "Não estou blefando", contou a Burckhardt. "Se ainda que o mais leve incidente ocorrer em Danzig ou algo acontecer às nossas minorias, contra-atacarei com vigor."

Sob qualquer aspecto, aquele penhasco isolado nos Alpes bávaros, 1500 metros acima do nível do mar, com um impressionante panorama de picos cobertos de neve, constituía um local incomum para um alto-comissário da Liga das Nações encontrar um chefe de Estado a fim de discutir a atenuação das tensões na cidade portuária báltica, bem como evitar "o fim da civilização". Mas era o tipo de teatralidade preferida por Hitler para realçar seu lugar na política e no mundo, semelhante ao poder transmitido pelo Coliseu aos antigos romanos, pelas famosas cúpulas do Kremlin aos governantes da Rússia, quer tsarista, quer comunista, ou pelas galerias com espelhos de Versalhes, usadas pelos franceses para impressionar seus aliados, intimidar os oponentes potenciais e, em 1919, humilhar os alemães.

Em Berlim, Hitler havia construído espaços representativos, como a Nova Chancelaria do Reich, e tinha planos de espaços ainda mais grandiosos, mas escolheu aquela montanha nos Alpes bávaros para conceber e engendrar muitos de seus atos mais importantes de governo. Foi em Berghof, a meia altura do despenhadeiro sob Kehlsteinhaus, que ele discutira com o cardeal Faulhaber sobre questões do espírito, intimidara o chanceler austríaco Kurt Schussnig para que apoiasse a anexação da Áustria pela Alemanha, convencera Neville Chamberlain a aceitar o desmembramento da Tchecoslováquia e agora orquestrava a inquietação étnica que serviria de prelúdio à invasão da Polônia. Erguia-se com o convidado diante da enorme janela panorâmica, com vista para o Untersberg, como que para dizer: Eis o meu domínio, eis o meu poder. Quando o tempo permitia, a janela podia ser levantada, proporcionando uma visão desimpedida do imponente paredão de pedra. Ele dizia ter projetado todo o Berghof com essa vista em mente.

Hitler buscava tanto refúgio como inspiração no mundo natural. Desde aquela manhã na primavera de 1923 em que, do terraço da Pensão Moritz, olhara através do vale a montanha nevada, o Untersberg exercera um poder magnético sobre ele. "Uma vista do Untersberg, indescritível!", Hitler recordou. "O Obersalzberg se tornou algo magnífico para mim. Apaixonei-me completamente por aquela paisagem."

Quando Helene Bechstein ofereceu uma propriedade em outra parte, mais ensolarada, do Obersalzberg, Hitler recusou sua oferta generosa. Preferia a vista do Untersberg. Ele acabaria dando à invasão da União Soviética, o maior ataque terrestre da história, o código "Operação Barbarossa" em homenagem ao imperador alemão medieval cujo espírito se acreditava residir no Untersberg. A própria geografia de seu gabinete no segundo andar atestava a centralidade daquela montanha em sua vida. Sentado à sua escrivaninha no centro da sala orlada de livros, com suas poltronas bem estofadas e lâmpadas de latão, Hitler olhava por um par de portas-balcão, ladeadas por retratos a óleo dos pais, a vista do Untersberg e das montanhas ondulantes da Áustria adiante, uma linha de visão que a um relance representava uma fusão pessoal de "sangue e solo", sua genealogia pessoal ligada ao seu solo natal. "Sim, tenho uma ligação íntima com essas montanhas", Hitler certa vez observou. "Muita coisa aconteceu ali, chegou e passou. Foram as épocas mais maravilhosas da minha vida." Ele era particularmente ligado à casa original em torno da qual construiu Berghof. "Todos os meus grandes planos foram concebidos aqui", afirmou.

Os sobreviventes do pessoal de Berghof — Anni Wilkins, a governanta de Hitler na velha Haus Wachenfels antes de sua conversão no Berghof; Herbert Döring, administrador da propriedade de Berghof; Gretl Mittlstrasser, que cuidou de Berghof depois da partida da irmã de Hitler — contaram numerosas histórias das "divagações" privadas de Hitler na propriedade: depois da partida dos convidados e seus acompanhantes; quando andava em círculos durante uma hora no jardim, cabeça baixa, braços cruzados nas costas; nas vigílias às altas horas da noite na varanda de Berghof, observando o Untersberg banhado pelo luar; quando deixava a

O livro de visitas de Berghof, criado por Frieda Thiersch, contendo assinaturas de muitos dignitários visitantes. Foi levado ao final da guerra por um oficial francês.

melodia etérea do *Lohengrin* de Wagner encher seu gabinete enquanto observava os picos denteados através da névoa circundante. Eles descreveram simetrias de humor e energia entre Hitler e aquela montanha. Com seus trechos de prados verdes, seus penhascos impressionantes e um manto de neve que cobria seu cume grande parte do ano, o Untersberg podia ser sinistro e ameaçador numa ocasião, como na tarde da visita de Schussnig, e enganosamente reconfortante e tranquilizador em outra, como quando o cardeal Faulhaber observou a elevação da cobertura de nuvens, lembrou-se da tempestade que caiu sobre o Líbano e — *Dominus benedicet populo suo in pace* — o Senhor parece que abençoou o mundo com a paz.

Em agosto de 1939, o Untersberg esteve no centro de um drama natural que refletiu o ânimo político agourento daquelas semanas, quando o céu noturno ao longo do horizonte ao norte foi iluminado por uma aurora boreal particularmente intensa — como a imprensa alardeou — que banhou a montanha escarpada de um matiz turquesa que aos poucos se transformou num violeta intenso que virou um brilho vermelho "de uma beleza estranha". "De início pensamos que se tratasse de um grande incêndio em uma das cidades ao norte de Untersberg", recordou Nicolaus von Below, que observou o espetáculo com Hitler no terraço de Berghof, "até que a luz vermelha engoliu todo o céu ao norte e ficou evidente que aquela era uma exibição anormalmente intensa da aurora boreal, um fenômeno natural que raras vezes ocorria no sul da Alemanha." Impressionado com aquela

Hitler sentado à janela de seu refúgio alpino no Obersalzberg. Ele certa vez disse que seus "grandes planos" foram concebidos lá.

cena sinistra, o ajudante de Hitler sugeriu que talvez fosse sinal de uma guerra sangrenta que estava para acontecer. "Se tiver que ser, que seja o mais rápido possível", Hitler respondeu. Quanto mais as guerras duravam, ele disse, mais sangrentas se tornavam. Àquela altura, a "Lei do mundo", de Maximilian Riedel, vinha aguardando Hitler em seu apartamento em Munique havia quase três semanas.

Foi um lance tático astuto de Riedel confiar seu original a Anni Winter. Em agosto de 1939 a maioria das centenas de livros enviados a Hitler era interceptada por Albert Bormann, que administrava o escritório de Hitler na Chancelaria do Reich em Berlim, ou por Martin, seu irmão mais velho, que supervisionava os negócios de Hitler em Obersalzberg. Manipuladores, egoístas, traficantes de influência e divididos pela rivalidade, os irmãos Bormann filtravam as consultas, pedidos, reclamações, nomeações e presentes, exceto os mais importantes, da vida de Hitler. Somente livros de companheiros próximos chegavam às mãos de Hitler. As chances de ver um original datilografado de um admirador distante eram diminutas. Assim, Anni Winter se mostrou uma porta dos fundos conveniente a Hitler. Poucas pessoas tinham um acesso tão íntimo e próximo.

Winter residira no apartamento de Hitler em Munique por quase uma década. Durante a guerra, ela trancou os abrigos anti-aéreos do porão e informou aos moradores do prédio que, se dispusesse de quinze galões de gasolina, não hesitaria em tacar fogo no prédio com eles dentro. Não surpreende que seus vizinhos a achassem "vulgar" e "desagradável". Hitler apreciava sua ousadia, bem como a discrição. Quando a sobrinha de Hitler, Geli, se suicidou no apartamento em setembro de 1931, Winter chamou Hitler antes de dar um depoimento breve e conciso à polícia, e nunca voltou a discutir o caso. Ligada a Hitler pela tragédia, Winter se tornou parte da família. Hitler deixou-lhe uma pensão vitalícia em seu testamento manuscrito de maio de 1938, compromisso que confirmou sete anos depois em seu "testamento do *bunker*". Além de Eva Braun, Anni Winter foi a única outra beneficiária nominalmente mencionada.*

Não se sabe ao certo quando Winter entregou a Hitler a "Lei do mundo" de Riedel, mas sua agenda nos dias agitados de agosto de 1939 o levou diretamente a Berlim e de lá à Polônia, onde permaneceu durante a maior parte de setembro e grande parte de outubro. Retornou a Munique em 8 de novembro, quando compareceu à comemoração anual do Putsch da Cervejaria, e novamente em 11 de novembro, permanecendo lá por um breve período. O mais provável é que tenha visto o original de Riedel durante uma estada de dois dias naquele mesmo mês, de 25 a 26 de novembro, quando pernoitou em seu apartamento na rua Príncipe Regente.

A carta de encaminhamento de Riedel teria dito:

Meu Führer!
Baseado numa descoberta nova, consegui provar, com dados científicos incontestáveis, o conceito da trindade de Deus como uma lei natural. Um dos resultados dessa descoberta é, entre outras coisas, a relação ininterrupta entre os termos Verdade-Lei-Dever-Honra. Em essência, as origens de toda ciência, filosofia e religião. A impor-

---

* No início da década de 1950, Winter foi presa por tentar vender uma pasta repleta de documentos pessoais de Hitler, inclusive seu passaporte, seu porte de arma, várias aquarelas e fotografias de seus pais, por 100 mil marcos no mercado negro. Em sua defesa, alegou que Hitler dera aquilo para ela. O material está agora no arquivo estadual bávaro em Munique.

tância dessa descoberta me levou a pedir a frau Winter que lhe entregue pessoalmente o original anexo.

Heil, meu Führer!

À semelhança de *Corpo, espírito e razão viva*, de Carneades, com seus capítulos sobre a "Definição quantitativa e geométrica da realidade material", "Conhecimento químico, biológico e psicológico e ciência" e a "Definição dualista aristotélica e imaterial do espírito", Riedel parecia estar prometendo a Hitler visões do mundo espiritual baseadas no tipo de "prova científica" que Hans Günther havia fornecido para a compreensão da superioridade da raça ariana. Justamente o tipo de coisa de que Hitler gostava. Através de uma ampla pesquisa científica, Riedel havia concluído que, além dos cinco sentidos conhecidos, o ser humano possuía capacidades perceptivas adicionais que não haviam sido reconhecidas e que existiam num estado vestigial. Ao identificar e cultivar essas capacidades cognitivas inexploradas, uma pessoa seria capaz de acessar reservas de conhecimento e percepção, conectando-se com as forças mais profundas que moviam o mundo, aqueles "reservatórios" de conhecimentos descritos por Carl Ludwig Schleich e Ernst Schertel. Em respaldo à sua tese, Riedel forneceu definições e descrições, listas detalhadas que mapeavam diferentes pontos de contato entre os mundos físico e espiritual, e um encarte de duas páginas com um diagrama ilustrativo de sua teoria com uma série de esferas entrecruzadas interligadas por uma teia de linhas — alma, espaço, realidade, presente, passado, possibilidade, transformação, cultura, vida após a morte, humanidade, infinito — e incluindo uma série de progressões aristotélicas: sólido-líquido--gasoso; ódio-amor-devoção; fato-conhecimento-sabedoria.

Nesse tratado copioso, Riedel estabelece a base de sua "nova religião", substituindo a "trindade" do Pai, Filho e Espírito Santo por uma nova unidade tripartite: *Körper, Geist, und Seele* —

corpo, mente e alma. Ele argumenta que os cinco sentidos tradicionais — visão, audição, gustação, olfato e tato — se referem apenas aos sentidos físicos, permitindo interagir com o mundo material, mas nos cegando para a dinâmica mais profunda subjacente à nossa relação com outros seres humanos e com as forças mais profundas do universo, uma posição que o próprio Hitler defendia. "Iremos, na melhor das hipóteses, aprender sobre as leis que determinam a natureza da vida, ou no mínimo aplicar esse conhecimento para pôr as leis da natureza a nosso serviço, mas por que essas leis têm seu poder jamais saberemos", Hitler certa vez observou. "Nossa posição no mundo não nos permite olhar para outros níveis. Daí o ser humano ter inventado o maravilhoso conceito do todo-poderoso cujos poderes reverencia."

A julgar pelas intromissões a lápis em "Lei do mundo", Hitler ficou particularmente empolgado com o capítulo em que Riedel

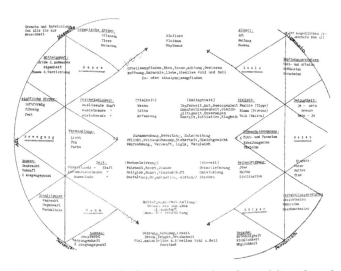

Ligações entre os mundos físico e espiritual conforme delineadas pela "Lei do mundo", de Max Riedel.

discute as sete faculdades perceptivas adicionais do ser humano, identificadas como as que transcendem a percepção superficial do mundo e envolvem o conhecimento universal mais profundo. À página 43, Hitler realça a passagem que confirma o que já encontrara em suas leituras de Schleich e Schertel: "O corpo, mente e alma não pertencem ao indivíduo, mas ao universo". Cultivando as nossas percepções emocionais, a nossa "sensação" emocional dos outros, a nossa "sensação" de pertencer a uma raça, a nossa "sensação" de natureza, podemos desenvolver uma inteligência emocional cognitiva que transcende a pura lógica objetiva que determina a tomada de decisões da maioria das pessoas. Afirmando a tese de Riedel, Hitler marca uma passagem à página 45: "O intelecto humano, portanto, nunca é um primeiro motor, mas o resultado da interação entre corpo e alma"; e outra à página 47, em que Riedel aborda o valor cognitivo limitado da dependência dos cinco sentidos humanos reconhecidos e a noção equivocada resultante de "objetividade": "O problema de ser objetivo é que usamos critérios objetivos como base da compreensão humana em geral", Riedel escreve e Hitler confirma, "o que significa que os critérios objetivos, ou seja, os critérios racionais acabam servindo de base para todos as iniciativas humanas, percepções e tomada de decisões". Ao cultivar e empregar os sete sentidos adicionais identificados por Riedel, uma pessoa é capaz de explorar as forças mais profundas do mundo, conseguindo assim alcançar aquela unidade de corpo, mente e alma.

Nessas passagens marcadas, encontramos ecos de frases e parágrafos igualmente realçados nos exemplares de Hitler dos livros de Schleich e Schertel. Num ensaio de Schleich sobre "gênio e talento", de *A sabedoria da alegria*, Hitler marcara muitas passagens relacionadas a indivíduos de talento excepcional, sublinhando uma frase sobre o gênio como "criação singular"; marcando com dois traços um trecho em que Schleich descreve o gênio como "a materialização do divino" que é "incompreensível" e "irreconhecível" pelo homem comum; realçando um parágrafo que explora a relação entre gênio e política, no qual Hitler sublinha uma frase; e de novo marcando com dois traços passagens nas páginas 26 e 27, em que Schleich discorre sobre a relação entre política e gênio e o fato de o "gênio pertencer a toda a humanidade".

Podemos seguir o lápis de Hitler sublinhando as divagações edificantes de Schleich sobre o gênio até o "compêndio" de Schertel sobre o ocultismo, em que Hitler volta a marcar uma passagem de Schleich que associa o biológico e espiritual ao político:

> Tudo o que pertence à mente e ao espírito, seja certo ou errado, infecta como um bacilo, transcendendo visceralmente o ritmo dos pensamentos; daí ideias terem conquistado tamanho poder sobre as massas. As ideias são infecciosas e aquelas que emergem do indivíduo como observações irrefutáveis, como concentração do espírito, podem levar a interpretações explosivas como dinamite, que podem ser liberadas como uma avalanche iniciada pelas pisadas de uma ave sobre flocos de neve compactos.

Hitler faz uma linha grossa ao lado dessa passagem à página 69 do livro *Magia* de Schertel, depois segue as reflexões de Schertel sobre as observações de Schleich. Schertel observa, com o lápis de Hitler acompanhando, que as grandes culturas do passado seriam impensáveis sem as ideias grandiosas criadas pela vontade de indivíduos de "poder imaginativo", que não foram "escravos" de realidades empíricas, capazes de imaginar um mundo e depois concretizá-lo pela força de sua personalidade. Schertel descreve esse gênio criativo como "verdadeiramente ectrópico", uma força energizante dotada de propriedades demoníacas, capaz de traçar o rumo do mundo.

À semelhança de Riedel, Schertel enfatiza os limites do pensamento racional e preconiza uma percepção mais profunda do mundo que permita ao indivíduo sentir seu "destino predeterminado" e, assim, ajudar a traçar o rumo dos eventos. "Todo homem de gênio tem esse poder e todas as nações cuja história não 'seguiu simplesmente seu rumo' também tiveram", Schertel escreve, seguido pelo lápis de Hitler, ao delinear sua ideia das forças "demoníacas" inerentes ao "ectropismo".

Em contraste com Riedel, Schertel postula a ideia do "tipo humano europeu" moderno que se "calcificou" pelo pensamento racional, que se entregou à "forma impensada de pensar", a uma forma vazia de racionalismo europeu. "Sempre se disse que o europeu tem um 'senso de realidade', 'senso dos fatos' etc. particularmente bem desenvolvido", Schertel escreve. "Mas um exame mais próximo revela que ele vê a 'realidade' e os 'fatos' de modo superficial, e o que tem nas mãos são imagens vazias. Todo o materialismo e o racionalismo de nossa época estão em completa contradição com o senso mais profundo de realidade e dos fatos." Junto a essa passagem, e nos parágrafos subsequentes, Hitler traçou uma série de linhas densas e prolongadas.

Schertel escreve sobre um europeu "apaziguado" e "castrado", que perdeu a vontade de decidir o rumo dos eventos, e sobre a necessidade do "ectrópico", poderes "além do bem e do mal" capazes de romper as limitações impostas pela sociedade moderna e dar à luz um mundo novo, contra o qual a sociedade não consegue resistir. Schertel admite que tais forças são muitas vezes percebidas como "antagônicas", até "malévolas", mas que de fato criam seus próprios sistemas de normas. Com a dinâmica "ectrópica" não existe algo como "real" ou "irreal", "verdadeiro" ou "falso", "certo" ou "errado". Só quando essa força completamente irracional, amoral e impessoal nos tiver consumido poderemos perceber tais valores.

Aqui vislumbramos ao menos uma parte da essência de Hitler. Era menos uma destilação das filosofias de Schopenhauer ou Nietzsche do que uma teoria de segunda classe, uma colcha de retalhos reunindo ensinamentos de brochuras baratas, tendenciosas e de edições esotéricas encadernadas, fornecendo uma justificativa para uma hipocrisia pobre, calculista e intimidadora.

Foi o homem "ectrópico" de Schertel, não o gênio da vontade de Schopenhauer ou mesmo o "homem novo" de Nietzsche nascido além do bem e do mal, que saudou Carl Burckhardt, que parecia dotado da capacidade de "anunciar o fim da civilização", naquele penhasco elevado sobre o Obersalzberg, no início de agosto de 1939, e foi esse mesmo homem "ectrópico" quem se ergueu duas semanas depois no grande salão de Berghof, emoldurado pela imponente encosta do Untersberg, e informou seus generais da decisão de travar a guerra. Na manhã de terça-feira, 22 de agosto de 1939, Hitler reuniu seu estado-maior, cinquenta homens em duas filas de cadeiras, no grande salão e informou-os que chegara a hora da invasão da Polônia. Antes de detalhar os planos da operação militar, deixou claro que o resultado da guerra iminente seria em última análise determinado não pelo equipamento militar ou por estratégias cuidadosamente planejadas, mas pela força da personalidade. Com uma visão calculista do cenário político da época, Hitler enumerou as características das personalidades a serem levadas em conta no conflito próximo. Mussolini era uma força com quem podiam contar, podendo ser considerado um aliado. Na Espanha, Franco travava sua própria guerra e permaneceria neutro. "No outro lado, um quadro negativo, no tocante a personalidades decisivas", Hitler disse. "Não existe nenhuma personalidade excepcional na Inglaterra ou na França." Ele negociara com ingleses e franceses. Sabia que não eram páreos para ele. "Nossos inimigos dispõem de homens que estão abaixo da média", Hitler declarou. "Nenhuma personalidade, nenhum líder, nenhum homem de ação." O próprio Hitler era a força ágil e habilidosa, o homem que, por sua própria vontade e personalidade, determinaria o desenrolar dos eventos. "Em essência, tudo depende de mim, de minha existência, devido à minha atividade política", Hitler declarou. "Além disso, provavelmente ninguém jamais voltará a contar com a confiança de todo o povo alemão como eu. É bem possível que nunca mais um homem tenha tanta autoridade. Minha existência é, portanto, um fator de grande importância."

Hitler então forneceu instruções explícitas e detalhadas sobre a estratégia, táticas e data da invasão. Ao falar, invocou palavras que havia lido no *Despertar* de Anton Drexler no outono de 1919 e repetido com frequência nas décadas seguintes. Os generais e outros oficiais ouviram obedientemente. Hitler dera instruções de que nada deveria ser anotado, mas Franz Halder, o chefe do estado-maior do exército alemão, ignorou a ordem e registrou os trabalhos, como de hábito em todas as reuniões militares. Halder era um homem atarracado, sério, taciturno, com olhos azuis duros. Detestava Hitler e assumira seu posto no ano anterior, segundo ele para impedir que o ditador causasse "ainda mais danos". Agora se via fazendo anotações como nenhuma outra do passado:

Objetivo: Extermínio da Polônia — Eliminação de sua existência viva. Não se trata de obter uma linha específica ou uma fronteira nova, e sim do extermínio do inimigo, que deve ser buscado por meios sempre novos e repetidos.

Desculpa para o ataque: qualquer razão servirá. O vitorioso nunca é questionado sobre a justificativa de suas razões. Nada a ver com uma boa causa. Somente a vitória importa.

Para um general como Halder — de uma linhagem orgulhosa de trezentos anos de tradição militar, que treinara sob o comando do próprio pai no Terceiro Regimento Real Bávaro de Artilharia de Campanha e servira com distinção na Primeira Guerra Mundial, ganhando uma Cruz de Ferro de Primeira Classe nos primeiros meses de luta — estava claro, assim como para o estado-maior reunido, que aquela seria uma guerra sem precedente, um conflito armado como o mundo nunca vira, conduzido por um homem que parecia não ter nenhum respeito pela convenção militar, nem política, nem estratégica, nem tática, nem ética e com certeza nem racionalmente.

LIVRO 7
Leituras da linha de frente, 1940

O fato de que Guilherme II tolerava ouvir a verdade, e também a valorizava, fica evidente numa declaração que fez no leito de morte sobre seu antigo ajudante geral, o marechal de campo Wilhelm von Hahnke, em 8 de fevereiro de 1912. "O único homem que sempre me contou a verdade."
Schlieffen: Um estudo de sua vida e caráter para o povo alemão,
de Hugo Rochs, 1921

Esse volume fino de 92 páginas, do médico pessoal de Alfred Graf von Schlieffen, evidentemente pretendia impressionar, com sua solene dignidade teutônica. O nome "Schlieffen" está impresso em fonte Fraktur carmesim negrito, sobre um campo âmbar de linho texturizado, com o nome do autor e o subtítulo impressos, também em Fraktur, em verde-floresta vivo. Publicado em 1921, *Schlieffen* é um "estudo de caráter" do lendário conde prussiano conhecido pela sabedoria humana tanto quanto pela genialidade estratégica. Quando instado a bombardear Paris durante a Guerra

Franco-Prussiana, Schlieffen se recusou a submeter civis a um sofrimento desnecessário para fins militares.

Schlieffen também alertou os alemães contra uma guerra em duas frentes, e foi um defensor da retirada estratégica: às vezes era necessário sacrificar temporariamente uma província para salvar um país. Sobretudo foi autor do "Plano Schlieffen", que permitiu a invasão da França por meio da eficientíssima manobra de flanqueamento impressionante através dos Países Baixos, o modelo para os grandes avanços iniciais da Alemanha em 1914, um ano após sua morte, e de novo, de forma modificada, em 1939, com mais eficácia ainda.

Exemplar de Hitler de Schlieffen, *de Hugo Rochs.*

Além de fornecer uma breve biografia de seu ex-paciente, Hugo Rochs pretendia que seu livro servisse como "estudo do caráter do povo alemão", apresentando o conde imponente, de monóculo, como a corporificação das virtudes prussianas: diligência, modéstia, humanidade. Rochs recorda que Schlieffen, após sua vitória em Königgrätz, fez uma mesura para os generais austríacos que se renderam, em reconhecimento de uma batalha bem travada. Seu principal aforismo era: "Seja mais do que parece, tenha sucesso, vanglorie-se pouco". Como que enfatizando esse ponto, Rochs omite o título de nobreza do conde Schlieffen na capa e no texto do livro.

Temos de admitir que *Schlieffen* é uma hagiografia, mas com intenções nobres: um "perfil de personalidade" visando infundir orgulho, inspirar e instruir, lembrar os leitores alemães da humanidade e dignidade essenciais no cerne das tradições militares prussianas. Parece portanto desconcertante abrir esse volume fino de militarismo moderado e encontrar a seguinte dedicatória escrevinhada na contracapa:

Meinem Führer gewidmet
Motto: "so-oder-so"
Sieg Heil, Kannenberg, 19.5.1940

Tudo na dedicatória de Artur "Willy" Kannenberg desagrada. A letra grosseira e irregular, o vermelho brilhante do lápis litográfico, a brutalidade implícita no lema *so-oder-so* ("de uma forma ou de outra") — a despeito dos meios, dos custos ou das consequências — e em especial a saudação final ideologicamente carregada "Sieg Heil", aquela saudação emblemática do movimento nazista, de tom militar mas com intenções políticas.

A maioria das dedicatórias nos livros de Hitler reflete uma mão experiente e pretende expressar a admiração, até reverência, que transmitem em forma e conteúdo. Leni Riefenstahl expressa "profunda admiração" numa letra tão feminina e sedutora quanto a sua pessoa. Heinrich Himmler afirma sua "obediência leal" em letra cuidadosa e experiente. Hermann Goering oferece uma biografia de si "ao meu Führer" com "lealdade e admiração".

Em contraste, a dedicatória de Kannenberg é descontraída, jocosa, levemente pretensiosa. O lema não pertence a ele, mas a Hitler, uma expressão típica que costumava invocar para exprimir sua obstinação de propósito. Quer na política ou nos assuntos pessoais, através de bondade e generosidade ou de logro, suborno e brutalidade, tudo era válido para alcançar os objetivos: *so-oder-so*. Outro adágio de que Hitler gostava: "*wenn schon, denn schon*". Se fizer algo, faça sem hesitação ou consideração, plena, vigorosa e implacavelmente.

Kannenberg cita Hitler para Hitler com a mesma segurança despreocupada, a mesma intimidade fácil, com que escreve o próprio nome: simplesmente "Kannenberg". E quando Kannenberg escreve "meu Führer", quer dizer isso mesmo, no sentido mais pessoal da palavra: seu amigo, o Führer.

Kannenberg não pertencia ao grupo de lugares-tenentes e confidentes como Goebbels, Goering, Bormann, Speer e Himmler, ou à meia dúzia de outros colegas próximos cuja companhia e conselhos informais Hitler cultivava. Pertencia, em vez disso, ao círculo íntimo que conhecia Hitler como "*der Chef*", ou "o chefe": seus criados pessoais e auxiliares, como Otto Günsche, Julius Schaub, Heinz Linge e Hans Junge; seu quarteto de secretárias, Johanna Wolf, Gerda Daranowski, Christa Schröder e Traudl Junge; seu piloto particular, Hans Baur; e seu motorista, Erich Kempka.

Essas são as figuras vistosas que povoam a periferia das fotos da época, anônimos e insignificantes para a história, mas indivíduos que Hitler considerava da "família", sobre cuja vida pessoal constantemente indagava e na qual de vez em quando interferia. Ele insistiu que seu administrador de Berghof, Herbert Döring, casasse com uma empregada que engravidara. Insistiu que Traudl Humps casasse com Hans Junge, e foi o padrinho do casamento de Erich Kempka. Tratava-os como família, mas era capaz de demiti-los no ato. Em meio a esse círculo fechado, incestuoso e nauseante, Kannenberg era único.

Como *Hausintendant* da Chancelaria do Reich, o diretor dos assuntos sociais de Hitler, Kannenberg estava incumbido de organizar eventos de gala para visitas oficiais e recepções artísticas, mas seu campo de ação era mais amplo. Em 1936, quando Hitler expulsou sua meia-irmã, Angela Raubal, como governanta e anfitriã residente em Berghof, trouxe regularmente Kannenberg e a esposa para preparar a residência alpina para as visitas de dignitários. No Natal, Hitler mandou Kannenberg percorrer as melhores lojas de Berlim em busca de presentes, que este então exibiu, para serem examinados, na mesa da sala de jantar do apartamento de Hitler na Chancelaria do Reich.

Kannenberg era um homem corpulento, pescoço grosso, rubicundo, de meia-idade, dotado de uma arrogância ocasional, modos insinuantes e afáveis e um raciocínio rápido. Sua mulher, uma beldade coquete, de cabelos escuros, mantinha uma floricultura no elegante hotel Adlon de Berlim. Hitler conheceu Kannenberg no princípio da década de 1930, na Cabana do Pai Tomás, um pequeno restaurante que Kannenberg dirigia, perto da estação ferroviária Anhalter de Berlim, frequentado por Goering e Goebbels. Hitler ficou tão encantado com a culinária vegetariana e o estilo sociável de Kannenberg que o contratou para ajudar a administrar a sede do Partido Nazista em Munique e, após a tomada do poder, instalou-o em Berlim para organizar as grandes recepções e jantares oficiais. A atenção de Kannenberg aos detalhes era famosa. Certa vez, despachou um avião a Dresden para trazer um simples ganso, e combinava os arranjos de flores, fornecidas pela esposa, com as obras de arte nas paredes. Dotado de uma confiança natural, sentia-se tão à vontade de *smoking* como de avental. Sabia também como entreter um salão. Costumava interromper Hitler com uma brincadeira ou comentário, fazer um público rir com uma piada ou encher uma sala de alegria com suas canções.

"Kannenberg, além de excelente mestre-cuca, também era um ótimo *showman* literalmente abençoado com aquele senso de humor berlinense", Christa Schröder certa vez recordou. "Ele encantava o público com suas rodadas de canções populares e palhaçadas, muitas vezes acompanhadas ao acordeão." Schröder o comparou a um bobo da corte dotado da "liberdade do tolo" — *Narrenfreiheit* — na presença de Hitler. "Noite com o Führer no jantar", Goebbels certa vez escreveu no seu diário. "Discutimos questões político-militares. Kannenberg conta suas histórias da guerra. São bem estranhas." Mas Hitler apreciava o estilo de Kannenberg, e também confiava implicitamente no seu bom senso. Quando Kannenberg se queixou de um dos auxiliares de Hitler, o homem foi demitido no ato. Quando o principal auxiliar de Hitler, Wilhelm Brückner, protestou, insistindo que as queixas de Kannenberg não se justificavam, Hitler despediu Brückner, apesar de mais de uma década de serviço fiel.

Kannenberg talvez fosse arrogante, tagarela, calculista e implacável, mas jamais imprudente. Sabia quando interromper e roubar o espetáculo de Hitler, mas também quando devia agradar. Desse modo, quando escreveu a dedicatória "ao meu Führer" na biografia de Schlieffen e citou Hitler para ele mesmo, espertamente repetiu o "lema" *deles*, dessa feita em lápis litográfico azul, com a mesma letra grosseira, na última página do livro, após sublinhar a frase de encerramento de Rochs: "Encontrarás teu caminho de novo, povo alemão, e um grande homem do domínio dos gênios tornar-se-á de novo teu líder — das trevas à luz — e tudo acabará bem". A forma de Kannenberg de transmitir a Hitler que estava plenamente cônscio de seu lugar na vida de Hitler e do lugar dele no mundo.

Em sua pesquisa da biblioteca privada de Hitler, Frederick Oechsner informou que quase metade da coleção do líder nazista, "cerca de 7 mil volumes", era dedicada a questões militares. De acordo com Oechsner, Hitler tinha livros sobre as "campanhas de Napoleão, os reis prussianos, a vida de todos os potentados alemães e prussianos que chegaram a desempenhar um papel militar e livros sobre praticamente todas as campanhas militares famosas da história registrada". Oechsner observa que os livros sobre as campanhas napoleônicas "estão cheios de marcações nas margens com sua própria letra" e que uma coleção de "quatrocentos livros, folhetos e monografias sobre as forças armadas dos Estados Unidos" que Hitler ganhou do general Werner von Blomberg também parece ter sido estudada. Especificamente, Oechsner menciona a presença do relato de Theodore Roosevelt da Guerra Hispano-Americana e um livro do general Friedrich Wilhelm von Steuben sobre suas experiências no treinamento de tropas de George Washington durante a Revolução Americana. "Existem obras exaustivas sobre uniformes, armas, suprimento, mobilização, o fortalecimento de exércitos em tempos de paz, moral e balística", Oechsner diz. "Na verdade, talvez não haja uma única fase do conhecimento militar, antigo ou moderno, que não seja abordada nesses 7 mil volumes, e obviamente Hitler leu muitos deles do início ao fim."

Segundo relatos do próprio Hitler, seu interesse por questões militares remonta à juventude, quando topou com um exemplar da história ilustrada, em dois volumes, de Heinrich Gerling da Guerra Franco-Prussiana, como explica à página 7 de *Mein Kampf*:

> Revolvendo a biblioteca paterna, deparei com diversos livros sobre assuntos militares, entre os quais uma edição popular da guerra franco-alemã de 1870-1. Eram dois volumes de uma revista ilustrada daquele tempo. Tornaram-se a minha leitura favorita. Não tardou para que a grande luta de heróis se transformasse para mim em um acontecimento da mais alta significação. Daí em diante eu me entusiasmava cada vez mais por tudo que, de um modo ou de outro, se relacionasse com guerra ou com a vida militar.

Hermann Esser, uma das primeiras pessoas recrutadas por Dietrich Eckart para a causa nazista, recordou que, durante a década de 1920, as compras de livros de Hitler mudaram, especialmente após sua soltura da penitenciária Landsberg. "Naqueles anos Hitler gastou mais dinheiro do que antes para adquirir livros sobre a história militar [...] não apenas da história prussiana, mas em particular a história militar austríaca e francesa", Esser recordou. "Ele comprava quase tudo que houvesse disponível em

Munique, tudo de que ouvia falar ou com que topava nas livrarias por onde passava nos passeios ocasionais ou nas idas ao Café Heck." Naqueles anos antes que o Partido Nazista criasse sua sede na rua Schelling, em Schwabing, o bairro de estudantes em Munique, Hitler raramente visitava as inúmeras livrarias perto da universidade, preferindo olhar os sebos perto do Café Heck. Hitler tinha uma paixão especial, Esser recordou, por "almanaques" anuais de equipamentos militares. "Comprou de todos os anos", Esser observou. "Depois, para comparar, adquiriu os ingleses, depois os franceses e russos."

Exemplar bem manuseado de Hitler do manual de Heigl de 1935 sobre tanques. Sua biblioteca tem muitos manuais sobre veículos militares, navios de guerra e aeronaves.

Atualmente a biblioteca de Hitler preserva essa sua paixão específica em quase uma dúzia de "almanaques" sobre navios de guerra, bem como aeronaves e viaturas blindadas — vários publicados por Julius Lehmann. Alguns datam daqueles anos iniciais, como uma edição de 1920 de *A conquista do ar: Um manual do transporte aéreo e técnicas de voo*, com uma introdução do conde Ferdinand von Zeppelin; outros são aquisições mais tardias, como o exemplar de 1935 do *Manual dos tanques de Heigl*, que fornece uma análise detalhada das "origens" dos carros blindados, bem como um "guia de identificação"; diversos livros sobre navios de guerra, inclusive um compêndio de 1935, *As marinhas do mundo e seu poder de combate*, com introdução do almirante reformado Walter Gladisch; e uma edição de 1940 do *Manual de frotas de guerra de Weyer*, escrito por Alexander Bredt. Este último volume foi bem manuseado.

O volume militar mais antigo remanescente de Hitler é um apelo ao nacionalismo militante de 111 páginas, escrito pelo antigo patriota alemão Ernst Moritz Arndt e publicado em 1815, intitulado *Catecismo para o guerreiro e defensor teutônico, onde se ensina como ser um guerreiro cristão e como entrar em combate em companhia de Deus*, com uma dedicatória pessoal a Hitler da bisneta de Arndt. Existe também uma história muito manuseada de 1902 das fortificações de Estrasburgo, "da reconstrução da cidade após as grandes migrações até o ano 1681".

A biblioteca de Hitler também abriga algumas biografias, incluindo um perfil de 1921 de Júlio César por Matthias Gelzer, cerca de uma dúzia de livros sobre Frederico, o Grande, e as histórias de dois heróis militares prussianos da era napoleônica, Karl von Stein e Friedrich Wilhelm von Bülow, mas nenhum livro sobre Napoleão ou suas campanhas. Uma coletânea de ensaios de Karl von Clausewitz, *Guerra e Estado*, cujo subtítulo é *Filosofia da guerra e escritos políticos*, numa edição de 1936, traz uma dedicatória do editor a Hitler, mas parece nunca ter sido folheada. No livro sobre Helmuth von Moltke (o Velho), as páginas estão intactas. Da mesma forma, um livro de Karl Justrow sobre Alfred von Schlieffen, *O marechal de campo e as técnicas de guerra: Estudos sobre os planos operacionais do conde Von Schlieffen e lições para nosso rearmamento e defesa nacional*, publicado em 1933, também não mostra sinal de leitura. Porém, outro livro sobre o lendário general prussiano, aquele que Hitler ganhou de Kannenberg, além de ter sido lido, traz numerosas marcações nas margens.

Nas primeiras horas da madrugada de sexta-feira, 10 de maio, Hitler viajou até o Felsennest — o "ninho do rochedo" —, um posto de comando de madeira no alto do morro nas profundezas das florestas do Eifel, 32 quilômetros a sudoeste de Bonn e a menos de vinte quilômetros da fronteira belga. Chegou lá após uma viagem noturna de trem intencionalmente diversionária: o trem partiu de Berlim para o norte rumo a Hamburgo e, pouco antes da meia-noite, mudou de rumo para sudoeste, chegando à cidade de Euskirchen, perto da fronteira belga, às 4h25 da madrugada. Ali foi recebido por uma coluna de veículos militares, que então viajaram por meia hora até o Felsennest. O posto, um aglomerado de cabanas de madeira e casamatas subterrâneas, mais parecia uma colônia de férias do que um quartel-general militar. A "sala de comando de emergência" era uma estrutura de madeira de um andar com um telhado pontudo camuflado, um pequeno terraço com uma balaustrada de madeira e uma janela com persianas do comprimento da sala que podia ser aberta para deixar entrar a luz natural quando fazia bom tempo. Hitler foi alojado num *bunker* subterrâneo com um telhado verde e uma entrada inclinada, que se abria para fora como portas de adega.

Uma foto do quarto de Hitler mostra um espaço apertado e

espartano, equipado de um sofá-cama listrado e uma escrivaninha simples. Um aquecedor elétrico divide o espaço junto à parede com um banco de vime de quatro pés. Várias pilhas totalizando mais de trinta livros ocupam o espaço atrás do leito; duas pilhas arrumadas, uma com quatro volumes e outra com três, estão na frente. Uma grande lente de aumento repousa sobre a escrivaninha. O marechal de campo Wilhelm Keitel recordou que as paredes internas eram tão finas — *hellhörig* — que conseguia ouvir Hitler virando as páginas à noite.

Exatamente às 5h35 da madrugada do dia 10 a invasão começou. Reunindo sua comitiva diante de seu *bunker*, com pássaros chilreando nas árvores em volta, Hitler anunciou: "Cavalheiros, a ofensiva contra os aliados ocidentais começou agora". Nos nove dias seguintes, Hitler monitorou o progresso de sua operação mili-

Alojamento de Hitler perto da fronteira belga, com suas leituras noturnas. Num quarto adjacente, o marechal de campo Keitel conseguia, através das finas paredes, ouvir Hitler virar as páginas.

tar, muitas vezes ao ar livre, acompanhando um triunfo alemão após o outro.

No domingo, 19 de maio, chegaram "boas notícias" de todas as frentes. "Após a eliminação da resistência final na ilha de Walcheren, toda a Holanda, incluindo suas ilhas, está agora sob controle", registra o diário do Alto Comando Alemão. "No norte da Bélgica, nossas tropas, que já capturaram Antuérpia como foi informado, estão empurrando as tropas inimigas remanescentes, que continuam lutando, mais para oeste." A oeste de Antuérpia, as forças alemãs haviam cruzado o rio Schelde, tendo alcançado a margem leste do rio Dendre, a oeste de Bruxelas. As notícias do norte da França também eram encorajadoras. Os rios Oise e Sambre haviam sido transpostos. Le Cateau e Saint-Quentin estavam em mãos alemãs. Ao longo da Linha Maginot, um importante baluarte francês se rendera, a Posição 505, a noroeste de Montmédy. "O número de prisioneiros e armas capturadas continua aumentando", conclui o diário. "Até agora 110 mil capturadas, sem contar o exército holandês e numerosas peças de artilharia de calibre até 28." Kannenberg pontilhou o espírito daquele domingo com sua saudação triunfante: "*Sieg Heil!*".

Quando Kannenberg escreveu a dedicatória na biografia de Schlieffen, faltavam poucas semanas para Hitler ser aclamado pelo chefe do estado-maior da Wehrmacht, Wilhelm Keitel, como o "maior marechal de campo de todos os tempos". Em sete breves meses, Hitler havia desencadeado uma série de ataques-relâmpago contra a Polônia e a Escandinávia, e agora França, Bélgica e Holanda, arrebatando Luxemburgo no caminho. Suas vitórias espetaculares deixaram amigos e inimigos temendo o rolo compressor alemão e metade da Europa sob o domínio nazista.

À primeira vista, a dedicatória de domingo de Kannenberg pode ser vista como uma saudação à vitória alemã, um assentimento ao talento de seu chefe no campo de batalha, mas também pode ser indício de falsidade sutil, um sinal da tensão subjacente à euforia daquele fim de semana. Na sexta-feira, Hitler havia entrado em choque com Franz Halder após fazer algo que nunca havia feito: intervir numa decisão militar tática. Até então, o papel de Hitler nas operações do campo de batalha havia sido basicamente decorativo. Ele era onipresente no campo de batalha e ao olhar público, especialmente quando as câmeras dos cinejornais estavam em ação: reunido com seus generais, examinando mapas, inspecionando o campo de batalha, percorrendo as linhas de frente, conversando com soldados extenuados pela guerra, mas empolgados. Porém, quando se tratava de questões operacionais, os generais ignoravam seu envolvimento ou resistiam a ele.

No verão de 1938, Hitler discordara de Halder a respeito do plano de invasão da Tchecoslováquia. Em vez de um ataque coordenado sobre Praga, como Halder recomendara, Hitler propôs dividir o exército alemão para ataques simultâneos contra Praga e Pilsen. Halder argumentou que as forças alemãs não eram fortes o bastante para um ataque duplo. Como Hitler insistiu, Halder entregou-lhe os mapas e pediu que ele próprio fizesse as mudanças. Hitler retornou a Berlim, fez as emendas e entregou o plano revisado a Halder. Poucas semanas depois, Hitler indagou a Halder sobre as mudanças. Foi informado de que chegaram tarde demais para serem incorporadas ao plano. Hitler ficou furioso e convocou Halder e seu alto comando. Os homens discutiram o plano durante as horas seguintes. Halder não cedeu. Finalmente, quase às três da madrugada, Hitler perdeu a paciência. Ordenou a Halder que fizesse as mudanças. Com serenidade glacial, Halder despediu-se.

"O que ele quer?", Halder perguntou furioso a Keitel no corredor.

"Se você não descobriu", Keitel respondeu, "sinto pena de você."

O Acordo de Munique tornou a discordância irrelevante, mas quatro meses depois, quando Hitler anunciou a intenção de invadir a Polônia, Halder e sua equipe voltaram a resistir, reagindo à sugestão de Hitler com uma "falange de ferro" de ceticismo. Uma vez iniciadas as hostilidades na Polônia, Hitler quase nunca interveio. "Recordo apenas dois desses casos", Keitel mais tarde observou.

> Uma vez, quando Hitler ordenou reforços para o flanco norte, que estava atacando da Prússia Oriental, e uma segunda vez quando interveio nas operações do exército de Blaskowitz, porque estava muito preocupado. Normalmente, Hitler se limitava a trocar opiniões e dar sugestões em reuniões com o chefe do estado-maior, sem interferir nas ordens.

Quando Hitler tentava intervir, seus generais resistiam. Logo após a queda da Polônia, Hitler ordenou que Halder se voltasse para o oeste e invadisse a França. Halder se negou. Disse a Hitler que os soldados alemães estavam exaustos e que o equipamento necessitava de reparos. Disse também que o plano de invasão proposto por Hitler era "uma imitação sem imaginação" — *fantasieloser Abklatsch* — do Plano Schlieffen, cujas deficiências já haviam sido demonstradas durante a Primeira Guerra Mundial.

O estado-maior de Hitler respondeu com seu próprio plano revisado. A versão final acabou usando a rota de flanqueamento de Schlieffen pelos Países Baixos, mas com dois aperfeiçoamentos importantes: uma invasão da Holanda para impedir qualquer desembarque britânico e um avanço rumo à costa francesa em vez de Paris. No final do outono, a única questão não decidida era a data de execução, que foi deixada para Hitler. Ele adiou a invasão 58 vezes ao longo do inverno e da primavera, analisando os boletins do tempo — e, segundo alguns, os mapas astrológicos — diariamente, aguardando o momento perfeito.

O período ficou conhecido como *Sitzkrieg* — a guerra sentada. O estado-maior ficou desanimado com a indecisão de Hitler até a manhã da sexta-feira, 10 de maio, quando a máquina de guerra alemã foi posta novamente em movimento. "Minha operação está se desenrolando como um filme bem editado", Halder escreveu à esposa naquela segunda-feira. "Com a graça imerecida de Deus."

Inicialmente, Hitler se contentou em monitorar o andamento da batalha, posando para as fotos de publicidade de Heinrich Hoffmann e dedicando-se às leituras habituais a altas horas da noite. Mas, à medida que observava nos mapas os avanços alemães, foi ficando nervoso. Temeu que as divisões blindadas estivessem se dispersando demais. Halder, que fazia visitas diárias ao *front*, garantiu a Hitler que tudo corria bem. Os alemães vinham avançando firmemente, e os franceses precisariam de uma semana inteira para mobilizar um contra-ataque. Halder invocou o general Von Moltke, que durante a batalha decisiva de Königgrätz ficara sentado fumando calmamente um charuto enquanto a luta se desenrolava. Um bom plano de batalha não precisava de emendas.

Mas, uma semana após o início da campanha, Hitler entrou em pânico. Temendo um contra-ataque do sul, ordenou que a 12ª Divisão Blindada, que avançava rumo à cidade costeira de Dunquerque, interrompesse a ofensiva. A intervenção paralisou o Alto Comando Alemão. Naquela noite, pouco após as oito horas, Halder recebeu um telefonema com ordens explícitas de Hitler de manter o 16º Exército de prontidão. "[O general Walther von] Reichenau recebeu ordens de juntar-se à unidade militar com o 4º Exército via Mons", Halder anotou no seu diário na noite de 17 de maio. "Isso só é possível atacando. Agora ele não sabe o que fazer." Na manhã seguinte, a confusão se transformara em caos.

Com a bandeira alemã tremulando sobre a prefeitura de Antuérpia, os britânicos sistematicamente recuando da Bélgica para criar uma linha defensiva mais ao sul e os franceses ainda sem conseguir uma mobilização eficiente dos reservistas, Halder sabia que sua avaliação da situação fora correta e que os alemães precisavam continuar avançando a toda a velocidade. Cada hora era "preciosa". Naquela manhã, numa reunião às dez horas, Halder entrou em conflito com Hitler, que desenvolvera uma preocupação irracional com o flanco sul. "Ele se enfurece e berra que estamos em vias de arruinar toda a operação e que estamos nos posicionando para a derrota", Halder anotou naquela manhã. "Ele não quer a continuação de nenhuma operação para oeste, menos ainda para sudoeste."

Enquanto a máquina de propaganda de Goebbels podia apregoar o talento militar de Hitler ao povo alemão e ao mundo, dentro dos círculos limitados do estado-maior Hitler continuava um intruso, um forasteiro e, pior de tudo, um diletante perigoso. A experiência do cabo na linha de frente, que lhe servira tão bem na carreira política, constituía uma desvantagem no campo de batalha. "Faltava-lhe o treinamento minucioso do líder militar, que lhe permite assumir grandes riscos numa operação porque se sabe capaz de dominá-la", um general mais tarde observou. Halder concordou. "A segurança do marechal de campo, capaz de conceder aos subordinados a liberdade de ação no contexto de uma operação bem planejada — um segredo do estilo de liderança de Moltke —, estava ausente em Hitler." Invocando um vocabulário que se repete na carreira de Hitler e se encaixa em grande parte de suas leituras, Halder falou do "novato inexperiente", de uma "vontade movida pela intuição sombria" e, mais particularmente, de uma inequívoca "insegurança interna".

Duas décadas antes, quando confrontado com o desprezo dos mais instruídos, mais bem treinados e comprovadamente mais competentes, Hitler teve que dar meia-volta e correr. Mas agora manteve sua posição. Havia lido o clássico *Sobre a guerra*, de Clausewitz, que estava entre seus livros no primeiro apartamento na rua Thiersch. Durante seu julgamento de 1924, Hitler invocara Clausewitz nas observações finais de sua defesa. "É melhor que um povo pereça numa luta honrosa, pois só após tal colapso pode haver uma ressurreição", ele se vangloriou, citando textualmente o general prussiano. "Mas coitado do povo que se sujeita de bom grado à vergonha da desonra e escravidão! Um povo assim está perdido."

No capítulo final de *Mein Kampf*, ao escrever sobre a queda de Cartago, Hitler invoca as noções clausewitzianas de "mácula de uma submissão covarde" e do renascimento através de uma "luta honrosa". Ele não apenas absorvera a sabedoria de Clausewitz, Moltke e Schlieffen textualmente, mas também coletara imensa quantidade de dados técnicos dos "almanaques" anuais de equipamentos militares. "Possuía um conhecimento excepcional dos armamentos", Otto Dietrich, seu secretário de imprensa, certa vez observara.

> Conhecia, por exemplo, todos os navios de guerra do mundo contanto que estivessem listados em [...] obras de consulta. Conseguia citar em detalhes, e de memória, sua idade, deslocamento e velocidade, força de sua blindagem, torres e armamentos. Possuía informações minuciosas sobre a artilharia mais moderna e construção de tanques de cada país.

Mesmo um crítico tão rigoroso como Halder reconhecia, a contragosto, a memória excepcional de Hitler. "Uma referência à força material do exército russo, em particular o número elevado de 10 mil tanques, desencadeou uma réplica de Hitler de mais de quinze minutos, em que citou de memória a produção anual russa nos últimos vinte anos", Halder recordou.

Hitler também dominara os textos de Karl May. Ao contrário de seus generais, estudara as histórias de aventura de May no Oeste norte-americano, observando atentamente a capacidade tática e astúcia de Winnetou, o herói indígena americano, que combinava dissimulação e surpresa para sobrepujar e vencer seus oponentes. Cansado das "dúvidas eternas" de seus generais sobre suas "grandes ideias" e impressionado com a falta de imaginação e ousadia deles, Hitler recomendou os livros de May para que aguçassem sua perícia no campo de batalha e lançou uma edição de campo especial para os soldados no *front*. "Hitler costumava dizer que sempre ficou muito admirado com o refinamento tático e a circunspeção que May conferia ao seu personagem Winnetou", Albert Speer mais tarde observou. "E costumava acrescentar que, durante suas horas de leitura noturna, quando enfrentava situações aparentemente insolúveis, continuava lendo aquelas histórias, que lhe davam coragem, como as obras de filosofia para as outras pessoas ou a Bíblia para os idosos."

Ao escrever a dedicatória no livro de Rochs, nove dias após o início da guerra-relâmpago contra o Oeste, Kannenberg indicou as passagens que queria que Hitler lesse. Na página de abertura do capítulo 4, Kannenberg destacou o título, "O plano de batalha de Schlieffen para a guerra em duas frentes", que adverte para os perigos de os alemães lutarem em frente dupla, com uma linha vertical e outra inclinada, como o telhado de uma mansarda. Kannenberg delimitou a seguinte passagem com um colchete grosso:

Mas de novo: enquanto Schlieffen permaneceu no comando do estado-maior, a defesa do Reich esteve em boas mãos. Para Schlieffen, ele e seu exército se comparavam a qualquer coalizão. Com toda a razão! Como enfatiza o [ajudante Otto von] Gottberg, por trás de sua máscara de autodisciplina controlada, seu espírito indômito ocultava a receita do sucesso de seu plano ainda desconhecido. Schlieffen possuía a verdadeira fé na vitória que derivava da força irresistível, invencível, que é forjada pela ação de um líder verdadeiro — Führer — que, como uma força da natureza, esmaga toda resistência.

Na margem direita, Kannenberg realçou a seguinte frase com um segundo colchete menor: "O que são os passos em falso e erros de alguns oficiais subordinados no contexto de seu plano expansivo, em si uma garantia de vitória?". Hitler seguiu as indicações de Kannenberg. Numa série de marcações nas margens, Hitler percorre devagar o texto, seu lápis captando e marcando frases individuais ou parágrafos inteiros. Parece que leu o livro poucos dias depois da dedicatória de Kannenberg, porque resolveu se concentrar exatamente nos problemas que enfrentava no campo de batalha.

Aqui vemos Hitler reunindo as peças do "mosaico" para ajudar a justificar retrospectivamente sua invasão dos Países Baixos. "Já que a frente oriental francesa era considerada forte demais, como foi confirmado na guerra contra a França, a rota por Luxemburgo e Bélgica precisava ser conquistada", ele marca na página 47. Na página 52: "O plano de Schlieffen de avançar pela Bélgica era simplesmente uma ordem de autopreservação, se não quiséssemos enfrentar a derrota logo no início da campanha". Existem outras marcações na página 53, em que Rochs fala de conspirações inglesas contra o continente.

"Mas a [Primeira Guerra Mundial] voltara a mostrar que a Grã-Bretanha, com a concordância do governo belga, havia por muito tempo se preparado para a ocupação militar da Bélgica.

Para fins militares, ela ocorreu tarde demais", Rochs escreveu, com o lápis de Hitler seguindo atento. "Desse modo, quem viu as instalações portuárias de Zeebrugge com as estradas adjacentes e a ampla rede ferroviária não teve dúvida de que aquele imenso complexo nas proximidades de Antuérpia não podia ter sido construído com intenções comerciais, e sim com o propósito militar do desembarque inglês."

Essas passagens marcadas complementavam ou consumavam sua visão da realidade e história, mas em outras páginas vemos que ele realça assuntos mais imediatos, como à página 63, na qual Rochs aborda a importância estratégica de uma pequena cidade costeira perto da fronteira franco-belga. "Schlieffen costumava observar, com um prazer especial, que mesmo Frederico, o Grande, ainda que num contexto diferente, mencionara, em suas propostas de guerra contra a França, a ideia de um cerco ao norte e o sítio de Dunquerque, com a ala direita acima de Abbeville." Hitler traçou uma linha grossa ao lado dessa passagem.

O fato de Dunquerque atrair a atenção de Hitler naquela época não surpreende, já que, como vimos, em 17 de maio ele ordenara à 12ª Divisão Blindada que interrompesse em Abbeville o avanço rumo a Dunquerque. A liderança militar alemã sabia que ele cometera um equívoco.* Hitler deu outra explicação. "Quando chegou a notícia de que o inimigo havia lançado um ataque ao longo de toda a frente, eu podia ter chorado de alegria", Hitler mais tarde recordou. "Eles haviam caído na armadilha! Foi certo deixar que o ataque começasse em Luttich. Eles foram levados a acreditar que estávamos nos atendo ao velho Plano Schlieffen. Dois dias

---

* O general Halder suspeitou que Hitler quisesse privar o exército da vitória para humilhar seus generais e entregar à força aérea do amigo Hermann Goering a missão de destruir a Força Expedicionária inglesa cercada, como um estratagema propagandístico.

após chegar a Abbeville, a ofensiva poderia ter sido direcionada para sudoeste." Enquanto os alemães perdiam tempo, mais de 300 mil tropas aliadas foram evacuadas.

Pela minha contagem, existem 32 intromissões a lápis nas vinte páginas que constituem o capítulo 4 da biografia de Schlieffen, a maioria refletindo, de uma forma ou de outra, a campanha na França. Embora essas marcações deixem perceber algumas das questões históricas e estratégicas que ocupavam os pensamentos de Hitler na época, são todas praticamente de natureza retrospectiva. Se existem algumas marcações nas margens com importância potencialmente histórica, seriam nas diversas passagens das páginas 60 e 61, em que Rochs discute uma guerra em duas frentes.

Schlieffen viu a Alemanha imprensada entre duas grandes ameaças militares: França e Inglaterra a oeste, e Rússia a leste. Achava que a Alemanha precisava primeiro assegurar suas fronteiras a oeste antes de lidar com a Rússia. Schlieffen considerava tão importante a derrota de Inglaterra e França que estava disposto a fazer sacrifícios territoriais estratégicos a leste, e invocou a memória de Frederico, o Grande, para reforçar seu argumento: "No final, será preciso sacrificar, como o grande rei ensinou, até mesmo uma província tão rica como a Prússia Oriental para concentrar todas as forças onde uma vitória decisiva é necessária". Existem dois traços paralelos acompanhados de um ponto de exclamação ao lado dessa passagem, e uma série de trechos sublinhados nos parágrafos subsequentes: "contem com todo o exército russo como um inimigo adicional" e "emoções políticas e sentimentais" e "em face do dilúvio russo", até seu lápis traçar uma longa linha vertical na margem para realçar o seguinte parágrafo:

Biografia de Schlieffen, com marcações na margem numa passagem que alertava para uma guerra alemã em duas frentes.

Se as terras a leste do [rio] Weichsel não pudessem ser conservadas em face da força esmagadora, Schlieffen estaria disposto a sacrificar essas áreas por um tempo, como várias vezes enfatizado acima. Uma vez que a situação na França tenha sido decidida, que o exército franco-inglês tenha sido destruído e que os alemães tenham sido vitoriosos no Sena, todo o resto — de acordo com Schlieffen — decorrerá espontaneamente.

Embora Hitler houvesse por muito tempo falado sobre a expansão para o leste e a necessidade de espaço vital, nunca abordara a questão de uma guerra com a Rússia. Essas marcações representam os primeiros indícios registrados do plano de Hitler de invadir a União Soviética. Keitel recorda que Hitler falou com ele pela primeira vez sobre uma grande ofensiva a leste no final de julho de 1940, intenção que repetiu para Halder e seu estado-maior no mês seguinte. Naquele outono, Hitler solicitou aos seus generais um plano de ataque. Em junho seguinte, Hitler desencadearia a Operação Barbarossa na frente oriental. Àquela altura, Hitler havia assumido o controle operacional completo sobre todas as decisões relativas ao planejamento e implementação da operação militar. A máquina de propaganda apregoou a afirmação de Keitel de que Hitler seria o "maior marechal de campo de todos os tempos".

O lápis de Hitler parece ter se desgarrado apenas uma vez dos parâmetros do capítulo 4 para uma nota de rodapé na página 41, ao final do capítulo anterior. A nota se refere a uma passagem em que Rochs discute a deplorável destituição de Bismarck, em 1890, pelo *Kaiser* Guilherme II, uma decisão radical baseada em maus conselhos que encerrou abruptamente a carreira do lendário estadista da Alemanha. Schlieffen observa que Guilherme foi cegado não apenas por sua juventude, arrogância e intrigas da corte, mas também pela incapacidade de enxergar a verdadeira natureza dos seus conselheiros. "A compreensão dos seres humanos e de outras coisas, do núcleo de uma questão, da própria essência da existência — eis o grande defeito do *Kaiser*", Rochs escreve. "O resultado foi não apenas a escolha muitas vezes incompreensível dos indivíduos do seu círculo íntimo, mas a vacilação constante em sua tomada de decisões e ações." Para realçar sua afirmação, Rochs escreveu a nota de rodapé seguinte:

> O fato de Guilherme II tolerar ouvir a verdade, e também a valorizar, fica evidente numa declaração que fez no leito de morte sobre seu antigo ajudante geral, o marechal de campo Wilhelm von Hahnke, em 8 de fevereiro de 1912. "O único homem que sempre me contou a verdade." Uma afirmação que honra o senhor tanto quanto o servo, mas soa notadamente amarga na boca de um monarca após quase 24 anos de governo.

Ao lado da passagem, Hitler colocou um único ponto de exclamação enfatizador.

LIVRO 8

A história de Hitler da Segunda Guerra Mundial

A guerra ficará conhecida na história como a guerra do presidente Roosevelt.

Sven Hedin, *Os Estados Unidos na luta dos continentes*

O exemplar de Hitler de *Os Estados Unidos na luta dos continentes*, de Sven Hedin, desapareceu, mas sua sombra intelectual pode ser encontrada numa carta de três páginas enviada por Hitler ao autor em 30 de outubro de 1942, após ter lido o tratado político de duzentas páginas na noite anterior. Hitler assinou a carta da forma cada vez mais abreviada que começou a adotar após 1933, um *A* maiúsculo estilizado para o prenome, e um *H* enfeitado para o sobrenome, com as letras restantes diminuindo numa linha declinante rabiscada, como um fio solto, uma idiossincrasia ortográfica que se assemelha, de forma impressionante, à assinatura do pai meio século antes.

A carta foi datilografada no papel timbrado pessoal de Hitler, com seu nome no canto superior esquerdo em maiúsculas e negrito, sob a águia nazista segurando uma suástica envolta numa coroa de louros. Ao contrário da águia no ex-libris de Hitler, esta é mais formal e estilizada, um produto da chapa de aço da era moderna, em vez do primitivismo de contornos leves da xilogravura. A carta está endereçada ao "professor dr. Sven von Hedin" na Norr Mälarstrand, 66, Estocolmo, Suécia, com o remetente e data datilografados no canto superior direito: "Führerhauptquartier, den 30.10.1942".

Ao contrário do escritório oficial da Chancelaria do Reich na rua Wilhelm, 77, em Berlim, ou do seu escritório privado na sede

Carta de Hitler a Sven Hedin datada de 30 de outubro de 1942.

do Partido Nazista na Casa Marrom, à rua Brienner, 45, Munique, o Führerhauptquartier era um "lugar" sem uma sede permanente. Durante a invasão da Polônia, o Führerhauptquartier se mudou de uma frente de batalha para outra num trem especialmente equipado. Para a guerra-relâmpago no oeste, localizou-se primeiro no Felsennest; algumas semanas depois, num conjunto de fazendas de tijolos perto de Brûly-de-Pesche, ao sul de Bruxelas; e durante a invasão da União Soviética, Hitler se deslocou entre o quartel-general denominado Cova do Lobo, ao norte, e o Lobisomem, 1600 quilômetros ao sul. O Führerhauptquartier era, por sua própria natureza, tanto temporal quanto geográfico. Seguia o itinerário de Hitler. Sua data era o endereço.

Quando Hitler ditou sua carta de três páginas a Hedin, recuperava-se de uma congestão nasal tão forte que o deixou de cama, mente tão anuviada que, como contou mais tarde a Otto Dietrich, sua memória não parecia mais plenamente intacta. Aos 53 anos, sentia-se uma década mais velho. Seu sofrimento era agravado pelo isolamento autoimposto, após uma série de violentos confrontos com seu estado-maior.

Desde o verão anterior estava vivendo na Ucrânia, no quartel-general do Lobisomem, um aglomerado de casamatas de concreto e cabanas de madeira de um andar, de onde havia comandado as ofensivas alemãs ao longo da frente oriental. Nas florestas abafadas e infestadas de mosquitos naquele mês de agosto, Hitler se irritara ainda mais com o ceticismo crônico e a beligerância crescente dos seus generais, em particular Franz Halder.

Halder havia se oposto ao plano de Hitler de invasão da União Soviética na primavera de 1941 e protestou contra a intenção de Hitler de atacar Leningrado e Stalingrado, os centros simbólicos do bolchevismo, em vez de conquistar Moscou, o centro das comunicações e da indústria soviética e um ponto de baldeação ferroviária. Hitler tachou a objeção de Halder de "técnica", o produto de "cérebros calcificados, presos nas ideias dos séculos passados". Inicialmente a cautela de Halder se mostrou equivocada. Mas, após os sucessos iniciais de Hitler no verão e outono de 1941, os avanços alemães pararam ante o frio cortante do inverno russo. Hitler, então, se voltou para o sul, com um avanço renovado a Stalingrado e um ataque ambicioso de blindados aos ricos campos petrolíferos do Cáucaso e ao porto de Sebastopol, no mar Negro. Falou-se em invadir o Irã, com planos de atingir o golfo Pérsico. Mas, quando o avanço no Cáucaso falhou, Halder se opôs a Hitler. Disse que não podia mais endossar, de consciência tranquila, os planos de Hitler. Havia sinais cada vez mais terríveis de contra-ataques soviéticos iminentes. Hitler não deu ouvidos à preocupação de Halder.

"O russo está morto", ele disse. "Esgotou suas últimas reservas com a ofensiva de inverno. É uma questão de pressioná-lo um pouco mais até que caia." Hitler falou de fanatismo e heroísmo. Citou Clausewitz e Nietzsche. Geralmente Halder aturava, calado, as cansativas lições do ex-cabo aos seus generais, mas naquela ocasião interveio. Citou estatísticas indicando que os soviéticos vinham produzindo 1200 tanques por mês e haviam mobilizado 1,5 milhão de homens adicionais. Hitler olhou para Halder, depois explodiu. Com "espuma nos cantos da boca", foi atrás dos generais com "punhos cerrados", Halder recordou. Proibiu aquelas "fofocas idiotas". Mas Halder não iria recuar. "Não é preciso nenhum dom profético para prever o que acontecerá se Stálin enviar 1,5 milhão de soldados contra Stalingrado e o [rio] Don", ele disse.

Hitler enfureceu-se ainda mais. Queixou-se de que aquela "batalha constante" com seus generais lhe havia custado metade de suas reservas emocionais. Aquilo não valia mais a pena. Com os desafios enfrentados pelo exército, não se tratava de "habilidade técnica", ele insistiu. Era necessária a "paixão da fé nacional-socialista". A reunião encerrou-se num clima de aborrecimento e mal-

-estar que perdurou pelas semanas seguintes. Em 7 de setembro, quando Hitler foi informado da deterioração da situação ao sul, voltou a explodir. Dessa vez acusou os generais de desobedecerem aos seus comandos. Acreditava que seus esforços vinham sendo intencionalmente solapados.

Naquele mesmo dia, Hitler ordenou o envio de uma equipe de estenógrafos de Berlim ao Lobisomem. Deveriam registrar cada palavra que ele proferisse nas reuniões. Logo a seguir se recolheu aos seus alojamentos privados na periferia do complexo do Lobisomem, onde comeu com suas secretárias e membros seletos do seu séquito. Quando o tempo melhorou, sentaram-se a uma mesa redonda sob as árvores.

Para melhorar o humor de Hitler e proporcionar uma distração agradável, Martin Bormann decidiu trazer Hermann Giesler para uma estada prolongada. Giesler era um arquiteto que Hitler havia incumbido de vários projetos, inclusive a reforma de sua cidade natal, Linz.* Giesler acompanhara Hitler, junto com Albert Speer, em visita aos monumentos de Paris no verão de 1940. "Você construirá meu mausoléu", Hitler murmurou para Giesler ante a tumba de Napoleão.

Hitler deu as boas-vindas a Giesler. Falou não apenas de seus planos arquitetônicos para Linz e a residência que pretendia construir ali, mas também sobre a situação intolerável no interior do estado-maior. "Vivo e trabalho com a certeza deprimente de que estou cercado de traição", Hitler confidenciou. "Em quem posso confiar com certeza, e como posso tomar decisões, dar ordens, como é possível liderar com alguma segurança quando existe tanta

---

* Entre os livros remanescentes de Hitler na Biblioteca do Congresso está um álbum com fotografias e esboços arquitetônicos registrando os diferentes projetos de Giesler em Weimar, inclusive a reconstrução do hotel Elefante e a construção da "praça Adolf Hitler".

desconfiança gerada pelo logro, informes deturpados e traição óbvia, quando com cautela justificada tal incerteza surge, quando preciso ser tão desconfiado desde o início?" Em particular, Hitler observou, seu relacionamento com Halder havia se tornado intolerável. "Não adianta mais", Hitler contou a Giesler. "Não consigo aturar quando olho no seu rosto e vejo tamanho ódio e arrogância, algo completamente injustificado num homem de inteligência tão medíocre."

Em 24 de setembro de 1942, Hitler destituiu Halder do seu posto de comando. "Meus nervos estão abalados, e os dele não estão muito melhores", Halder escreveu no seu diário naquela noite. Mas a destituição de Halder pouco contribuiu para aliviar a sensação de isolamento de Hitler, suas preocupações com traição e logro, sem falar nos informes perturbadores de pressão inimiga crescente no Cáucaso, ao redor de Stalingrado e, no final de outubro, numa aldeia egípcia chamada El Alamein. "A luta acirrada no Egito se intensificou neste quinto dia da batalha defensiva", o diário do Alto Comando Alemão registrou em 29 de outubro. "Apesar dos ataques implacáveis e dos gastos anormais de munições, o inimigo não conseguiu nenhum sucesso contra a corajosa defesa alemã."

O relatório daquele dia registra combates por todo o império de Hitler: no mar Cáspio, onde a Luftwaffe alemã afundou dois petroleiros inimigos e danificou cinco cargueiros; no Cáucaso ocidental, onde tropas alemãs repeliram "ataques inimigos" ao longo de uma série de baluartes nas montanhas; nos subúrbios industriais de Stalingrado, onde repetidos ataques de tanques soviéticos foram repelidos "com as usuais perdas violentas do inimigo"; na ilha mediterrânea de Malta; na costa sudeste da Inglaterra, onde aeroplanos alemães atacaram instalações industriais, de transportes e portuárias. Naquele dia do final de outubro, os exércitos alemães defendiam um império que se estendia por dois continentes.

A chegada ao Lobisomem do último livro de Sven Hedin foi mais do que uma grata distração no isolamento do *bunker* de Hitler. Hedin foi um dos poucos verdadeiros heróis da vida do Führer, que na juventude havia acompanhado as aventuras do explorador sueco com a mesma atenção extasiada com que lia os romances de Karl May. Hedin era uma figura vigorosa e exuberante que penetrou em algumas das regiões mais inóspitas do mundo e retornou com histórias de grandes aventuras e, sobretudo, descobertas importantes, mapeando algumas das últimas regiões inexploradas da Terra. Numa era anterior à conquista do Everest ou à travessia aérea do Atlântico, Hedin foi um dos homens mais famosos da Terra. Em sua lendária expedição através do deserto de Gobi, perdeu dois terços de sua equipe de oito homens, vítimas do clima hostil do planalto, reaparecendo quatro meses depois, emaciado mas triunfante. Aquele era o tipo de esforço sobre-humano que empolgava a imaginação de Hitler na juventude e norteou suas convicções na maturidade: a capacidade do indivíduo de desafiar obstáculos aparentemente invencíveis e emergir vitorioso.

Em outubro de 1933, oito meses após sua própria afirmação da vontade individual, Hitler remeteu um telegrama ao idoso explorador sueco congratulando-o pelo quadragésimo aniversário do triunfo de Gobi. Quando Hitler soube que Hedin estaria dando palestras na Alemanha, convidou-o à Chancelaria do Reich. Hedin retornou a convite de Hitler como palestrante especial em 1936 nas Olimpíadas de Berlim. Muitas visitas se seguiriam, e Hedin enviou com regularidade exemplares de suas publicações para Hitler.

Como fez com Eckart, Hitler mostrou uma deferência respeitosa com aquele homem mais velho. Quando Hedin visitava Hitler no seu escritório na Nova Chancelaria do Reich, Hitler lhe dava o braço e o conduzia à "sua cadeira" na pequena área de estar sob o retrato de Bismarck. Com uma intimidade fácil, Hitler batia papo com Hedin sobre aventuras, política, realização, bem como preocupações e ambições pessoais. Em certa ocasião, Hitler confessou a Hedin que não esperava ver a conclusão de seu "projeto" vitalício de tornar a Alemanha a maior potência do mundo. Hitler disse que o término dessa tarefa ficaria para outros. "Lembre-se de que tenho mais de cinquenta anos", Hitler disse, ao que Hedin respondeu, indiferente: "Tenho setenta e cinco!".

"Sim, mas você é uma exceção", Hitler replicou.

"Cinquenta não é nada", Hedin insistiu. "Quando você tiver a minha idade, *Herr* chanceler do Reich, vai se sentir igualmente vigoroso e dinâmico."

"Oh, não, não. Estarei exausto bem antes disso."

Mas o principal assunto de Hitler e Hedin era política, em particular as relações da Alemanha com os países nórdicos, e com frequência a Rússia, país que Hedin havia visitado mais de quarenta vezes. À semelhança de Hitler, ele temia a "bolchevização" da Europa, apreensão que ele e Hitler discutiram pouco após a invasão da Polônia, conversa que Hedin, para o constrangimento de Hitler, revelou depois à imprensa, como Goebbels registrou em seu diário em outubro de 1939. "Tarde com o Führer", Goebbels escreveu. "Ele está aborrecido com uma entrevista de Sven Hedin ao *News Chronicle* sobre a conversa deles. Ele alardeia que a Alemanha é inimiga da Rússia. Isso será negado imediatamente. Hedin também terá que divulgar uma retratação." Rússia e Alemanha, como todos sabem, eram aliados então.

Como germanófilo inveterado que havia viajado com os exércitos alemães durante a Primeira Guerra Mundial e apoiava a ideia de superioridade racial, embora não adotasse o antissemitismo, Hedin ficou mais do que satisfeito em colaborar com a causa alemã como emissário na Escandinávia, como um espião informal na Ásia e como agitador pró-isolacionismo nos Estados Unidos. Nesse último papel, escreveu um apelo do tamanho de um livro ao povo norte-americano para que se mantivesse fora da guerra, para o bem tanto da Europa como dos Estados Unidos.

Hedin realizara três grandes viagens de conferências aos Estados Unidos, em 1923, 1929 e 1932, percorrendo o país de Boston, onde foi acolhido brevemente por Harvey Cushing, um dos maiores cirurgiões da época, até a Califórnia, onde visitou Yosemite e o observatório no monte Wilson. Em Estocolmo, havia se encontrado com Theodore Roosevelt. Como amigo e admirador dos Estados Unidos, escreveu em seu livro, concluído no outono de 1941, estava agindo no interesse do povo daquele país. Lembrou que Frederico, o Grande, havia apoiado a Revolução Americana e que, durante a Guerra Civil, enquanto França e Inglaterra ficaram do lado dos Estados Confederados, Bismarck fornecera empréstimos à União. Argumentou que foi Roosevelt, não Hitler, quem mergulhou a Europa na guerra, e detalhou os repetidos esforços de Hitler, no verão de 1939, para evitá-la. Hedin também advertiu que a guerra contra o rolo compressor alemão acabaria resultando na derrota norte-americana. Apelou aos americanos para que, em seu próprio benefício, reconhecessem as verdadeiras forças por trás da guerra da Europa. "É essa propaganda satanicamente sutil que apela ao cristianismo, idealismo, humanidade e fidelidade do povo americano que nos está levando à guerra", Hedin escreveu. Quando os japoneses bombardearam Pearl Harbor, o livro se tornou irrelevante, e Hedin recorreu à sua editora alemã em Leipzig. O livro foi publicado em outubro de 1942 com o título *Amerika im Kampf der Kontinente* [*Os Estados Unidos na luta dos continentes*] e um exemplar com dedicatória foi enviado ao chanceler alemão.

Quando se acomodou em seu alojamento privado com o exemplar com dedicatória de *Os Estados Unidos na luta dos continentes*, viu-se lendo uma história da eclosão da guerra como acreditava que seria registrada para a posteridade. Três anos antes, ao reunir seus generais no grande salão de Berghof para falar da iminente invasão da Polônia, os fez lembrar que no final cabia ao vencedor escrever a história das guerras. "Ninguém perguntará ao vencedor depois se contou ou não a verdade", disse-lhes Hitler. "Quando se começa e se trava a guerra, o que importa não é a justiça, e sim a vitória." Nos meses e anos subsequentes, o exército de Hitler havia marchado de uma vitória para outra, estendendo o alcance alemão a dimensões sem precedentes. Quando Hitler se sentou com o livro de Hedin, estava confiante de que a guerra que havia concebido e iniciado estava prestes a ser ganha.

Naquele momento o seu império — que se estendia das ilhas Channel, na costa inglesa, à margem do mar Negro, e do Círculo Ártico ao Trópico de Capricórnio — mostrava uma resistência excepcional aos furiosos ataques dos exércitos inimigos, ao menos com base nos informes da frente de batalha daquele dia. Parecia uma boa ocasião para começar a ler um relato de como aquela guerra principiara.

"Nenhuma questão é mais fácil de se compreender do que a razão de uma nova catástrofe ter surgido tão rapidamente após a Primeira Guerra Mundial", Hedin começou. "Muitos foram rápidos na resposta: o culpado era de novo a Alemanha. Esse 'de novo' mostra como as pessoas esqueceram depressa o desenrolar dos fatos no breve intervalo entre 1919 e 1939, embora elas próprias os tivessem vivido." Hedin lembrou a seus leitores que as origens da Segunda Guerra Mundial não estavam nas anexações da Áustria e dos Sudetos pela Alemanha, ou mesmo na subsequente invasão da Polônia, mas nas condições punitivas do Tratado de Versalhes e na miséria que trouxeram ao povo alemão — privações, humilhação, fome —, aliadas à agenda política externa britânica que adotou uma posição simplista em relação à Alemanha: *Delenda est Germania* — "A Alemanha tem que ser destruída".

Hedin dedica um capítulo às supostas tentativas de Hitler de impedir as maquinações britânicas para provocar outra guerra contra a Alemanha. Cita um discurso de 21 de maio de 1935 como o início da campanha de paz de quatro anos de Hitler: "Ao promover a procriação, uma política social saudável consegue proporcionar a um povo, em poucos anos, mais filhos do que conquistando e sujeitando povos estrangeiros", Hitler explicou ao Reichstag alemão, declarando um enfático "*Nein!*" à guerra. Prosseguiu dizendo: "O desejo de paz da Alemanha nacional-socialista se baseia em convicções ideológicas profundas".

De acordo com Hedin, Hitler passou os quatro anos seguintes tentando chegar a um acordo razoável com seus vizinhos europeus, defrontando-se apenas com subterfúgios e arrogância. "Todas as ofertas de Adolf Hitler foram arrogantemente rejeitadas e declaradas insinceras desde o princípio", Hedin escreve. "Eram sempre vistas como ameaça, nunca como tentativa de restabelecer um grande povo, mas muito tempo humilhado, com os mesmos direitos no círculo das outras grandes nações." Ele enfoca os esforços repetidos de Hitler, no verão de 1939, para evitar a guerra, em particular a proposta de paz de última hora entregue em mãos à embaixada britânica em Berlim na noite anterior à eclosão do conflito.* Hedin cita a proposta de nove pontos em sua íntegra, e observa: "É raro encontrar nos arquivos diplomáticos da história recente um documento que se compare a essa proposta em sua moderação, conciliação e compreensão das necessidades de um país".

Sentado em sua poltrona na rústica cabana de madeira na-

---

* Existe uma extensa hagiografia nazista da Segunda Guerra Mundial, em particular em livros escolares da era nazista, que detalha as supostas iniciativas de paz de Hitler e os supostos esforços poloneses para "exterminar" civis alemães residentes na Polônia.

quela floresta ucraniana isolada, Hitler certamente se sentiu confortado e estimulado pelas palavras de Hedin. Hitler construíra uma carreira enganando os outros com suas mentiras, ilusões e falsas promessas, mas aos 53 anos dominara também a arte da autoilusão — Halder falou em *Selbsthypnose*, auto-hipnose — a ponto de se confortar com a crença de que as fronteiras de seu império àquela altura eram tão fixas como a história de seu império naquelas páginas. Na manhã seguinte, Hitler escreveu para Hedin:

> Mui honrado senhor doutor Sven von Hedin!*
>
> O senhor teve a gentileza de me enviar um exemplar com dedicatória de seu livro *Os Estados Unidos na luta dos continentes*, recentemente publicado pela FA Brockhaus Verlag Leipzig. Agradeço calorosamente pela atenção que me dispensou. Já li o livro e me agrada em particular que tenha detalhado de modo tão explícito as ofertas que fiz à Polônia no princípio da guerra. Quando penso naquela época, é como se fosse tudo tão distante, e parece tão irreal para mim, que quase culpo a mim mesmo por ter sido tão cordato em minhas propostas.

Hitler expressou alívio pelo fato de a Polônia ter rejeitado suas repetidas tentativas de encontrar uma solução pacífica, pois, se ele não houvesse travado a guerra em 1939, a Alemanha teria sido enganada por uma falsa sensação de segurança e voltado sua atenção para assuntos culturais, em vez de militares, enquanto a União Soviética continuaria a se preparar para a guerra. "E, mesmo que não houvéssemos desprezado os armamentos, teriam permanecido dentro de limites normais, o que nos deixaria, alguns anos depois, numa posição de total inferioridade ante o

---

* Hedin não tinha nenhum doutorado nem pretensão alguma ao "von" aristocrático no seu nome.

colosso asiático", Hitler afirmou. "Sob tais circunstâncias, o destino da Europa e, com ele, de milhares de anos de cultura teriam encontrado seu fim."

Hitler imaginou a Europa sendo invadida por "milhões de guerreiros tão fanáticos quanto brutais", equipados de um "arsenal de armas inimaginável". Felizmente para a Europa, o destino determinou que Hitler fosse à guerra. A Europa foi salva. A Alemanha destacou-se como o bastião final ante as hordas bolcheviques.

Depois Hitler se voltou para a tese central do livro de Hedin: Franklin Delano Roosevelt. "Sem dúvida, o culpado individual por esta guerra, como o senhor afirma com razão ao final do livro, é tão somente o presidente americano Roosevelt", Hitler escreveu. "Contra as expectativas, ao iniciar esta guerra, ele e seus companheiros involuntária e inconscientemente despertaram este continente na hora certa, permitindo que enfrentasse de olhos abertos um perigo que, alguns anos mais tarde, poderia se tornar incontornável."

Hitler não duvidava sequer por "um segundo" de que os alemães e seus aliados triunfariam sobre os soviéticos. Reafirmou sua "determinação inabalável" de não depor armas enquanto toda a Europa, a leste e a oeste, não fosse "salva" da ameaça bolchevique. "Aproveito esta ocasião, meu estimado Herr Sven von Hedin", Hitler concluiu, "para lhe estender os meus melhores votos de boa saúde e futuro bem-estar, com cordiais saudações, seu criado, Adolf Hitler." Assinou e despachou a carta. No dia seguinte, partiu para seu quartel-general na Cova do Lobo, na Prússia Oriental. Ele nunca retornou ao Lobisomem.

Nos dias subsequentes, Hitler continuou refletindo sobre o livro de Hedin, sobre o qual falou na semana seguinte, durante seu discurso anual em comemoração ao Putsch da Cervejaria em Munique. Mas durante aquela semana muita coisa havia mudado. Na manhã de 9 de novembro de 1942, chegaram notícias de que tropas norte-americanas haviam desembarcado na costa norte da África e criado uma cabeça de ponte. Ao falar, Hitler estava sendo insincero. "Estamos lutando em locais distantes para proteger nossa pátria de modo a podermos manter a guerra afastada e evitar o destino que sofreríamos se fosse mais próxima — como algumas cidades alemãs estão agora experimentando e sendo obrigadas a experimentar", Hitler disse nos momentos de abertura naquela noite. "É portanto preferível manter o *front* mil ou, se necessário, até 2 mil quilômetros longe de nossa pátria do que tê-lo na fronteira do Reich e ter que defendê-lo ali." Hitler instou os partidários que enchiam o salão a serem vigilantes e fortes, sabendo que a causa deles era justa, e a lembrar que representavam o baluarte da civilização europeia.

"Há pouco tempo, Sven Hedin publicou um livro em que, felizmente, citou palavra por palavra a proposta sobre a Polônia que submeti aos ingleses", Hitler disse. "Senti um calafrio quando reli essa proposta e só posso ser grato pelo destino ter querido que as coisas se desenrolassem de modo diferente." Ampliando a observação feita a Hedin na sexta-feira anterior, Hitler afirmou que, se os alemães tivessem se dedicado, nos dez anos anteriores, a financiar suas escolas, embelezar suas cidades e construir estradas e apartamentos em vez de fortalecer suas forças armadas, os resultados teriam sido catastróficos para a Europa. "E um dia o ataque do Leste teria sido lançado, varrendo a Polônia antes que sequer percebêssemos, e estaria a menos de 150 quilômetros a leste de Berlim. O mérito de isso não ter acontecido é dos cavalheiros que rejeitaram minha proposta de paz naquela época."

Nas duas horas seguintes, Hitler falou sobre conspirações judaicas, a derrota de Napoleão em 1812, a derrota alemã em 1918 e a inevitabilidade do desastre norte-americano. Plagiando a previsão de Hedin de que os americanos jamais conseguiriam atingir uma capacidade militar semelhante à do exército alemão, com suas tradições centenárias, e de que os soldados americanos que vinham treinando com pistolas e canhões de madeira e tanques de cartolina não eram páreo para os veteranos da Wehrmacht enrijecidos pelas batalhas, Hitler desprezou, zombando, a máquina de guerra norte-americana. Caçoou dos americanos com seus "barcos de arenque" dotados de canhões. Descartou a ideia de "armas secretas" americanas. E garantiu ao público, citando Hedin quase ao pé da letra, que a guerra seria vencida não com riqueza e armamentos, mas pela força de vontade. "O que temos é uma convicção sagrada e uma vontade sagrada, e no final isso é mil vezes mais decisivo do que ouro na luta entre vida e morte." A guerra não seria ganha pela produção em massa ou equipamentos, nem mesmo pelo tamanho dos exércitos, mas pela vontade férrea de figuras titânicas. Aquela era uma batalha de vontades entre Hitler, Stálin, Churchill e Roosevelt.

"Quando Roosevelt ataca o norte da África agora sob a alegação de que precisa protegê-la da Alemanha e da Itália, nem vale a pena gastar uma única palavra sobre as frases mentirosas desse velho gângster", Hitler disse. "Ele é, sem dúvida, o mais hipócrita de todo o clube dos nossos oponentes." Hitler acusou o presidente norte-americano de "maçom", de "títere dos judeus", de inimigo da liberdade e da verdadeira democracia, de *Oberstrolch*, o maior vilão. "E quando esse *Oberstrolch von Roosevelt* — não existe outro termo para ele — vem aqui e declara que precisa salvar a Europa com métodos americanos, só posso dizer: o homem devia se preocupar em salvar seu próprio país!"

Citando Hedin, Hitler observou que Roosevelt estava usando a guerra na Europa como meio de desviar a atenção americana dos 13 milhões de desempregados em casa. Contrastou o materialismo norte-americano com os valores europeus, e relacionou a aliança que se reunira em defesa da cultura europeia: Itália, Romênia, Hungria, Finlândia, Eslováquia, Croácia e Espanha. "Pensem nisto, cada homem e mulher, que desta guerra depende a existência ou destruição do nosso povo", Hitler concluiu. "E se compreenderem isso, cada pensamento e cada ação de vocês deveriam representar uma prece por nossa Alemanha!"

O discurso terminou com aplausos bem-educados mas discretos. Não houve coros de "*Sieg Heil!*". Hitler partiu da cervejaria e se isolou imediatamente em seu apartamento na rua Príncipe Regente. Max Domarus, o grande cronista da oratória de Hitler, afirmou que aquele foi o discurso mais "infeliz" da sua carreira política. Em contraste, Goebbels achou Hitler em forma "admirável" naquela noite, mas não pôde esconder os fatos sinistros ao longo das frentes de batalha. "Todo mundo sabe que, se as coisas podem ser forçadas numa direção particular", ele observou no seu diário naquela noite, "estamos num divisor de águas da guerra."

Os desembarques americanos daquela manhã no norte da África estavam claramente na mente de todos, bem como os crescentes indícios de que o rumo da guerra estava começando a mudar a olhos vistos. Dois dias antes, os britânicos haviam rompido as defesas alemãs em El Alamein, obrigando o Afrika Korps de Erwin Rommel a recuar. A pressão vinha aumentando sobre o Sexto Exército Alemão em Stalingrado. Naquela mesma semana, do outro lado do mundo, os fuzileiros navais americanos haviam capturado posições japonesas numa pequena ilha chamada Guadalcanal, a primeira vitória norte-americana importante no Pacífico.

Na terça-feira, 10 de novembro, o dia seguinte ao discurso de Hitler na cervejaria, Winston Churchill também refletiu sobre os fatos recentes. Expressou um otimismo cauteloso após a derrota alemã em El Alamein. "Este não deve ser considerado o fim, não é sequer o começo do fim", ele disse. "Mas talvez seja o fim do começo."

LIVRO 9
Um milagre adiado

Gente religiosa diz que a pior hora é a mais próxima da aurora.
Thomas Carlyle, *História de Frederico II da Prússia,*
denominado Frederico, o Grande

Na noite de domingo, 11 de março de 1945, Joseph Goebbels visitou Hitler, que estava trabalhando até tarde no seu escritório na Nova Chancelaria do Reich. Goebbels queria relatar sua inspeção de dois dias das defesas alemãs na Prússia Oriental e presentear Hitler com uma tradução alemã resumida da biografia de Frederico, o Grande, escrita em 1858 por Thomas Carlyle. O próprio Hitler acabara de retornar da frente de batalha, agora a não mais de um quilômetro e meio a leste de Berlim, onde passara o dia visitando plataformas de artilharia, cumprimentando soldados e se reunindo com generais — tudo na presença das unidades de propaganda.

Desde que ascendera ao poder, doze anos antes, havia transformado aquele segundo domingo de março, tradicionalmente um dia de luto nacional, em ocasião para exibir a força militar alemã. Naquela data, em 1935, declarara a intenção de rearmar a

Alemanha e, em 1941, exibiu, triunfante, o armamento capturado do inimigo numa parada pelas ruas de Berlim, mas naquele ano havia pouco para celebrar. Unidades avançadas da 101ª Divisão Aerotransportada norte-americana haviam capturado a ponte ferroviária em Remagen depois que o comandante alemão se recusou a detonar a ponte para permitir que os civis em fuga a cruzassem. Hitler ordenou a execução de cinco oficiais no ato, mas o dano havia sido infligido. Os americanos possuíam sua primeira cabeça de ponte a leste do Reno. Naquele domingo, transpuseram o rio com três pontes flutuantes.

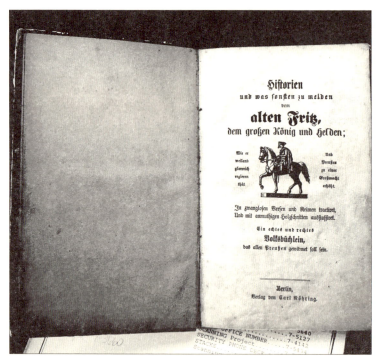

Uma antiga e rara "história" de Frederico, o Grande, é um dos diversos livros remanescentes de Hitler dedicados ao seu herói prussiano.

Num reconhecimento das notícias sombrias vindas da frente de batalha, Hitler deu um tom de determinação ao Dia do Herói Nacional de 1945. "Nunca houve um grande Estado histórico no passado que não se visse em situação semelhante", anunciou em mensagem às tropas da linha de frente. "Roma, na segunda guerra contra os cartagineses, Prússia, na Guerra dos Sete Anos contra a Europa. Esses são apenas dois dentre muitos exemplos", Hitler escreveu em sua mensagem escrita. "É, portanto, minha decisão inalterável, e deve ser a vontade imutável de todos, não dar um exemplo pior do que aqueles antes de nós." Não se podia permitir a repetição da humilhação de 1918. Não se podia esquecer que os Aliados não se contentariam com menos que o "extermínio da nação alemã". As palavras de Frederico, o Grande, tinham de ser lembradas: "Resistam e ataquem os inimigos até que eles se cansem e desmoronem!".

Hitler havia retornado a Berlim naquela noite visivelmente animado "emocional e intelectualmente", como Goebbels observou ao visitá-lo em seu escritório. Antes que Goebbels pudesse dar seu informe sobre as condições no *front*, a conversa enfocou uma discussão que haviam começado algumas semanas antes. Na época, Goebbels mencionara que estava relendo a biografia de Frederico, o Grande, de autoria de Thomas Carlyle, e ficara impressionado com a coragem do rei prussiano em épocas de adversidade. Goebbels e Hitler haviam conversado sobre a envergadura histórica que Frederico adquirira com o tempo, e sobre sua própria necessidade de se comportar de modo que, nos séculos vindouros, também pudessem servir de "exemplo de resistência heroica".

Agora Goebbels estava dando a Hitler um exemplar do livro de Carlyle, um presente apropriado para o dia do heroísmo nacional. Visivelmente satisfeito, Hitler recordou a teoria de Carlyle das "personalidades excepcionais", indivíduos que, além de deixar sua marca na história, também fornecem inspiração aos futuros líderes. "Também deve ser nossa ambição dar um exemplo à nossa própria época", Hitler disse, "de modo que as gerações futuras, sob crises e pressões semelhantes, possam olhar para nós assim como hoje olhamos para os heróis de nossa própria história."

Goebbels concordou e citou um exemplo. Na Prússia Oriental, havia observado Ferdinand Schörner, o general de 45 anos comandante da Terceira Divisão Blindada, resistir a uma série de ataques soviéticos e estabilizar um trecho do *front* que vinha desmoronando. Hitler respondeu que sabia que Schörner era um comandante excepcional. Goebbels disse que Schörner corporificava a determinação implacável necessária para vencer as guerras. Por exemplo, para deter a crescente onda de deserções, Schörner enforcava sumariamente quem fosse pego atrás das linhas sem permissão. Das árvores perto do *front*, Goebbels observou satisfeito, pendiam corpos de soldados alemães uniformizados com cartazes pendurados no pescoço declarando: SOU UM DESERTOR. RECUSEI-ME A PROTEGER AS MULHERES E AS CRIANÇAS ALEMÃS E POR ISSO FUI ENFORCADO. Goebbels gostou da simplicidade irresistível do recado de Schörner. Na linha de frente, você corre o risco de ser fuzilado; na retaguarda, com certeza será enforcado.

Hitler concordou. Schörner era um comandante-modelo. Teria de promovê-lo na próxima oportunidade. Como costumava acontecer com Hitler, uma única observação podia desencadear uma série de associações que o ocupariam por horas, o que sem dúvida acontecia naquela noite de domingo, pois passou as duas horas seguintes divagando sobre "exemplos" de liderança em sua própria época ou, como se tornava cada vez mais evidente aos seus olhos, a falta de liderança. Reclamou que, nos últimos meses, seus próprios generais haviam contestado sua autoridade repetidas vezes, enfraquecendo a frente leste para reforçar Berlim contra um ataque soviético que ele estava certo de que jamais ocorreria. Havia posto Himmler no

Escrivaninha de Hitler no escritório da Nova Chancelaria do Reich, onde continuou trabalhando nos meses finais da guerra. Observe os livros nas duas pontas.

comando dos exércitos ao leste na esperança de ver seu "fiel Heinrich" infundir disciplina entre os generais, só que este acabara igualmente se voltando contra Hitler. Desafiando as ordens explícitas de Hitler e pondo em risco o Reich, Himmler também estava começando a reforçar Berlim. Isso traria a catástrofe, Hitler previu.

Por que não punir Himmler por sua insubordinação?, Goebbels perguntou. Era inútil, Hitler respondeu. Havia formas demais de contestar a autoridade. No final, veriam que ele tinha razão, mas aí seria tarde. A guerra estaria perdida. Em vez disso, Hitler revelou que estava desenvolvendo um plano alternativo para salvar o Reich: dividir o inimigo politicamente, aliar-se a uma das partes e forçar um fim das hostilidades.

Contou a Goebbels que havia detectado fissuras entre o inimigo. A aliança britânica com os soviéticos era movida pela conveniência, ou mesmo desespero. De início, esperara aliar-se aos britânicos contra os soviéticos, mas a constelação política na Inglaterra tornava aquilo impossível. "Churchill, atacado pela fúria, escolheu como objetivo único e insano exterminar a Alemanha, ainda que signifique a destruição da Inglaterra também", Hitler contou a Goebbels. "Assim, não temos escolha senão procurar outras oportunidades."

Infelizmente, ele disse, uma dinâmica semelhante predominava nos Estados Unidos. Roosevelt havia impelido os europeus à guerra no início, e pretendia deixar que se destruíssem. Desse modo, Moscou permanecia a única opção viável. "Nosso objetivo tem que ser rechaçar os soviéticos no leste e cobrar um preço excessivamente alto em sangue e equipamentos. Então o Kremlin poderia se tornar mais flexível conosco", Hitler disse. "Um acordo de paz em separado com eles alteraria de modo radical a situação da guerra." Ao contrário de Churchill e Roosevelt, ele afirmava não temer a opinião pública. Poderia alterar à vontade a política em relação à União Soviética. A solução estava clara: Moscou tinha que ser dobrada. A estratégia de Hitler era atiçar o ódio alemão aos anglo-americanos, por forçar a Europa a travar a guerra, destruir as cidades alemãs com seus bombardeios e devastar o continente; depois, com a mesma força, reforçar a determinação no leste, esgotar os exércitos soviéticos, infligir uma série de golpes decisivos que detivessem o avanço russo e enfim negociar a paz. Encerre a luta no leste, Hitler disse, repetindo a sabedoria de Schlieffen, que o resto se resolverá por si mesmo.* Ele instruiu Goebbels: "Pregue a vingança contra o leste e o ódio contra o oeste".

---

* Em seu exemplar da biografia de Schlieffen, escrita por Hugo Rochs, Hitler marcou a lápis uma passagem à página 61 que prevê sua medida de emergência. "Os planos de campanha mais difíceis são aqueles em que é preciso defender-se contra inimigos bem mais fortes e poderosos. Aí é preciso refugiar-se na política e procurar dividir os inimigos de dentro ou separar um ou outro do restante oferecendo vantagens."

Aquele era o Hitler que Goebbels conhecia: desafiador, implacável, autoritário, calculista, visionário. Quando Goebbels deixou o escritório de Hitler tarde da noite, passou por um grupo de generais que aguardava na sala de espera. Pareciam exaustos, esgotados, derrotados. "Um grupo cansado que é realmente deprimente", Goebbels escreveu no seu diário naquela noite, registrando seu presente do livro de Carlyle. "É vergonhoso que o Führer conseguisse encontrar tão poucos colegas respeitáveis. Nesse círculo, é a única pessoa de destaque."

Ao entregar a Hitler a tradução alemã resumida da biografia escrita por Carlyle de Frederico, o Grande, épico prolixo de 2100 páginas publicado entre 1858 e 1865, além de alimentar o interesse constante de Hitler por Frederico, o Grande, Goebbels estava oferecendo um livro de um autor cujas ideias sobre liderança e história Hitler tempos antes adotara.

Como pioneiro da teoria do grande líder, Carlyle acreditava que "a história do que o homem realizou neste mundo é, no fundo, a História dos Grandes Homens que atuaram aqui". Desprezava o governo representativo. "Pelo que se sabe, a democracia nunca se mostrou capaz de realizar muita coisa além da própria destruição", Carlyle certa vez observou. Os líderes dominadores deviam ser reverenciados, estudados e imitados, por mais falhos que fossem. "Uma satisfação é que os Grandes Homens, sob qualquer aspecto, constituem uma companhia proveitosa", Carlyle escreveu. "Por mais imperfeito que seja um grande homem, sempre lucraremos alguma coisa se o observarmos." Carlyle detestava os irlandeses e os judeus, e certa vez escreveu um panfleto racista a que deu um título beligerante: "Um discurso ocasional sobre a questão dos negros".

Um crítico certa vez afirmou que Carlyle havia passado sete anos "deploráveis" tentando tornar Frederico "apresentável" a um público europeu. Na verdade, Carlyle adorou a tarefa. Expressou apenas admiração pelo déspota do século XVIII que "deixou o mundo todo falido", em "abismos sem fundo de destruição", com seus inimigos "em circunstâncias bem ruinosas". Era fascinado pelo "estoicismo silencioso" do rei, sua "grande consciência e certo orgulho consciente" e, em particular, seus olhos, "olhos brilhantes e poderosos" que eram ao mesmo tempo "vigilantes e penetrantes" e emanavam "uma radiação externa fulgurante surgida de algum grande mar interno de luz e fogo no homem". Carlyle achou Frederico "prodigioso", um homem que cambaleou repetidamente à beira do desastre, chegando certa vez a cogitar suicídio em face de adversidades esmagadoras, mas que havia "defendido a pequena Prússia contra toda a Europa, ano após ano, por sete longos anos, até que o continente cansou e desistiu da operação como inviável". William Butler Yeats certa vez denominou Carlyle "o principal inspirador de homens autodidatas".

A lírica mistura de brutalidade e sentimentalismo de Carlyle impressionou a própria constituição emocional perniciosa de Hitler. As obras de Carlyle ocuparam um espaço na primeira estante de livros de Hitler no seu apartamento da rua Thiersch, e podem tê-lo inspirado a se imaginar o "tocador de tambor" — *Trommler* — do emergente movimento nazista, uma designação que Carlyle atribui ao jovem regente, no capítulo 6 do livro 1 de sua biografia, quando seu "Fred" revela o nascente espírito marcial quando pega um tambor e o toca com determinação, para o prazer do pai. "O coração paterno foi tomado de uma alegre afeição, e rogou ao Céu que confirmasse aquele presságio", Carlyle escreve, observando que o homem que começou a carreira como "tocador de tambor" acabou conquistando um continente.

"É maravilhoso quando o historiador inglês Carlyle enfatiza que Frederico, o Grande, e Deus é testemunha, viveu uma vida dedicada exclusivamente ao serviço do seu povo", Hitler disse nas observações finais de seu julgamento de 1924. Ele continuou invocando Carlyle pelo resto da vida. "Há muito a ser dito sobre os líderes, e é certo que um líder é importantíssimo para um povo, mas o próprio povo é da mesma forma importante", afirmou em maio de 1927, ao se dirigir a um grupo de líderes do Partido Nazista. "Carlyle escreveu não apenas que Frederico, o Grande, foi um grande monarca, mas também que o povo prussiano merecia um grande monarca. O povo também tem que ser merecedor."

Hitler invocou a mesma ideia carlyliana duas décadas mais tarde, quando seu Reich começou a desabar. "Se o povo alemão precisa sujeitar-se nesta guerra, é porque foi fraco demais", declarou em 4 de agosto de 1944, dois meses depois que os Aliados desembarcaram na Normandia para abrir uma brecha na sua Fortaleza Europa, "não tendo passado no seu teste perante a história e estando destinado à destruição." Em março de 1945, com a inevitabilidade do colapso do seu Reich, Hitler emitiu sua deplorável "Ordem de Nero", de destruição da infraestrutura pública da Alemanha, invocando a mesma lógica carlyliana. "Não é necessário se preocupar com o que o povo alemão precisará para a sobrevivência básica", Hitler contou a Albert Speer. "Pois a nação se mostrou mais fraca, e o futuro pertence tão somente à nação mais forte do leste."

Naquela noite de domingo em meados de março, quando falou dos "homens excepcionais" e no comportamento para a posteridade, Hitler estava igualmente reproduzindo suas leituras de Carlyle, assim como quando delineou suas intenções de uma solução política para a catástrofe militar iminente. Como estudioso constante do autor, não podem ter escapado a Hitler os paralelos entre sua própria situação e a descrição de Carlyle da hora mais sombria do rei prussiano:

Desde 9 de dezembro Frederico está em Breslau, em algum resíduo de seu palácio arruinado ali; e é representado para nós, nos Livros, sentado em meio a escombros; nenhuma perspectiva à sua frente, a não ser escombros. Afastado da sociedade; olhar fixo no futuro sombrio. Raramente vê alguém; quando fala, é só sobre negócios.

Carlyle observa que, no final de 1861, o império de Frederico está à beira da ruína, com as grandes potências da Europa continental — Áustria, França e Rússia — reunidas contra ele com uma vantagem esmagadora. As cidades alemãs estão ocupadas ou em ruínas. Em carta datada de 18 de janeiro de 1862 ao marquês d'Argens, Frederico cogita suicídio — fala de um "pequeno tubo de vidro" que acabará com tudo aquilo — e busca consolo na esperança de alguma reviravolta imprevista. "Se o Destino continuar me perseguindo, sem dúvida afundarei", Frederico escreve. "Só ele conseguirá me tirar da situação em que estou. Fujo dele olhando o Universo em grande escala, como um observador de algum planeta distante; tudo, então, me dá a impressão de ser infinitamente pequeno, e quase tenho pena dos meus inimigos por terem tanto trabalho com tão pouco."

Frederico diz então que encontra refúgio nos seus livros. "Leio muito", ele escreve. "Devoro meus Livros, o que traz um alívio proveitoso. Não fossem meus Livros, acho que a hipocondria já teria me levado ao hospício. Em suma, caro marquês, vivemos numa época turbulenta e em situações irremediáveis."

Frederico encerra sua carta com uma descrição de si próprio como um "Herói do Palco; sempre em perigo, sempre a ponto de perecer." Espera apenas que "a conclusão chegue; e se o final da peça for feliz, esqueceremos o resto".

Depois chegam notícias súbitas e inesperadas de São Petersburgo. Um dia depois de ter redigido sua carta desesperada, fica sabendo que sua inimiga ferrenha, a tsarina Isabel, está morta, vítima de uma doença tão imprevista quanto fatal. "Que a implacável Mulher Imperial, INFAME PROSTITUTA DO NORTE, esteja realmente morta. Morta; e não me odeia mais", Frederico comemora. "Salvação, Paz e Vitória residem na palavra!" Melhor ainda é o fato de Isabel ser sucedida pelo sobrinho, Pedro, que por sorte é um germanófilo contumaz "desde longa data intimamente um amigo declarado e admirador do rei; e se apressa, não DEVAGAR demais como o rei temeu, muito pelo contrário, em revelá-lo a toda a humanidade".* Pedro III rompe as alianças da Rússia com a Áustria e a França, retira os exércitos russos dos campos de batalha e despacha um enviado a Berlim. A Prússia se salva. O milagre da Casa de Brandemburgo aconteceu. Carlyle observa: "Frederico é duro de matar".

Encolhido em meio aos escombros de Berlim — com o Ministério da Propaganda do outro lado da rua em ruínas, a antiga Chancelaria do Reich adjacente danificada por bombas e a nova destituída das tapeçarias e quadros nas vastas paredes e dos livros na biblioteca, evacuada por correr risco de destruição —, Hitler pode perfeitamente ter obtido um consolo ilusório nas páginas de Carlyle naquela noite de domingo, ou ao menos a certa altura nas semanas que se seguiram. A preocupação de Hitler com o rei prussiano sitiado, mas afinal triunfante, também se evidencia no retrato de Frederico que pendurara na parede da suíte do seu *bunker*. Sua escolha das pinturas era reveladora. Entre os diversos retratos de Frederico que possuía — reproduzidos num volume encadernado, *Catálogo da galeria privada de Adolf Hitler,* que está entre seus livros na Biblioteca do Congresso —, selecionou uma obra de

---

* O mais antigo livro remanescente de Hitler sobre Frederico, o Grande, é um volume do século XIX, *Histórias e o que mais se pode relatar sobre o velho Fritz, o grande rei e herói.* Escrito em versos, narra o mesmo incidente como se fosse igualmente importante, mas em termos um pouco mais curiosos: "Assim os elos da grande corrente/ que quase estrangulou a Prússia/ se antes estiveram todos unidos/ de um só golpe se soltaram" (" *So wurde die Ringe der grossen Kette/ Die Preussen beinahe erdrossel hätte —/ Wie einst an einander gefugt man sie fand —/ Jetzt würden abgetrennt nacheinand —*").

Anton Graff, artista do século XVIII que Max Osborn elogiara pela "concentração psicológica e luminosa" que trazia aos olhos dos retratados. A pintura mostra Frederico em seus últimos anos, maduro e com cabelos grisalhos, bem "depois de sua época tumultuosa e situações desesperadas", o beneficiário de uma espécie de reviravolta inesperada que Hitler vinha aguardando, e que parecia ter surgido na segunda semana de abril.

Na quinta-feira, 12 de abril, nesse jogo final delirante, as circunstâncias davam a impressão de ser favoráveis. Enquanto repousava em seu retiro particular em Warm Springs, Geórgia, Franklin Roosevelt sofreu uma embolia cerebral fulminante e morreu.

Quando a notícia da morte de Roosevelt chegou ao Führerbunker, a exaltação tomou conta do espaço subterrâneo. Existem numerosos relatos de como Hitler recebeu a notícia, mas a opinião geral parece ser a de Albert Speer. "Quando cheguei ao *bunker*", ele recordou, "Hitler me viu e correu ao meu encontro com um grau de animação raro naqueles dias. Segurava um recorte de jornal na mão. 'Aqui, leia isto! Aqui! Aqui temos o milagre que sempre previ. Quem estava certo? A guerra não está perdida. Leia só! Roosevelt está morto!'" Hitler disse a Speer que aquilo era uma prova de que a Providência zelava por ele. Goebbels estava fora de si de tanta alegria. Contou a Speer que a história vinha se repetindo, que o milagre de Brandemburgo voltara a ocorrer. Como com Frederico, o Grande, a salvação chegara no último momento.

Hitler aproveitou a ocasião para arregimentar suas tropas esgotadas e emitiu uma declaração à linha de frente:

Nesta hora, toda a Alemanha está observando vocês, meus guerreiros do leste, e espera apenas que sua resistência, seu fanatismo, suas armas e sua liderança sufoquem num banho de sangue o ataque bolchevique. No momento em que o destino removeu desta terra o maior criminoso de guerra de todos os tempos, o divisor de águas desta guerra foi decidido.

Impossível saber se Hitler acreditava nas palavras que ofertava à Alemanha, ou se faziam parte de um esforço propagandístico calculado para explorar o que via como uma oportunidade afortunada; se simplesmente harmonizava sua retórica com a de Goebbels, ou se de fato aquelas palavras emergiram de alguma convicção mais profunda, um sortilégio semi-implorador, semiesperançoso, gritado através da névoa da autoilusão para dentro da bruma ainda mais densa do desespero; ou se, de fato, aquelas palavras eram uma expressão da convicção supostamente firme de Hitler de que o Destino, ou o acaso, de novo decidira, como com seu reverenciado Frederico, o Grande, salvá-lo da ruína.

As circunstâncias eram tão inesperadas, o momento, tão surpreendente, que mesmo os observadores mais equilibrados refletiram durante anos sobre a reação de Hitler. "Até hoje não tenho uma resposta convincente para o que naquela declaração foi falso otimismo e em que Hitler de fato acreditou", um ajudante dele recordou após a guerra. Outro observador da cena se inclinou a achar que Hitler "estava tão obcecado pela ideia de alguma salvação milagrosa que se agarrou a ela como um náufrago a uma tábua".

Nos dias seguintes à morte de Roosevelt, Hitler monitorou os fatos para ver se conseguia detectar uma mudança no clima político. Chegou a cogitar despachar Speer para os Estados Unidos para uma reunião com Truman. Enquanto isso, examinou a situação militar em busca de uma mudança perceptível na sorte no campo de batalha.

Mas 13 de abril, o dia após a morte de Roosevelt, não viu nenhum arrefecimento nos avanços do inimigo. Ao longo da frente oriental, os soviéticos vinham fustigando as defesas alemãs.

Em Viena, logo destruiriam o último bolsão de resistência. Cento e sessenta quilômetros a oeste, bombardeiros inimigos fustigaram a área numa linha de Veneza até Linz. Berlim foi golpeada por três ondas sucessivas de bombardeios. Três dias depois, em 16 de abril, quando os exércitos soviéticos lançaram uma ofensiva maciça final contra a capital alemã, ficou claro que não haveria um segundo milagre de Brandemburgo. Em 20 de abril, o 56º aniversário de Hitler foi "comemorado" numa atmosfera de derrota, sem a pompa e a celebração que marcaram seu aniversário anterior, quando, dois meses antes dos desembarques dos Aliados na Normandia, ele ainda dominava o continente.

Um de seus presentes em 1944 havia sido uma edição fac-símile especialmente encadernada das cartas de Frederico ao seu criado e confidente por toda a vida, Michael Gabriel Fredersdorf, escritas entre 1747 e 1755, nas quais Frederico divaga sobre assuntos cotidianos como as despesas decorrentes de possuir cavalos, a qualidade das encenações operísticas em Berlim e o caso de uma mulher que se dizia capaz de transformar água em ouro (ele recomenda sua prisão até que consiga provar a afirmação). Encadernado em linho branco e com uma saudação de aniversário adulatória impressa em letras douradas grandes, esse álbum enorme preserva a ostentação e a confiança ilusória daquele evento, a que Hitler compareceu de uniforme branco festivo.

Um ano depois, recurvado e carrancudo, trajava sua jaqueta de campanha manchada. Compareceu ao jantar, fez os cumprimentos de praxe, depois se retirou aos seus aposentos no *bunker*, onde mais tarde Traudl Junge o encontrou sentado na poltrona com seus óculos de leitura e um livro.

Junge me contou que depois daquele dia ele nunca mais falou de uma intervenção divina ou de uma reviravolta milagrosa. Hitler passou seus últimos dez dias numa atmosfera de melancolia crescente, à medida que a situação militar se deteriorava. Em 23 de abril, com o exército soviético nas imediações de Berlim, Goering enviou um telegrama de Obersalzberg solicitando que fosse autorizado a tomar decisões na eventualidade de Hitler ficar incapaz de exercer suas responsabilidades a partir da capital sitiada. Temendo a traição, Hitler ordenou a prisão de Goering dois dias depois. Naquele mesmo dia, 25 de abril, as forças soviéticas e americanas se encontraram numa ponte em Torgau, no Elba, no sudoeste da Saxônia. Em vez de trocar tiros, deram-se as mãos. Naquela sexta--feira, Hermann Fegelein, o ajudante de Himmler e cunhado de Eva Braun, foi preso quando tentava fugir de Berlim com uma pasta cheia de moeda estrangeira. No dia seguinte, Hitler soube que Himmler estava em negociações de paz secretas com os Aliados. Para Hitler, foi o maior dos desapontamentos. No dia seguinte, mandou que suas cápsulas de cianeto fossem testadas em seu pastor alemão, Blondi, retirando-se depois a um quarto contíguo para ditar seu testamento.

Como numa inspiração final de seu mentor Frederico, e na tradição dos soberanos subsequentes, Hitler dividiu seu documento de despedida em um testamento pessoal e outro político. Ao contrário do testamento de Frederico — ditado em seus anos de velhice, sofrendo de reumatismo, no cenário elegante do Palácio de Sanssouci e que forneceu sua visão para a transição tranquila e a boa governança após sua morte —, as palavras finais de Hitler foram melancólicas, defensivas e falazes, ditadas pouco antes da meia-noite num quarto do *bunker*, com ele de pé ao lado de uma mesa, cabeça baixa e braços estendidos, enquanto Traudl Junge ficou sentada defronte com um lápis e um bloco estenográfico. "É mentira que eu ou qualquer outro na Alemanha desejássemos a guerra em 1939", Hitler começou.

Ela foi desejada e exclusivamente provocada por aqueles estadistas internacionais, de origem judaica ou a serviço de interesses judaicos. Fiz ofertas demais de limitação e restrição da produção de armas para a posteridade, deixando de lado qualquer menção à covardia, para que me acusem da responsabilidade pela irrupção da guerra. Além disso, nunca quis outra guerra com a Inglaterra ou mesmo os Estados Unidos após a primeira e maldita guerra mundial.

Ele prosseguiu detalhando seus esforços de última hora para evitar a guerra no verão de 1939, como devidamente narrado por Sven Hedin, e atribuiu seu fracasso ao desejo da indústria britânica de travar a guerra, e à "propaganda do judaísmo internacional". Em seguida, detalhou as traições que sofrera nas mãos de seus próprios companheiros, e designou o grupo que governaria a Alemanha após sua morte. Parece uma forma estranha de escrever um testamento, e uma forma ainda mais estranha de dispor de um império que já cessara de existir. O ato final de Hitler foi ainda mais estranho. "Como eu achava durante os anos de luta que não poderia responsavelmente contrair um matrimônio, decidi agora, antes da conclusão desta jornada terrestre, aceitar como esposa a moça que, após longos anos de amizade fiel, veio a esta cidade quase sitiada para compartilhar seu destino comigo", Hitler estipulou em seu testamento particular. "Por sua própria vontade, ela morrerá como minha esposa. Isso nos compensará o que perdemos por meu trabalho a serviço do meu povo."

Enquanto Junge datilografava essas palavras em três cópias numa máquina de escrever manual, Hitler desceu o corredor até outro aposento que fora preparado para uma pequena cerimônia de casamento. Com um juiz de paz arrebanhado em meio à luta nas ruas, e com Martin Bormann e Goebbels servindo de testemunhas, Adolf Hitler e Eva Braun foram declarados marido e mulher. Uma rodada de champanhe foi servida, ergueram-se os cálices e, pouco antes das quatro da madrugada, o testamento foi assinado. Depois

Hitler e Braun se retiraram aos seus aposentos privados. Na manhã seguinte, quando Junge hesitou diante da recém-casada, Braun disse: "Tudo bem, pode me chamar de Frau Hitler".

Os dois dias seguintes foram gastos em discussões sobre as respectivas vantagens do suicídio por cianeto ou tiro de pistola, com a despedida dos companheiros e sob o barulho cada vez mais próximo dos canhões. A certa altura, uma bomba estourou no alto, provocando calafrios por todo o complexo do *bunker*. Em 30 de abril, Hitler e sua mulher almoçaram como de hábito, em companhia de Traudl Junge e outra secretária. Hitler comeu em silêncio, ombros curvados, olhos fixos na mesa. Após o almoço, convocou toda a sua comitiva, apertando a mão de cada um e murmurando palavras de despedida quase inaudíveis. Braun legou sua estola de raposa prateada a Junge. Hitler prometeu o quadro de Graff a Hans Bauer, e deu seu alfinete de ouro do partido à mulher de Goebbels, Magda. Pouco depois das três da tarde, Hitler e Braun se retiraram para seus aposentos. A certa altura entre três e meia e quatro horas, um único tiro de pistola foi disparado.

Quando os ajudantes de Hitler abriram a porta, depararam com o cheiro cáustico de cianeto e a visão de Braun estendida no sofá, seus sapatos arrumados ao lado. Hitler estava tombado perto dela com uma só bala na cabeça e uma poça de sangue do tamanho de um prato no chão. Foram envoltos em lençóis e carregados pela escada estreita ao jardim da chancelaria, onde foram colocados numa cova rasa, encharcados com 95 litros de gasolina e cremados. Uma testemunha lembra que viu o vestido de seda azul de Braun se desfazer, revelando por um breve instante sua pele branca e macia, que aos poucos se carbonizou em meio às chamas. Os quartos do *bunker* de Hitler também foram encharcados de gasolina e incendiados, mas as chamas rapidamente perderam força e morreram naquele espaço estreito e sem ar.

Uma fotografia do quarto de dormir de Hitler na época mos-

Um soldado americano inspecionando o quarto de dormir de Hitler no bunker *de Berlim. Todos os objetos pessoais foram saqueados, exceto os livros remanescentes de Hitler.*

tra um espaço espartano e saqueado. A cama foi destituída do colchão, revelando uma armação de madeira simples e uma trama folgada de molas de aço. Cabides vazios pendem do armário aberto. Um cofre-forte da altura do tórax domina o primeiro plano. A porta grossa foi aberta com um maçarico. No canto à esquerda, uma cadeira de madeira simples está apoiada na parede junto com uma mesa quadrada e baixa que quase esbarra na cama. Nenhum objeto pessoal permanece, com exceção de livros espalhados: cinco volumes em duas pilhas no alto do cofre arrombado, claramente parte de uma série, talvez uma das enciclopédias Meyer ou Brockhaus que Hitler costumava manter por perto. Um volume individual repousa no chão junto ao armário, e dois outros junto à parede ao fundo. Um livro está sobre a mesa, no canto mais próximo da cama de Hitler. O único volume com a lombada de frente para a câmera parece ser um tratado de centenas de páginas com bela encadernação, tão pesado quanto a edição resumida de *Frederico, o Grande*, de Carlyle. Sua identidade teria sido decifrável pela lombada, não fosse o brilho do *flash* que ofusca autor e título.

Jamais saberemos os títulos dos livros à cabeceira de Hitler no dia em que se matou, mas conhecemos oitenta livros que estavam no complexo do *bunker* na época, alguns aquisições bem recentes, como um livro de 1943 intitulado *Uma pré-história da guerra de Roosevelt*, de Hans Heinrich Dieckhoff. Mas havia também livros que ele adquirira quando jovem e, em algum momento, trouxera para Berlim: um tratado de 1913 sobre a ópera *Parsifal*, de Wagner, um panfleto sobre valores raciais publicado em 1917, uma história da suástica publicada em 1921 e cerca de uma dúzia de livros sobre temas místicos e ocultistas, todos do princípio da década de 1920, inclusive uma brochura de 120 páginas intitulada *As profecias de Nostradamus*, de Carl Loog, publicada em 1921.

Nessa brochura barata, impressa em papel que agora está se deteriorando rapidamente, Loog prevê o surgimento de um "profeta", "com uma cabeça furiosa" — *mit rasendem Kopf* — que "libertará" o povo alemão e se tornará "conhecido ao redor do mundo". Ao explicar uma das passagens mais enigmáticas de Nostradamus, essa publicação de 1921 prevê a irrupção de uma "segunda guerra mundial" em 1939, com a Alemanha entrando em guerra contra a Polônia, França e Inglaterra. O autor está tão certo da data e circunstância da guerra futura — duas décadas depois — que cita a estrofe de Nostradamus pertinente (centúria 3, quadra 57) em sua íntegra e fornece uma explicação detalhada. "Caso se presuma nas estrofes anteriores que Marte representa a guerra, não é difícil hoje traduzir esse enigma como 'guerra mundial'", Loog escreve. "As estrofes restantes sobre Marte quase certamente indicam uma segunda ou terceira guerra mundial." Loog vê a quadra 57 de Nostradamus como um roteiro da guerra:

Sete vezes vereis a nação britânica mudar,
Manchada de sangue após 290 anos:
A França nada vale sem o apoio germânico,
Áries duvida de seu polo bastarniano.

A nação inglesa "mudará sete vezes" e estará "mergulhada no sangue" durante um período de 290 anos; a guerra consumirá o "polo bastarniano". (Loog explica que os "bastarnianos" foram uma tribo germânica que outrora ocuparam uma área concedida à Polônia após 1918.) Ele começa a contagem regressiva de 290 anos, até o derramamento de sangue, em 1649, anos em que Carlos I é executado e Oliver Cromwell chega ao poder, depois cataloga as "mudanças" subsequentes como correspondendo aos reinados de Carlos II, Jaime II, Guilherme III, rainha Ana e finalmente Jorge I.

"Daquele ponto em diante, a política da Inglaterra flui em uma só direção", Loog escreve, observando que o saldo restante de 150 anos decorre com relativa calma, levando-o ao fatídico ano de 1939. "Nostradamus evidentemente quer explicar que 1939 será o ano da última e maior crise inglesa e de uma crise na Polônia reconstituída", Loog escreve.

Quando solicitei esse volume específico na sala de leitura de livros raros da Universidade Brown, foi-me trazido numa capa de papel cinza alcalino, marcada com o número de catálogo 38. Ao folhear as páginas, não encontrei nenhuma marcação nas margens, nenhuma intromissão a lápis, fosse comentários ou trechos sublinhados, nenhum ponto de interrogação ou de exclamação, nem qualquer outra marca reveladora que pudesse dar uma ideia do envolvimento de Hitler com esse texto notável. O único sinal de leitura foram as páginas mal cortadas com um objeto cego,* talvez uma faca de cortar papéis, deixando o alto de cada página irregular e quebradiço com o tempo. Ao estudar esse volume, logo constatei que Hitler, ou quem cortou aquelas páginas, atingiu apenas até a página 42, 26 páginas antes da previsão de Loog do "profeta" com a cabeça furiosa e de uma "segunda guerra mundial".

Jamais saberemos se Hitler conhecia as previsões de Nostradamus, mas com esse volume específico a biblioteca de Hitler realiza o conceito de Benjamin e estende suas dimensões. Não apenas o colecionador está preservado em seus livros, mas o roteiro de sua vida está em suas páginas.

---

* Nos livros antigos, as páginas não vinham separadas. A estrutura dos cadernos que compunham o livro fazia que algumas páginas precisassem ser cortadas nas margens. (N. T.)

Posfácio

Os destinos dos livros

Quando Walter Benjamin escreveu que os livros "preservam" o colecionador, viu a biblioteca particular não apenas como a síntese de uma vida, em que o colecionador se tornou "inteligível" uma vez adquirido seu último volume e disposto na estante, mas também como o ponto final da trajetória dos próprios livros, que passaram de mão em mão, muitas vezes por caminhos tortuosos, até atingir, enfim, o repouso na estante do colecionador. À semelhança de Alois Hudal, Benjamin encontrou sabedoria no latim: *habent sua fata libelli.*

"Essas palavras pretendiam ser uma afirmação geral sobre os livros", Benjamin observou. "Assim, obras como *A divina comédia*, a *Ética* de Spinoza e *A origem das espécies* têm seus destinos. Um colecionador, porém, interpreta esse ditado latino de forma diferente. Para ele, não apenas as obras, mas também os livros individuais têm seus destinos."

Para Benjamin, cada volume de uma biblioteca representava um "destino" individual, cada qual com sua própria história, seu próprio propósito na vida do colecionador, fosse ele entreter, distrair, informar ou decorar, mas em última análise e coletivamente servir de testemunha depois que o colecionador fosse "exterminado", como um coro reunido de uma tragédia grega.

Existe, é claro, uma miopia detectável, até uma presunção, nessa ideia particular de Benjamin, pois presume que um livro específico está "destinado" a uma biblioteca particular, que sua própria razão de ser é "preservar" seu colecionador, desempenhar o papel de testemunha póstuma, ser condenado à eterna servidão em memória do colecionador "exterminado". Trata-se decerto de um pensamento confortador para o colecionador com um olho na posteridade, mas uma visão tacanha sobre o verdadeiro destino dos livros, sobre o fato de que poucas bibliotecas chegam a sobreviver intactas ao seu colecionador, como o próprio Benjamin descobriu dolorosamente em março de 1933. Semanas após a tomada do poder por Hitler, Benjamin fugiu da Alemanha, confiando sua coleção de livros a um vizinho, que acabou despachando uma parte da coleção — "a metade mais preciosa" — para a Dinamarca, onde ficou hospedado na casa do teatrólogo Bertolt Brecht. Benjamin acabou se mudando para Paris, levando consigo seus livros.

Quando o dinheiro começou a escassear, Benjamin vendeu alguns volumes para dar conta das despesas. Sua melancolia aumentou quando tentou proteger a outra metade de sua biblioteca em Berlim e ficou sabendo que os livros e documentos restantes haviam sido destruídos.

Após a invasão alemã em 1940, Benjamin foi detido por um breve período pelas autoridades francesas e depois libertado graças à intervenção de um conhecido francês. Abandonou a "preciosa" parte sobrevivente de sua biblioteca e fugiu para Lourdes, ao sul, depois para Marselha. De lá esperava emigrar para os Estados Unidos, onde colegas intelectuais alemães haviam se exilado. Em carta a uma ex-aluna, Hannah Arendt, Benjamin falou da "vida cheia de medo" — *angsterfülltes Leben* — que agora enfrentava, sem saber o que a próxima hora, sem falar no dia seguinte, poderia trazer. A qualquer momento, poderia ser entregue à Gestapo. No início do outono, decidiu atravessar a fronteira franco-espanhola em Portbou, uma cidade costeira isolada não patrulhada pelas autoridades francesas. Na manhã de 27 de setembro de 1940, Benjamin partiu com um pequeno grupo de refugiados em uma breve mas cansativa caminhada por uma via montanhosa até Portbou, mas foi detido pelos guardas espanhóis que haviam temporariamente fechado a fronteira. Exausto e temendo ser entregue às autoridades francesas, Benjamin redigiu uma breve carta naquela noite — "Estou numa situação desesperadora e não tenho nenhuma outra possibilidade de me livrar dela" — e matou-se com uma superdose de morfina.

Conquanto o desespero e o terror fossem certamente as causas mais imediatas do suicídio de Benjamin, Hannah Arendt mais tarde cogitou uma crise existencial mais profunda: a perda de seus livros. Perdido naquela passagem de fronteira desolada na extremidade litorânea do continente, vislumbrava um futuro desolador e ameaçador, sabendo que seus livros restantes — seu refúgio, sua "morada", seu meio de subsistência — haviam passado às mãos da Gestapo de Paris. Ao refletir sobre o ato final desesperado de Benjamin, Arendt sentiu dor, mas não surpresa. "Como iria ele viver sem uma biblioteca?", perguntou. O que ela não sabia, e Benjamin jamais poderia ter imaginado, é que sua biblioteca acabou sobrevivendo a ele. Confiscada pela Gestapo e despachada para Berlim, lá foi reivindicada pelos soviéticos e levada a Moscou, para ser depois devolvida à Alemanha, primeiro ao Arquivo Theodor Adorno, em Frankfurt, e enfim ao seu arquivo próprio em Berlim, onde começara sua jornada seis décadas antes.

Já a biblioteca de Hitler foi rapidamente desmantelada no caos do seu império em colapso. No momento em que se matou com um tiro, soldados norte-americanos já vinham saqueando suas coleções em Munique. No escritório de Hitler na sede do Partido Nazista na Casa Marrom, um jovem tenente encontrou um exemplar de *Minha vida e trabalho*, de Henry Ford, com dedicatória de Hanfstaengl de 1924. O tenente acabou levando o conjunto de dois volumes, que "mostrava sinais de ter sido folheado", de volta a Nova York, pondo-o à venda na Livraria Scribner.

Na residência de Hitler na rua Príncipe Regente, a correspondente de guerra Lee Miller encontrou os livros de Hitler parcialmente intactos. "À esquerda dos aposentos públicos havia uma biblioteca cheia de livros ricamente encadernados e muitos volumes presenteados, com dedicatórias de simpatizantes", ela observou. "A biblioteca era desinteressante, já que tudo de valor pessoal havia sido evacuado: estantes vazias eram testemunhas desoladoras da fuga." Uma fotografia mostra Miller sentada à escrivaninha de Hitler. Cerca de uma dúzia de livros esparsos estão espalhados pelas estantes adjacentes — brochuras, edições encadernadas, um grande e desgastado livro de retratos de Nuremberg, três edições antigas de *Mein Kampf* com a sobrecapa original.

Quatro dias depois, tropas avançadas da 101ª Divisão Aerotransportada chegaram a Obersalzberg, onde encontraram o Berghof de Hitler ardendo em ruínas. No escritório do segundo andar, as estantes de livros filetadas à mão haviam sido reduzidas a cinzas, restando apenas paredes de concreto carbonizadas e um cofre-forte escurecido pela fuligem, no qual os soldados encontraram várias primeiras edições de *Mein Kampf*. O restante dos livros de Hitler foi descoberto num aposento do *bunker* convertido em biblioteca. "Nos fundos estavam dispostas espreguiçadeiras e abajures", relatou um agente secreto escalado para a 101ª Divisão. "A maioria dos livros versava sobre arte, arquitetura, fotografia e histórias de campanhas e guerras. Um rápido exame dos livros espalhados revelou que faltavam obras de literatura e quase não havia

A correspondente de guerra Lee Miller na residência de Hitler na rua Príncipe Regente. A maioria dos livros pessoais havia sido removida pelo pessoal dele. Observe exemplares de Mein Kampf *com as sobrecapas originais.*

teatro e poesia." O relatório sigiloso identifica apenas três obras pelo nome: *A gênese da Guerra Mundial,* do historiador revisionista americano Harry Elmer Barnes, *O príncipe,* de Nicolau Maquiavel, e as críticas do filósofo do século XVIII Immanuel Kant.

Os volumes belamente encadernados, com seus ex-libris característicos, se tornaram a pilhagem favorita dos soldados vitoriosos. Cenas de cinejornais registram soldados americanos apanhando livros da coleção de Hitler. Uma sequência mostra um soldado abrindo um grande volume para revelar o ex-libris de Hitler, mostrado pela câmera em close. Em outra, vários homens emergem do *bunker* com pilhas de livros sob os braços. Nas semanas subsequentes, a coleção de Berghof foi saqueada livro por livro. Em 25 de maio, quando uma delegação de senadores americanos chegou a Obersalzberg, teve que se contentar com álbuns da coleção de discos de Hitler. Não restava nenhum livro.

Naquelas semanas, a coleção de livros de Hitler em Berlim também vinha sendo desmantelada. Às nove horas da manhã de 2 de maio, 36 horas após o suicídio de Hitler, uma equipe médica soviética entrou no Führerbunker quase abandonado. A equipe reapareceu uma hora depois exibindo sutiãs de renda preta do guarda-roupa de Eva Braun e carregando bolsas cheias de lembranças, inclusive várias primeiras edições de *Mein Kampf.* Houve ondas sucessivas de pilhagens. Quando Albert Aronson chegou a Berlim como integrante da delegação norte-americana enviada para negociar a ocupação conjunta da cidade, seus anfitriões soviéticos o guiaram numa visita aos aposentos privados de Hitler e, como cortesia, deixaram que levasse uma pilha de oitenta livros que até então ninguém reivindicara. Ainda naquelas semanas, toda a biblioteca da Chancelaria do Reich — estimada em 10 mil volumes — foi arrebatada por uma brigada soviética em busca de "troféus" e despachada para Moscou para nunca mais ser vista.* As únicas partes significativas da biblioteca de Hitler que sobreviveram intactas foram os 3 mil livros descobertos na mina de sal de Berchtesgaden, dos quais 1200 foram parar na Biblioteca do Congresso. O resto parece ter sido "descartado" no processo de catalogação da coleção.

---

* No início da década de 1990, um jornal de Moscou informou sobre a presença desses livros numa igreja abandonada no subúrbio moscovita de Uzkoe. Pouco depois da publicação do artigo, a coleção foi removida e nunca mais foi vista.

Milhares de outros repousam nos sótãos e estantes de livros de veteranos em todos os cantos dos Estados Unidos. De vez em quando, volumes isolados chegam ao conhecimento do grande público. Há anos descobriu-se um exemplar do livro de Peter Maag, *O reino de Deus e o mundo contemporâneo*, publicado em 1915, com "A. Hitler" escrito na contracapa, na prateleira de saldos a cinquenta centavos de uma livraria no norte do estado de Nova York. Após a morte de Aronson, seu sobrinho doou os oitenta livros do Führerbunker à Universidade Brown. No início da década de 1990, Daniel Traister, chefe da coleção de livros raros da Universidade da Pensilvânia, recebeu uma biografia de Frederico, o Grande, e outros volumes saqueados de Berghof. Junto veio uma carta dizendo: "Dan, você não pode imaginar quanto dinheiro as pessoas estão dispostas a me oferecer por estas coisas. Até agora não encontrei nenhuma que eu gostaria que ficasse com elas. Aqui estão: destrua-as ou mantenha-as, como quiser".

Faz alguns anos, recebi uma carta semelhante após escrever um artigo sobre a biblioteca de Hitler para *The Atlantic Monthly*. Uma livreira de Minnesota havia herdado um livro de Hitler que a mãe adquirira num leilão na década de 1970. De início fascinada com a aquisição, a mãe depois ficou com a consciência duplamente pesada: sentia-se mal em lucrar com um objeto de Hitler e também preocupada com as motivações de um possível comprador. Após a morte da mãe, a filha herdou o livro e o dilema. Tendo lido meu artigo, e sentindo que meus interesses eram puramente acadêmicos, ofereceu-me o livro a preço de custo. Uma semana depois, o exemplar de Hitler de *Corpo, espírito e razão viva*, de Carneades, chegou numa caixa de papelão.

A obra estava em boas condições, um volume pesado, encadernado em linho texturizado, com triângulos de couro em cada canto e uma lombada de couro similar, o título e o nome do autor estampados em ouro. O linho estava parcialmente desgastado e o couro tinha alguns arranhões, mas no todo o volume estava impecável. Em frente ao ex-libris de Hitler, uma anotação datilografada havia sido presa na encadernação, registrando a procedência do volume:

> Este volume foi retirado da biblioteca pessoal de Adolph [*sic*] Hitler localizada no abrigo antiaéreo subterrâneo em sua casa em Berchtesgaden. Foi apanhado pelo major A. J. Choos como lembrança para o sr. E. B. Horwath em 5 de maio de 1945.

Durante vários anos, *Corpo, espírito e razão viva* assolou a biblioteca de meu apartamento em Salzburgo, até que eu também

A Biblioteca de Hitler na Divisão de Livros Raros e Manuscritos da Biblioteca do Congresso, em fotografia da década de 1970.

me senti mal com sua presença. Como o veterano da Pensilvânia e a livreira de Minnesota, eu não tinha intenção de lucrar com o volume e estava seriamente preocupado com seu destino. Acabei resolvendo o dilema ao doar o livro ao Arquivo de História Contemporânea do Obersalzberg, em Berchtesgaden, um repositório privado criado por um arquivista local para preservar a história da cidade, inclusive seu capítulo mais sombrio.

Após passar quase uma década atrás de um vidro no segundo andar do escritório de Hitler em Berghof — uma testemunha silenciosa de suas reuniões diárias e leituras noturnas —, o volume de Carneades acabou retornando a Berchtesgaden, onde começara sua jornada quase sete décadas antes. De fato, *habent sua fata libelli.*

Agradecimentos

Adolf Hitler foi um colecionador de livros assistemático. Nunca contratou um bibliotecário profissional para organizar ou catalogar seus livros, delegando essas responsabilidades a governantas e auxiliares. Coube a um punhado de bibliotecários e acadêmicos do pós-guerra impor sua própria ideia de ordem e importância às partes sobreviventes da biblioteca privada de Hitler.

O primeiro esforço de organizar os livros remanescentes de Hitler foi realizado por Hans Beilhack, bibliotecário alemão que deles cuidou num depósito de Munique após seu confisco pelos americanos na primavera de 1945. Na década de 1950, Arnold Jacobius organizou os volumes para a Biblioteca do Congresso, enquanto treinava como estagiário na divisão de livros raros e manuscritos. O eminente acadêmico Gerhard Weinberg incluiu os livros de Hitler em seu importante catálogo dos documentos de guerra alemães capturados, que ele compilou ao término da pós-graduação.

Robert Waite se valeu da coleção para sua controvertida análise freudiana *Hitler: The psychopathic god*, publicada pela Basic

Books em 1977. Em 2003, o acadêmico húngaro Ambrus Miskolczy publicou *Hitler's library* pela Central European University Press, memórias do verão que despendeu estudando os volumes de Hitler. Reginald Phelps e Jehuda Wallach também escreveram de modo perspicaz sobre a coleção.*

O esforço mais ambicioso e bem-sucedido até hoje é *The Hitler library*, de Philipp Gassert e Daniel Mattern. Esse denso volume de 550 páginas publicado pela Greenwood Press em 2001 proporciona o primeiro catálogo anotado dos 1244 livros conhecidos de Hitler nos Estados Unidos, que compreendem no máximo 10% de sua coleção original. Sou particularmente grato a esses dois pesquisadores por sua obra abrangente. Sua obra fornece um verdadeiro guia dos livros sobreviventes de Hitler.

Antes de agradecer às pessoas que ofereceram generosamente orientação e auxílio para este livro, gostaria de citar alguns antigos auxiliares de Hitler, que me revelaram detalhes de seus hábitos de leitura e coleção de livros.

Herbert Döring, o gerente de Berghof de 1936 a 1941, detalhou a disposição dos livros de Hitler no refúgio alpino e seus hábitos de classificação e organização dos livros nas estantes. Margarete Mittlstrasser, também em Berghof, de 1936 até 1945, detalhou os hábitos de leituras noturnas de Hitler: um livro por noite, na escrivaninha ou poltrona, sempre com uma xícara de chá. Traudl Junge, a secretária particular de Hitler cujas memórias dos últimos dias do ditador inspiraram o filme *A queda! — As últimas horas de Hitler*, passou meio dia comigo analisando cópias de páginas com anotações de Hitler nas margens. O telefonista de Hitler Rochus

---

* Reginald H. Phelps, "Die Hitler Bibliothek", *Deutsche Rundschau* 80 (setembro de 1954): pp. 923-31; Jehuda Wallach, "Adolf Hitlers Privatbibliothek", *Zeitgeschichte* (1992): pp. 29-50.

Misch forneceu detalhes sobre os aposentos coalhados de livros de Hitler no *bunker* de Berlim.

Como em qualquer projeto envolvendo arquivos, muitos indivíduos e instituições merecem agradecimentos. Gostaria de expressar meu reconhecimento à equipe da coleção de livros raros da Biblioteca do Congresso, guardiã da maior coleção remanescente de livros de Hitler. Nos últimos seis anos, auxiliaram-me com o máximo de cortesia, profissionalismo e, acima de tudo, paciência. Quanto a isso, sou especialmente grato a Mark Dimunation, chefe da Divisão de Livros Raros e Coleções Especiais, e Clark Evans, especialista em obras de referência da Sala de Leitura de Livros Raros.

Agradecimentos semelhantes também são devidos a Samuel Streit e sua equipe da Biblioteca John Hay, na Universidade Brown; Daniel Traister, curador dos serviços de pesquisa para a coleção de livros raros da Universidade da Pensilvânia; Leslie Morris, curador da Biblioteca Houghton da Universidade Harvard; Carol Leadenham, arquivista de referência, e Ronald Bulatoff, especialista em arquivos da Biblioteca da Hoover Institution da Universidade Stanford; Jenny Fichmann, pesquisador independente da Hoover Institution; dr. Håkan Wahlquist, administrador da Sven Hedin Foundation; dr. Reinhard Horn, chefe da coleção de mapas e do arquivo de imagens da Biblioteca Estadual Bávara; e à esplêndida equipe de pesquisas e apoio do Instituto de História Contemporânea de Munique. Agradeço também à equipe de pesquisas bibliográficas da Universidade de Michigan.

Uma série de pessoas ajudou na minha tentativa de localizar a coleção ainda esquiva de livros saqueados de Hitler em Moscou, em particular Astrid Eckert, Patricia Grimstead e Konstantin Akinsha, bem como Oliver Halmburg e sua equipe de pesquisa da LoopFilm, em Munique. Sou especialmente grato a Franz Fleischmann, extraordinário pesquisador. Gostaria de expressar meu especial reconhecimento a Florian Beier, pela generosidade ao me dar acesso ao Arquivo para a História Contemporânea de Obersalzberg em Berchtesgaden, a mais extensa coleção de fontes primárias sobre Berghof e seus moradores. Gostaria também de lhe agradecer por me mostrar o manuscrito original de *Mein Kampf* e permitir que eu consultasse seus amplos registros fotográficos dos livros sobreviventes de Hitler.

Como sempre, sou eternamente grato a Richard M. Hunt e sua equipe de ex-professores assistentes de literatura e artes, Weimar e cultura nazista da Universidade Harvard, aos meus vários ex-colegas do Seminário Global de Salzburg e, em particular, ao fotógrafo de Salzburg Herman Seidel. Agradeço também a Sebastian Cody e Jonathan Petropoulos pela leitura atenta das versões iniciais dos originais, a Russell Riley, por sua ajuda e apoio, e a Steven Bach, que ajudou a desenvolver a ideia de um "livro sobre livros". Sinto uma gratidão especial por Jonathan Segal, da Alfred A. Knopf, por sua visão, edição rigorosa e paciência. O livro também bém deve muito a toda a equipe da Knopf, especialmente Kyle McCarthy e Joey McGarvey. Como sempre, sou grato ao meu agente Gail Hochman e a Marianne Merola.

E finalmente, obrigado à minha esposa, Marie-Louise, que como sempre é minha maior fonte de apoio e inspiração, e, é claro, às minhas filhas, Katrina Brendan e Audrey, que ajudaram à sua própria maneira.

Para encerrar, gostaria de lembrar Jerry Wager, o antigo chefe da Sala de Livros Raros da Biblioteca do Congresso, que faleceu há pouco, de forma inesperada, prematuramente. Quando iniciei minha pesquisa, na primavera de 2001, Jerry serviu como meu guia à sua coleção, revelando centenas de páginas de marcações nas margens de livros que haviam sido ignoradas por gerações de pesquisadores e estudiosos. Por vários anos, ele continuou me informando sobre suas próprias investigações da coleção. Não há capítulo neste livro que não deva alguma ideia ou descoberta a Jerry, cujos espírito de investigação intelectual e precisão de curador estão preservados nestas páginas.

Apêndices

Ao final de sua vida, Hitler manteve bibliotecas particulares em cada residência sua, em Berlim, Munique e em Obersalzberg, bem como num depósito de livros no "Arquivo do Führer", no subsolo da sede do Partido Nazista, na Casa Marrom, em Munique. Com exceção de um inventário parcial da biblioteca da Chancelaria do Reich em Berlim, preservado na Hoover Institution da Universidade Stanford, não existe catálogo remanescente da coleção de livros de Hitler.

Entretanto, dispomos de diversos relatos pessoais que ajudam a entender a estrutura dessa biblioteca desaparecida. A mais importante é a descrição de Friedrich Oechsner, baseada em entrevistas com diferentes auxiliares de Hitler, que acabou publicada num perfil de Hitler de 1942 em forma de livro intitulado *Este é o inimigo*. Embora de natureza jornalística e com intenções propagandísticas, o relato de Oechsner proporciona, tirante as suas afirmações mais sensacionalistas e libidinosas, o melhor perfil disponível da coleção de livros de Hitler. Em comparação, os três outros relatos pessoais não passam de breves vislumbres. O primeiro é de um relatório sigiloso da 21ª Unidade de Informações do exército norte-americano, datado de maio de 1945, detalhando o complexo do *bunker* sob Berghof. Inclui uma breve descrição da sala abobadada que serviu de abrigo antiaéreo para os livros de Hitler em Berghof, mas menciona nominalmente apenas três deles. Um grande azar, pois nas semanas subsequentes a sala foi saqueada por vizinhos, soldados e outros.

Um segundo relato do pós-guerra, publicado por Hans Beilhack num jornal diário de Munique em novembro de 1946, descreve o depósito de livros de Hitler descoberto numa mina de sal perto de Berchtesgaden. Embora supondo equivocadamente que os 3 mil livros sob seu cuidado representassem a biblioteca inteira de Hitler, avaliou com extraordinária perspicácia a natureza "diletante" dos interesses bibliófilos de Hitler.

Temos por fim um memorando da Biblioteca do Congresso, datado de 9 de janeiro de 1952, que detalha a "Biblioteca de Hitler" após sua chegada aos Estados Unidos, mas antes de ser catalogada na coleção de livros raros. O relatório interno foi redigido por Arnold Jacobius, um bibliotecário contratado temporariamente para fornecer uma opinião de especialista sobre o destino final dos livros. Jacobius acabou reduzindo o número de livros a 1200, recomendando que a Biblioteca do Congresso conservasse apenas os livros com dedicatórias, marcações nas margens ou o ex-libris de Hitler. No processo, Jacobius se desfez de centenas de livros de Hitler, anonimamente absorvidos pela coleção principal ou enviados ao departamento de distribuição, onde foram espalhados por bibliotecas públicas nos Estados Unidos. Trata-se de uma decisão compreensível e talvez necessária, dadas as restrições de espaço, mas um bom número das aquisições pessoais de Hitler quase certamente desapareceu no processo, inclusive um livro de autoajuda que Beilhack cita em seu relato, intitulado *A arte de se tornar um orador em poucas horas*.

Essas quatro descrições de fonte original da Biblioteca de Hitler pretendem suplementar meu próprio relato e fornecer ao leitor perspectivas adicionais sobre o homem e seus livros.

Apêndice A

Descrição da biblioteca de Hiltler de Este é o inimigo,
por Friedrich Oechsner, 1942

Constatei que a biblioteca pessoal [de Hitler], que está dividida entre a sua residência na Chancelaria em Berlim e sua casa de campo em Obersalzberg, perto de Berchtesgaden, contém cerca de 16,3 mil livros. Podem ser divididos geralmente em três grupos:

Primeiro, a seção militar, contendo cerca de 7 mil volumes, incluindo as campanhas de Napoleão e dos reis prussianos; a vida de todos os soberanos alemães e prussianos que chegaram a desempenhar um papel militar; e livros sobre praticamente todas as campanhas militares conhecidas da história registrada.

Existe a obra de Theodore Roosevelt sobre a Guerra Hispano-Americana, e um livro do general Von Steuben, que treinou nossas tropas durante a Revolução Americana. [Werner von] Blomberg, quando ministro da Guerra, presenteou Hitler com quatrocentos livros, folhetos e monografias sobre as forças armadas dos Estados Unidos, muitos dos quais ele leu.

Os livros militares estão divididos de acordo com os países. Aqueles não disponíveis em alemão Hitler mandou traduzir. Muitos, especialmente sobre as campanhas de Napoleão, têm numerosas marcações de seu próprio punho nas margens. Existe um livro sobre o conflito do Gran Chaco [a guerra de 1932-5 entre Paraguai e Bolívia] do general alemão [Hans] Kundt, que durante uma época (assim como o capitão Ernst Roehm) foi instrutor das tropas da Bolívia. Existem obras exaustivas sobre uniformes, armas, suprimentos, mobilização, a formação de exércitos em tempos de paz, moral e balística. Na verdade, provavelmente nenhuma fase do conhecimento militar, antigo ou moderno, deixou de ser abordada num desses 7 mil volumes, e obviamente Hitler leu muitos deles do princípio ao fim.

A segunda seção, com cerca de 1500 livros, abrange temas artísticos como arquitetura, teatro, pintura e escultura, que, depois dos temas militares, constituem o principal interesse de Hitler. Os livros incluem obras sobre o surrealismo e o dadaísmo, embora esse tipo de arte não tenha nenhuma função para Hitler.

Uma de suas notas irônicas na margem poderia ser traduzida em linhas gerais como: "A arte moderna revolucionará o mundo? Besteira!". Ao fazer essas anotações, Hitler nunca emprega uma caneta-tinteiro, e sim uma pena antiquada ou um lápis indelével.

Nas gavetas sob as estantes de livros ele tem uma coleção de fotografias, desenhos de atores, dançarinos e cantores famosos, tanto homens como mulheres. Um livro sobre o teatro espanhol mostra desenhos e fotografias pornográficos, mas inexiste uma seção de pornografia propriamente dita na biblioteca de Hitler.

A terceira seção inclui obras sobre astrologia e espiritualismo obtidas em todas as partes do mundo e traduzidas quando necessário. Existem também fotografias espiritualistas e, trancadas em local seguro, as duzentas fotografias das constelações estelares em dias importantes de sua vida. Ele fez anotações nelas de seu próprio punho, e cada uma possui seu próprio envelope separado.

Nessa terceira seção, uma parte considerável é dedicada à nutrição e à dieta. De fato, existem provavelmente mil livros sobre o assunto, muitos dos quais com numerosos comentários nas margens, incluindo a observação vegetariana: "As vacas foram criadas para dar leite; os bois, para conduzir cargas". Existem dezenas de livros sobre a criação de animais, com fotografias de garanhões e éguas famosos. Um ângulo psicológico interessante é que, quando garanhões e éguas são mostrados em páginas opostas, muitas das éguas foram riscadas com lápis vermelho como fêmeas inferiores e sem importância comparadas com os garanhões.

Existem cerca de quatrocentos livros sobre a Igreja — quase inteiramente sobre a Igreja Católica. Existe também boa dose de pornografia aqui, retratando a suposta licenciosidade do clero: pecados esses que constituíram as acusações nos processos por imoralidade movidos pelos nazistas contra os sacerdotes no auge dos ataques à Igreja Católica. Muitas das anotações de Hitler nessa seção pornográfica são grosseiras e rudes. Algumas figuras mostram papas e cardeais passando em revista tropas em momentos da história. As marcações nas margens aqui são: "Nunca mais" e "Isto é impossível agora", mostrando que Hitler propõe que nunca mais se permita aos dirigentes da Igreja conquistar posições políticas em que possam comandar exércitos e exercer poderes temporais. O próprio Hitler é católico, embora não praticante.

Cerca de oitocentos a mil livros são ficção popular simples, muitos não passam de lixo no linguajar de qualquer um. Existe grande número de histórias de detetive. Ele possui todos os volumes de Edgar Wallace; livros de aventuras da categoria de G. A. Henty; romances de amor às dezenas, inclusive aqueles da principal autora de histórias sentimentais da Alemanha, Hedwig Courts-Mahler, em que riqueza e pobreza, força e fraqueza contrastam fortemente, a honra e a castidade triunfam e a secretária meiga casa com o chefe milionário. Todos esses volumes ardentes têm capa neutra para não revelar seus títulos. Hitler pode até lê-los, mas não quer que as pessoas saibam disso.

Entre os favoritos de Hitler está um conjunto completo de histórias dos índios norte-americanos, escritas pelo alemão Karl May, que nunca esteve nos Estados Unidos. Esses livros são conhecidos por todos os jovens alemães, e o fato de serem leitura de cabeceira de Hitler sugere que, como muitos meninos alemães aos treze anos, ele ia dormir com as aventuras de "Old Shatterhand" desenrolando em seu cérebro. A coleção de Hitler, presente do marechal Goering, é ricamente encadernada em velino e mantida numa caixa especial. Os livros estão bem manuseados e lidos, e geralmente um ou dois podem ser encontrados na pequena estante de livros com sua cortina verde na cabeceira de Hitler.

Obras sociológicas estão fortemente representadas na biblioteca, inclusive um livro singular de Robert Ley, escrito em 1935, sobre os problemas sociológicos do mundo e suas soluções. O livro nunca circulou. Dos 6 mil exemplares impressos, 5999 foram destruídos; o único exemplar remanescente é o de Hitler. A razão: todos os livros e folhetos sobre o nacional-socialismo precisam ser submetidos a uma comissão especial do Partido antes de serem liberados para publicação, e livros de nazistas importantes devem ser mostrados ao próprio Hitler. O livro de Ley, um notório bajulador, idealizou tanto o Führer que este não suportou que fosse publicado.

Outro livro suprimido da biblioteca de Hitler é a obra de Alfred Rosenberg propondo a criação de uma Igreja do Reich Nazista, do qual só existem hoje doze cópias das provas, embora se saiba da existência de cópias em carbono de algumas seções datilografadas, as quais circularam misteriosamente, chegando até os Estados Unidos.

No princípio, quando dispunha de tempo, Hitler costumava encadernar seus livros danificados. O próprio *best-seller* de Hitler, *Mein Kampf,* lhe rendeu uma boa fortuna, estimada pelos círculos bancários alemães em torno de 50 milhões de marcos do Reich (20 milhões pelas taxas oficiais). Com parte desse montante, Hitler reuniu uma coleção de pedras preciosas estimada em cerca de 20 milhões de marcos do Reich, que mantém num cofre especial embutido na parede de sua casa em Berchtesgaden.

As pedras foram compradas para ele em diferentes partes do mundo por seu amigo Max Amann, dirigente da editora nazista Eher Verlag, em que Hitler tem uma participação acionária. Foi Hitler quem pôs Max Amann à testa da editora, cargo que se revelou muito lucrativo. A própria fortuna atual de Amann está estimada pelos banqueiros em torno de 40 milhões de marcos do Reich. Com controle autocrático absoluto sobre todos os empreendimentos editoriais da Alemanha, não admira que a Eher Verlag nazista se transformasse, qual bola de neve, numa empresa extraordinariamente rentável para todos os envolvidos, inclusive Adolf Hitler. O chanceler do Reich nunca teve necessidade de despender seu salário oficial, grande parte do qual destina a instituições de caridade.

Entre os livros da biblioteca de Hitler está um volume que aborda um campo pelo qual sempre exibiu um interesse particular: o estudo das mãos, incluindo as de pessoas famosas de todas as épocas cujos estudos puderam ser obtidos. Hitler, na verdade, baseia nas mãos grande parte de seu julgamento das pessoas. Em sua primeira conversa com alguém importante, político ou militar, alemão ou estrangeiro, ele costuma observar com o máximo de atenção suas mãos — a configuração, se são bem cuidadas, se longas e estreitas ou curtas e grossas, a forma das unhas, a formação do nó dos dedos e das juntas, e assim por diante. Vários generais e diplomatas se perguntaram por que Hitler às vezes, após começar uma conversa de forma cordial e amigável, se tornava frio ao prosseguir, e muitas vezes encerrava a conversa de forma brusca e sumária sem grandes progressos. Só mais tarde vinham a saber que Hitler não gostou muito da forma de suas mãos.

Apêndice B

Descrição da coleção de livros de Berghof de um relatório sigiloso da 21ª Unidade de Informações do Exército norte-americano, maio de 1945

Além disso, Hitler possuía uma biblioteca privada com um número grande, mas indeterminado, de livros. Ao fundo estavam dispostas poltronas e luminárias de leitura. A maioria dos livros versava sobre arte, arquitetura, fotografia e histórias de campanhas e guerras. Um rápido exame dos livros espalhados revelou que faltavam obras de literatura e quase não havia teatro e poesia.

Havia muitos livros mostrando padrões de arquitetura de todo o mundo, um delineando a arquitetura doméstica antiga da Pensilvânia e outro, a dos prédios públicos norte-americanos.

As *Críticas*, de Immanuel Kant, estavam ali, assim como *O príncipe*, de Maquiavel. Um dos poucos escritores norte-americanos representados era Harry Elmer Barnes, com *The genesis of World War*.

Um grande livro do tamanho de um fólio, impresso em tipos góticos fortes, delineava a genealogia de Hitler, e uma anotação na folha de guarda mostrava que foi elaborado e presenteado por um almirante.

Muitos dos livros traziam o ex-libris de Hitler: "Ex Libris Adolf Hitler". Consistia em uma águia preta com asas abertas, carregando a suástica nas garras.

Nenhum dos livros examinados parecia ter sido manuseado com frequência. Não tinham notas à margem nem trechos sublinhados.

Apêndice C

"A biblioteca de um diletante: Um vislumbre da biblioteca privada de Herr Hitler", por Hans Beilhack, Süddeutsche Zeitung, *9 de novembro de 1946*

Quatro vagões de carga repletos de todo tipo de literatura nacional-socialista estarão rumando de Munique aos Estados Unidos nos próximos dias. A ampla coleção, que inclui a biblioteca particular de Hitler, está sendo enviada à Biblioteca do Congresso Americano e servirá de material de consulta para estudantes e outros interessados que queiram acompanhar o desenvolvimento do nazismo. Pela primeira vez, o jornal *Süddeutsche Zeitung* está informando sobre a biblioteca de Hitler.

Entre as muitas "relíquias sagradas nazistas" que caíram em mãos dos norte-americanos está a biblioteca particular de Herr Hitler. Os livros haviam sido mantidos até recentemente nas elaboradas estantes de livros na Chancelaria do Reich em Berlim. Poucas semanas antes de Berlim sucumbir às tenazes dos Aliados, os livros vieram para Munique. A rapidez dessa transferência fica patente pela forma como foram embalados. Foram arrumados em velhos engradados de aguardente endereçados à Chancelaria do Reich. Evidentemente foram despachados às pressas.

A própria biblioteca, vista como um todo, só é interessante por ser a biblioteca de um "grande" estadista, e mesmo assim é bem desinteressante. É a típica biblioteca de um diletante. Dá para ver o ódio de Hitler aos "instruídos", que "na verdade se alienam cada vez mais do mundo até acabar num sanatório ou como um político" (*Mein Kampf*, capítulo 2). Para qualquer um familiarizado com sua "Luta", a qualidade da biblioteca não surpreenderá. Um homem capaz de dizer "Em poucos anos criei [através de leituras ardentes na juventude] a base de conhecimentos em que [!] ainda me baseio hoje" não precisava de fato de uma biblioteca meticulosamente selecionada nos anos mais maduros de sua vida. Mesmo tendo decidido se tornar um político.

Grande parte de seu acervo consiste em obras francesas de arte e arquitetura, inclusive magníficas publicações bibliofílicas em antigos volumes marroquinos com rica ornamentação, numerosas monografias sobre artistas individuais, bem como coleções especiais de obras antigas e novas sobre arquitetura de teatros. Os volumes não encadernados estão intactos, sem sinal de uso. Toda a literatura francesa obviamente jamais foi folheada por Hitler. Além disso, a arquitetura está representada por grande número de obras inglesas, também não mostrando sinais de manuseio. Há pouquíssimos livros alemães sobre arte e arquitetura, com exceção das poucas séries bem incompletas de jornais antigos.

Quando se trata de literatura política, a biblioteca abriga quase exclusivamente textos do partido. A política de alto nível não está representada, nem sequer existem obras de Bismarck ou outros estadistas alemães, também inexiste a extensa literatura de memórias sobre a Primeira Guerra Mundial e a política pós-1918. As famosas obras de Wilson, Churchill, Poincaré, a grande coleção especial da Fundação Carnegie também estão faltando, bem como as obras dos grandes estadistas do passado (Cromwell, Napoleão, Talleyrand e outros). Quanto a Frederico, o Grande, existem apenas quatro volumes de uma grande edição coletiva ainda na embalagem da editora.

Também faltam na biblioteca oficial de Hitler em Berlim as obras expressivas sobre religião, filosofia, história mundial, a história da guerra, geografia. Não existem obras sobre economia nacional e a história da economia (com exceção de [Gustav] Ruhland), nem quaisquer obras padrão das ciências e tecnologia nacionais. Não há nenhuma obra na biblioteca que lembre a existência de algum poeta alemão de estatura, pois não se podem considerar os romances que temos, todos da Eher Verlag, como pertencentes à literatura alemã. Conforme dito, embora falte quase totalmente a boa literatura alemã anterior a 1933, existem obras individuais de autores vivos que estão representados com livros dedicados a Hitler. [Edwin Erich] Dwinger, Hans Johst, Agnes Miegel, Hans Hienz Ewers ("Horst Wessel"), entre outros, tentam superar um ao outro em superlativos e abjeção.

A biblioteca abriga uma série valiosa quase completa do jornal *Leipziger Illustrierte Zeitung*. Digno de menção especial é um relatório anual de 1940 da Companhia Daimler-Benz, que consiste em 54 (!) grandes volumes em papel apergaminhado com inúmeras fotografias da fábrica. Com base nesse relatório, fica claro que toda a vida econômica da empresa estava impregnada de Partido Nazista e foi explorada para os propósitos políticos do partido. Mesmo o tempo livre dos trabalhadores era surrupiado até o último minuto por atividades do partido. Em contraste, existe uma extensa literatura pseudocientífica que trata das grandes questões da religião e filosofia de maneira diletante e involuntariamente cômica. Ali estão os denominados livros "Como ter sucesso", de Schelbach, entre outros, ou o livreto estranhamente pretensioso *A arte de se tornar um orador em poucas horas.*

Grande número de álbuns de fotografias, quase todos encadernados com mau gosto em couro ou papel apergaminhado, mostra a formação de diversas organizações locais, [e] festividades do partido lembram as celebrações de inauguração de albergues para jovens e coisas semelhantes. Inúmeras plantas arquitetônicas tratam dos diferentes prédios do partido em Obersalzberg, Berlim, Munique, Nuremberg etc. Não existe sequer um esboço, desenho ou instrução a um arquiteto do próprio punho de Hitler! Nenhum dos livros da biblioteca contém uma numeração ou qualquer tipo de número de catálogo; somente alguns estão decorados com o ex- -libris de Hitler, um símbolo do Estado cercado por uma coroa de folhas de carvalho. Essa biblioteca não reflete de modo algum o estado da vida espiritual ou a cultura literária alemã sofisticada. Nenhuma área do conhecimento se encontra sistematicamente representada, nem mesmo seus temas favoritos, como arquitetura e arte, embora ele tivesse "plena convicção de que acabaria adquirindo renome como arquiteto". A biblioteca de Hitler é a de um homem que nunca procurou obter sistematicamente conhecimentos e aprendizado amplos em qualquer área específica. O fato de sua biblioteca carecer de todo do que seria imprescindível à tomada apropriada de decisões em momentos de questões de Estado importantes (história mundial, história da guerra, geografia econômica, política de Estado etc.) é característico da base de conhecimentos sobre a qual Hitler tomava suas decisões.

Apêndice D

"Relatório sobre a Coleção de Adolph [sic] *Hitler e recomendações para a sua organizição", por Arnold J. Jacobius, estagiário, para Frederick R. Goff, chefe da Divisão de Livros Raros, Biblioteca do Congresso, 9 de janeiro de 1952*

A maioria dos livros da Coleção de Adolph [sic] Hitler aborda ou está relacionada com o nacional-socialismo, seus líderes, histórias e antecedentes ideológicos. Escritores clássicos e de ficção alemães, em geral associados a bibliotecas particulares alemãs, estão quase totalmente ausentes. Existe uma série de livros sobre história e arte que remontam a períodos que precederam a era nazista, mas a maioria também guarda certa relação com essa ideologia.

Entre os materiais da coleção podemos discernir os seguintes grupos:

1. Livros especialmente impressos e/ou encadernados para Hitler (100)
2. Livros disponíveis ao público na época em que foram in-

corporados à coleção de Hitler — muitos em edições de luxo e com dedicatória (1400)

3. Rolos de papel, diplomas de honra — em papel apergaminhado ou montados e encadernados — dedicados a Hitler (100)

4. Álbuns de fotografias, alguns contendo páginas com pequenas legendas datilografadas, descrições e/ou dedicatórias enfeitadas (100)

5. Portfólios contendo reproduções de obras de arte, fotografias etc. (50)

6. Itens variados como cartas, recortes de jornais, fotografias montadas, cartazes, memórias etc. (2 estantes)

7. Periódicos encadernados (150)

Verificações por amostragem revelaram pouca coisa em termos de marcações nas margens, autógrafos ou outros aspectos semelhantes de interesse. Na verdade, parece que a maior parte dos livros nunca foi folheada pelo proprietário. Na maioria dos casos, os livros podem ser identificados como tendo pertencido a Hitler por seu ex-libris pessoal ou por dedicatórias. Entretanto, em um número considerável de itens, o proprietário não pode ser reconhecido com base em indícios diretos. Infelizmente parece que, no processo de transporte dos livros de Hitler para seu local atual, alguns materiais estranhos foram misturados, tornando difícil identificar ao certo se alguns livros pertenceram ou não à sua biblioteca.

Notas

As notas a seguir pretendem fornecer uma orientação bibliográfica sobre as fontes deste livro, além de anotações breves onde pareceram úteis ou necessárias.

Para citações de Hitler, recorri a uma série de coletâneas bem conhecidas de seus discursos, textos e comentários. Essas obras estão indexadas para facilitar a consulta.

Hitler: Sämtliche Aufzeichnungen, 1905-1924, orgs. Eberhard Jäckel e Axel Kuhn (Stuttgart: Deutsche Verlags-Anstalt, 1980).

Adolf Hitler: Reden, Schriften, Anordnungen: Februar 1925 bis Januar 1933, org. Institut für Zeitgeschichte, 5 vols. Em 12 partes (Munique: Institut für Zeitgeschichte, 1992-8).

Hitler: Reden und Proklamationen, 1932-45, org. Max Domarus (Munique: Süddeutscher Verlag, 1965).

Adolf Hitler, *Mein Kampf,* trad. inglesa Max Mannheim (Nova York: Houghton Mifflin, 1998).

Hitlers Briefe und Notizen: Sein Weltbild in handschriftlichen Dokumenten, org. Werner Maser (Düsseldorf: Econ Verlag, 1973).

Adolf Hitler, *Monologe im Führerhauptquartier*, estenografado por Heinrich Heim, org. Werner Jochmann (Hamburgo: Albrecht Knaus Verlag, 1999).

Hitlers Tischgespräche im Führerhauptquartier, estenografado por Henry Picker (Berlim: Ullstein Verlag, 1981).

Os diários de Joseph Goebbels proporcionaram um comentário constante sobre diversos eventos da vida diária de Hitler, inclusive suas leituras, sendo, portanto, regularmente citados neste livro. Utilizei as seguintes edições:

Joseph Goebbels Tagebücher 1924-1945, org. Ralf Georg Reuth (Munique: Piper Verlag, 1992).

Joseph Goebbels Tagebücher 1945: Die letzten Aufzeichnungen (Hamburgo: Hoffman und Campe, 1977).

Também recorri a fontes primárias de diversos arquivos que abrigam documentos relacionados à biblioteca particular ou material de leitura de Hitler. Na Europa, contei basicamente com o Bundesarchiv, em Berlim; o Institut für Zeitgeschichte, o Bayerisches Kriegsarchiv e a Bayerische Staatsbibliothek, em Munique; o Landesarchiv, em Linz; e a Fundação Sven Hedin, em Estocolmo. Nos Estados Unidos, consultei materiais na Divisão de Livros Raros e Manuscritos da Biblioteca do Congresso; a Biblioteca Van Pelt-Dietrich da Universidade da Pensilvânia; a Hoover Institution on War, Revolution and Peace, da Universidade Stanford; a Biblioteca Houghton, da Universidade Harvard; e a Biblioteca John Hay, da Universidade Brown.

Também tive acesso a uma série de arquivos privados na Europa e nos Estados Unidos, dos quais o mais importante foi o Archiv zur Zeitgeschichte des Obersalzbergs, em Berchtesgaden.

Claro que minha fonte principal foram os livros remanescentes da biblioteca particular de Hitler, basicamente os volumes na Divisão de Livros Raros e Coleções Especiais da Biblioteca do Congresso e na Biblioteca John Hay, da Universidade Brown. A Biblioteca do Congresso tem um arquivo de consulta com relatórios internos e artigos da imprensa sobre a coleção.

Também houve uma série de artigos e livros sobre essas coleções. Sem dúvida, a análise mais completa até agora é:

The Hitler Library: A bibliography, orgs. Philipp Gassert e Daniel Mattern (Westport: Greenwood Publishers, 2001).

Análises dos livros de Hitler e comentários a respeito também podem ser encontrados nos seguintes estudos acadêmicos:

Rudolf Binion, *Hitler: The psychopathic god* (Nova York: Basic Books, 1977).

Ambrus Miskolczy, *Hitler's Library* (Budapeste: Central European University Press, 2003).

Reginald Phelps, "Die Hitler bibliothek", *Deutsche Rundschau* 80 (setembro de 1984), pp. 923-31.

Jehudah Wallach, *Adolf Hitlers Privatbibliothek* (Zeitgeschichte, 1992), pp. 29-50.

Claro que as melhores fontes são os próprios livros, prontamente disponíveis nas bibliotecas e coleções supramencionadas.

PREFÁCIO [PP. 11-21]

De início me preocupei em encontrar um núcleo moral para este livro, já que o tratamento dos objetos pessoais da vida de Hitler costuma degenerar numa espécie de voyeurismo histórico sem um contexto mais profundo. Ao discutir esse dilema com um ex-colega de Harvard, ele recomendou que eu lesse o ensaio de Walter Benjamin sobre coleções de livros. Trata-se de um texto relativamente breve, escrito em estilo informal e discursivo, mas repleto de observações profundas sobre os livros e seus colecionadores.

Quando comecei a explorar em detalhe os livros de Hitler, com frequência me vi retornando a Benjamin em busca de ideias e orientação. Como resultado, seu ensaio proporciona uma linha moral que se estende por todo o livro e que espero situe este projeto num contexto mais amplo.

Na concepção deste capítulo, contei também com observações pertinentes do eminente historiador britânico e biógrafo de Hitler, Ian Kershaw, uma conversa que Hitler certa vez teve com a cineasta Leni Riefenstahl sobre seus hábitos de leitura, o relato de Joseph Goebbels das reflexões de Hitler sobre Shakespeare, e, é claro, os próprios comentários de Hitler sobre diversos escritores.

Livros de Hitler citados no prefácio:

Houston Stewart Chamberlain, org., *Worte Christi* (Munique: F. Bruckmann, 1935).

Maïa Charpentier, *La bonne cuisine végétarienne: Recettes practiques* (Paris: Éditions de "La Caravelle", 1934).

Carl von Clausewitz, *Krieg und Staat: Eine Auswahl aus den kriegsphilosophischen und politischen Schriften* (Potsdam: A. Protte, 1936).

Friedrich der Große und Michael Gabiel Fredersdorf: Fünfzig Briefe des Königs an seinen geheimen Kämmerer aus den Jahren 1747 bis 1755, org. Johannes Richter (Berlim: Grünewald, 1926).

Johann Wolfgang Goethe, *Gedichte von Goethe: Mit 147 Federzeichnungen von Franz Stassen* (Berlim: Ludwig Schroeter, 1922).

Otto Grabowski, *Das Geheimnis des Hakenkreuzes und die Wiege des Indogermanentums* (Berlim: Verlagsanstalt für Vaterländische Geschichte und Kunst, 1921).

Adolf Hitler, *Mein Kampf* (Munique: Zentralverlag der NSDAP, Franz Eher Nachfolger, 1937).

Curt Richard Hohberger, *Werden und Schicksale von Wagners Parsifal* (Leipzig: Verlag von Eduard Heinrich Mayer, 1913).

Rudolf Koppensteiner, *Die Ahnentafel des Führers* (Leipzig: Zentralstelle für deutsche Personen und Familiengeschichte, 1937).

Heinrich Kreisbaurat, *Die Toten leben!,* 2ª ed. (Leipzig: Verlag von Oswald Muhe, 1922).

Carl Loog, *Die Weissagungen des Nostradamus: Erstmalige Auffindung des Chiffreschlüssels und Enthüllung der Prophezeihungen über Europas Zukunft und Frankreichs Glück und Niedergang 1555-2200*, 4ª e 5 ª eds. (Ofullingen in Württemberg: Johannes Baum Verlag, 1921).

Ulrich Müller, *Die chemische Waffe im Weltkrieg und jetzt* (Berlim: Verlag Chemie, 1932).

William Shakespeare, *Shakespeares Werke* (Munique: Georg Müller Verlag, 1925).

Fontes primárias:

Walter Benjamin, "Unpacking my library: A talk about book collecting", *Illuminations*, org. Hannah Arendt, trad. inglês Harry Zohn (Nova York: Schocken Books, 1969).

Joseph Goebbels Tagebücher 1924-1945, org. Ralf Georg Reuth (Munique: Piper Verlag, 1992).

Leni Riefenstahl, *Memoiren: 1902-1945* (Frankfurt/M: Ullstein Verlag, 1990).

Fontes secundárias:

Ian Kershaw, *Hitler, 1889-1936: Hubris* (Nova York: W.W. Norton, 1999).

LIVRO 1: LEITURAS DA LINHA DE FRENTE, 1915 [PP. 23-50]

A Divisão de Livros Raros e Coleções Especiais da Biblioteca do Congresso abriga uma série de volumes que Hitler pode ter adquirido em seus primeiros anos em Viena e Munique, mas o primeiro livro que podemos situar especificamente em sua vida é o guia arquitetônico de Max Osborn de Berlim. Na tentativa de contextualizar esse volume fino em sua vida, consegui aproveitar uma série de outros livros remanescentes de sua biblioteca, englobando:

Livros de Hitler citados neste capítulo:

Adolf Hitler, *Aquarelle*. Compilado por Heinrich Hoffmann, Reichsbild-berichterstatter der NSDAP (Berlim: Heinrich Hoffmann, 1935). Localização: BDC.

Adolf Hitler, Fotocópias de cartões-postais e cartas escritas por Hitler para Ernst Hepp. Reimpressas em Eberhard Jäckel e Axel Kuhn, orgs., *Hitler Sämtliche Aufzeichnungen*, 1905-24. Localização: BDC.

Adolf Hitler, Registro Militar, fotocópias encadernadas dos registros do serviço militar de Hitler. Localização: BDC. Reimpresso em Eberhard Jäckel e Axel Kuhn, orgs., *Hitler Sämtliche Aufzeichnungen*, 1905-24.

Henri Simon Hymans, *Brüssel*. Berühmte Kunststätten, Band 50 (Leipzig: Verlag E.A. Seemann, 1910). Localização: BDC.

Adolf Meyer, *Mit Adolf Hitler im Bayerischen Reserve-Infantrie-Regiment 16 List: Mit einem Geleitwort von Julius Streicher* (Neustadt an der Aisch, Mittelfranken: Georg Aupperle, 1934). Localização: BDC.

Max Osborn, *Berlin*. Berühmte Kunststätten, Band 43 (Leipzig: Verlag E.A. Seemann, 1909). Localização: BDC.

Fridolin Solleder, *Vier Jahre Westfront: Geschichte des Regiments List, R.J.R. 16; Erinnerungsblätter deutscher Regimenter. Bayerische Armee, hrsg. Vom Bayerischen Kriegsarchiv*, vol. 76 (Munique: Verlag Max Schick, 1932). Localização: BDC.

Fontes primárias:

Bayerisches Kriegsarchiv, Munique, diário do Regimento de Infantaria de Reserva List, RIR 16.

Max Osborn, *Drei Strassen des Krieges* (Berlim: Ullstein Verlag, 1916).

Fontes secundárias:

Anton Joachimsthaler, *Korrektur einer Biographie: Adolf Hitler, 1908-1920* (Munique: Herbig Verlagsbuchhandlung GmbH, 1989).

Frederick Spotts, *Hitler and the power of aesthetics* (Woodstock, Nova York: Overlook Press, 2002)

LIVRO 2: A INFLUÊNCIA DO MENTOR [PP. 51-86]

Na tentativa de entender a dedicatória de Dietrich Eckart no exemplar de Hitler de *Peer Gynt*, me vi compelido a olhar além das fontes tradicionais de informações sobre Adolf Hitler e tentar acessar arquivos privados com informações não prontamente disponíveis à comunidade acadêmica. Tive a possibilidade de estudar a versão manuscrita original do manuscrito de Eckart que até há pouco tempo fazia parte do patrimônio de Anni Obster, a companheira de Eckart na época de sua morte. Também tive acesso a documentos pessoais, incluindo cartas e uma parte das memórias remanescentes, de Paula Hitler. Utilizei também as memórias de vários indivíduos que o conheceram, englobando:

Livros de Hitler citados neste capítulo:

Erwin Baur, Eugen Fischer, Fritz Lenz, orgs., *Menschliche Erblichkeitslehre und Rassen-Hygiene*, vol. I, *Menschliche Erblichkeitslehre*; vol II, *Menschliche Auslese und Rassenhygiene (Eugenik)*, 3ª ed. rev. (Munique: J.F. Lehmanns Verlag, 1927 e 1931).

Houston Stewart Chamberlain, *Immanuel Kant: Die Persönlichkeit als Einführung in das Werk*, 4ª ed. (Munique: F. Bruckmann, 1921).

Heinrich Class, *Deutsche Geschichte von Einhardt*, 8ª ed. rev. (Leipzig: T. Weicher, 1919).

Adolar Erdmann, *Englands Schuldbuch der Weltversklavung in 77 Gedichten: Die deutsche Revolution* (Berlim: 1919).

Oskar Fritsch, *Friedrich der Große, unser Held und Führer* (Munique: J. F. Lehmanns Verlag, 1924).

Max Geitel, *Der Siegeslauf der Technik*, 3 vols. 3ª ed. rev. (Stuttgart: Union Deutsche Verlagsgesellschaft, 1922-3).

Matthias Gelzer, *Cäsar, der Politiker und Staatsmann* (Stuttgart-Berlin: Deutsche Verlags-Anstalt, 1921).

Henrik Ibsen, *Peer Gynt, in freier Übertragung für die deutsche Bühne eingerichtet; mit einem Vorwort und Richtlinien von Dietrich Eckart; mit 9 Szenenbildern nach Originalradierungen von Otto Sager*, 2ª ed. (Munique: Hoheneichen Verlag, 1917).

Otto Kankelheit, *Die Unfruchtbarmachung aus rassenhygienischen und sozialen Gründen, mit 7 Abbildungen und 10 Tabellen* (Munique: J. F. Lehmanns Verlag, 1929).

Berthold Otto, *Der Zukunftsstaat als sozialistische Monarchie* (Berlim: Putkammer & Mühlbrecht, 1920).

Rabindranath Tagore, *Nationalismus* (Leipzig: Kurt Wolff, 1918).

Fontes primárias:

Otto Dickel, *Die Auferstehung des Abendlandes: Die abendländische Kultur als Ausfluss des planetarischen Weltgefühls; Entwicklung und Zukunft* (Augsburg: Gebrüder Reichel, 1921).

Anton Drexler, *Mein politisches Erwachen. Aus dem Tagebuch eines deutschen sozialistischen Arbeiters* (Munique: Deutscher Volks-Verlag, 1919).

Otto Dietrich, *Zwölf Jahre mit Hitler* (Colônia: Atlas Verlag, 1955).

Dietrich Eckart, *Lorenzaccio: Tragödie in fünf Aufzügen* (Munique: Hoheneichen Verlag, 1918).

Dietrich Eckart, *Der Bolschewismus von Moses bis Lenin: Zwiegespräch zwischen Hitler und mir* (Munique: Hoheneichen Verlag, 1924).

Hermann Esser, Entrevista em 4.1.1964. Cópia em arquivo particular.

Ernst Hanfstaengl, *Unheard witness* (Nova York: J. B. Lippencott Company, 1957).

Konrad Heiden, *Adolf Hitler. Eine Biographie* (Zurique: Europa-Verlag, 1936).

Friedrich Krohn, *Mein Lebenslauf,* Institut für Zeitgeschichte Archiv, Munique, manuscrito sem data, ZS 89.

Fontes secundárias:

Karl Dietrich Bracher, *Adolf Hitler, Archiv der Weltgeschichte* (Scherz Verlag Berlim, Munique, Viena, 1964).

Wilhelm Grün, *Dietrich Eckart, als Publizist* (Hoheneichten Verlag, 1941).

Ian Kershaw, *Hitler. 1889-1936. Hubris* (Nova York: W.W. Norton & Company, 1999).

Werner Maser, *Sturm auf die Republik* (Düsseldorf: Econ Verlag, 1994).

Margarete Plewnia, *Auf dem Weg zu Hitler: Der "völkische" Publizist Diertrich Eckart* (Bremen: Schunemann Verlag, 1970).

Albrecht Tyrell, *Vom "Trommler" zum "Führer"* (Munique: Wilhelm Fink Verlag, 1975).

LIVRO 3: A TRILOGIA DE HITLER [PP. 87-124]

Os arquivos da Divisão de Livros Raros e Coleções Especiais da Biblioteca do Congresso têm um relato um tanto ousado, escrito por Hans Beilhack, bibliotecário alemão empregado pelo exército norte-americano, da tentativa frustrada de localizar o manuscrito original de Hitler de *Mein Kampf*. Por mero acaso, enquanto eu estava em meio às pesquisas da biblioteca de Hitler, o manuscrito original do capítulo 1 de *Mein Kampf* foi descoberto e oferecido em leilão em

Munique. Depois que análises forenses de quatro peritos independentes confirmaram sua autenticidade, tive acesso não apenas aos relatórios, inclusive um parecer especializado de Bernard Haas, do Escritório Estadual de Investigação Criminal de Baden-Württemberg, datado de 23 de janeiro de 2007, como também às próprias páginas originais, uma das quais está reproduzida neste livro.

O manuscrito da continuação de Hitler de *Mein Kampf* foi descoberto por Gerhard Weinberg, então recém-doutorando, que logo reconheceu sua importância. Ele, seu orientador, Hans Rothfels, e o colega Martin Broszat, do Institut für Zeitgeschichte, o publicaram em Munique em 1961 sob o título *Hitlers Zweites Buch*.

Livros de Hitler citados neste capítulo:

Adolf Hitler, *Mein Kampf*. As diversas cópias de *Mein Kampf* citadas neste capítulo estão disponíveis para exame na Biblioteca Houghton da Universidade Harvard, na Biblioteca John Hay, da Universidade Brown, e na Divisão de Livros Raros e Coleções Especiais da Biblioteca do Congresso.

Houston Stewart Chamberlain, *Immanuel Kant: Die Persönlichkeit als Einführung in das Werk*, 4ª ed. (Munique: F. Bruckmann, 1921).

Mahatma Gandhi, *Jung Indien: Aufsätze aus den Jahren 1919 bis 1922* (Erlenbach-Zurique: Rotapfel-Verlag, 1924).

Marie Grunewald, *Fichtes deutscher Glaube* (Berlim: Maria Lühr, 1927).

Ernst Jünger, *Feuer und Blut: Ein kleiner Ausschnitt aus einer großen Schlacht* (Magdeburg: Stahlhelm-Verlag, 1925).

Hans Kallenbach, *Mit Adolf Hitler auf Festung Landsberg* (Munique: Verlag Kress & Hornung, 1939). Localização: BDC.

Graf Ernst zu Rewentlow, *Deutschlands auswärtige Politik* (Berlim: E.S. Mittler, 1916).

Romain Rolland, *Mahatma Gandhi: Mit einem Nachwort: Gandhi seit seiner Freilassung* (Erlenbach-Zurique: Rotapfel-Verlag, 1923).

Carl Ludwig Schleich, *Die Weisheit der Freude* (Berlim: Rowohlt Verlag, 1924).

Fontes primárias:

Henry Ford, *Der internationale Jude* (Leipzig: Hammer-Verlag, 1920).

Joseph Goebbels Tagebücher 1924-1945, org. Ralf Georg Reuth (Munique: Piper Verlag, 1992).

Ernst Hanfstaengl, *Unheard witness* (Nova York: J. B. Lippencott Company, 1957).

Hitlers Zweites Buch. Ein Dokument aus dem Jahr 1928, hsg. Von Gerhard L. Weinberg, mit einem Geleitwort von Hans Rothfels. (Stuttgart: DVA, 1961); Ver manuscrito, *Hitlers außenpolitische Standortbestimmung,* Arquivo F9/19, Institut für Zeitgeschichte, Munique.

Christa Schröder, *Er war mein Chef* (Munique: Georg Müller Verlag, 1985).

Albert Speer, *Inside the Third Reich* (Nova York: The Macmillan Company, 1970).

Otto Strasser, *Hitler und ich* (Konstanz: Johannes Asmus Verlag, 1948).

Fontes secundárias:

Werner Maser, *Hitlers "Mein Kampf": Entstehung, Aufbau, Stil Änderungen, Quellen, Quellenwert, kommentierte Auszüge* (Munique: Bechtle Verlag, 1966).

Othmar Plöckinger, *Geschichte eines Buches: Adolf Hitlers "Mein Kampf" 1922-1945* (Munique: R. Oldenbourg Verlag, 2006).

Anna Maria Sigmund, *Des Führers bester Freund* (Munique: Ullstein, Heyne List, 2003).

LIVRO 4: O FILÓSOFO PERDIDO [PP. 125-53]

É lastimável que Hitler nunca mandasse catalogar sua biblioteca, como fez com suas coleções de discos e arte, cujos catálogos encadernados estão na Divisão de Livros Raros e Coleções Especiais da Biblioteca do Congresso. As gravações fonográficas, por exemplo, estão listadas num catálogo de setecentas páginas e três volumes, registrado na Biblioteca do Congresso como ML158.S3 1936, contendo a coleção completa de Hitler de música de Berghof. Os volumes I e II listam as gravações por categorias — música instrumental, ópera, opereta, música ligeira, música de dança, canções — com os compositores dispostos alfabeticamente. O volume III traz as gravações listadas por títulos.

A única listagem parcial dos livros de Hitler de que dispomos está contida numa lista de cerca de 1500 livros da biblioteca da Chancelaria do Reich. O inventário foi descoberto nas ruínas da chancelaria por um soldado americano na primavera de 1945. O original está agora nos Arquivos da Hoover Institution da Universidade Stanford. Os livros que Hitler ganhou de presente estão marcados com "x" nos registros.

Livros de Hitler citados neste capítulo:

Erich Bertram, *Vorschlag der Verbesserung und Vereinheitlichung der Buchführung (Einheitsbuchführung) für Zigarrenfabriken (Grossunternehmen), zugleich ein Weg zu nationalsozialistischer Wirtschaftsweise* (s. ed., s.d.).

Der Große Brockhaus: Handbuch des Wissens in zwanzig Bänden (Leipzig: F. A. Brockhaus, 1935).

Hanns Heinz Ewers, *Horst Wessel: Ein deutsches Schicksal* (Berlim: M. Rastalski; Verviefältigungsbüro, s.d.).

Gottfried Feder, *Kampf gegen die Hochfinanz* (Munique: Franz Eher Nachfolger, 1933).

Johann Gottlieb Fichte, *Sämtliche Werke* (Berlim: Veit und Comp., 1845).

Frithjof Fischer-Sörensen, *Die Stimme der Ahnen: Eine Dichtung von Wulf Sörensen* (Düsseldorf: Nordland Verlag, 1933).

Balthasar Gracian, *Hand-Orakel und Kunst der Weltklugheit: Nach der Übertragung von Arthur Schopenhaier neu hrsg. Von Otto Freiherrn von Taube* (Leipzig: Insel-Verlag, s.d.).

Madison Grant, *Der Untergang der grossen Rasse: Die Rassen als Grundlage der Geschichte Europas*. Tradução inglesa de Rudolf Polland, 4ª ed. (Munique: J. F. Lehmann Verlag, 1925).

Hans F.K. Günther, *Rassenkunde des deutschen Volkes*, 3ª ed. (Munique: J. F. Lehmanns Verlag, 1923).

Otto Kankelheit, *Die Unfruchtbarmachung aus rassenhygienischen und sozialen Gründen, mit 7 Abbildungen und 10 Tabellen* (Munique: J. F. Lehmanns Verlag, 1929).

Paul Lagarde, *Deutsche Schriften*, 2ª ed. (Munique: J. F. Lehmanns Verlag, 1934).

Konrad Meindl, *Geschichte der Stadt Braunau am Inn* (Braunau: Druck und Verlag von Joseph Stampfl, 1882).

Arthur Moeller van den Bruck, *Das dritte Reich* (Berlin: Der Ring, 1923).

Leni Riefenstahl, *Olympia* (álbum com fotografias datado de 1936).

Leni Riefenstahl, *Schönheit im olympischen Kampf* (Berlim: Im Deutschen Verlag, 1937).

Leni Riefenstahl, *Tiefland* (pasta com fotografias).

Alfred Rosenberg, *Dreißig Novemberköpfe* (Berlim: Kampf-Verlag, 1927).

Kurt Schrötter e Walther Wüst, *Tod und Unsterblichkeit im Weltbild indogermanischer Denker* (Berlim: Nordland Verlag, 1938).

Martin H. Sommerfeldt, *Göring, was fällt Ihnen ein! Eine Lebensskizze* (Berlim: Ernst Sigfried Mittler, 1932).

Fontes primárias:

Ernst Hanfstaengl, *Unheard witness* (Nova York: J. B. Lippencott Company, 1957).

Alfred Kubizek, *Adolf Hitler, Mein Jugendfreund* (Graz: Leopold Stocker Verlag, 1953).

Leni Riefenstahl, *Memoiren 1902-1945* (Frankfurt, Berlim: Ullstein Verlag).

Albert Speer, *Inside the Third Reich* (Nova York: The Macmillan Company, 1970).

As fontes secundárias incluem:

Steven Bach, *Leni: The life and work of Leni Riefenstahl* (Nova York: Alfred A. Knopf, 2007).

Oron Jame Hale, "Adolf Hitler: Taxpayer", em *The American Historical Review*, vol. 60, nº 4 (julho de 1955).

Brigitte Hamann, *Hitler Wien: Lahrjahre eines Diktators* (Munique: Piper Verlag, 1996).

Gary D. Stark, "Publishers and cultural patronage in Germany 1890-1933", em *German Studies Review*, vol. 1, nº 1 (fevereiro de 1978).

Gerwin Strobl, "The bard of eugenics: Shakespeare and racial activism in the Third Reich", *Journal of Contemporary History* 34, nº 3 (julho de 1999).

LIVRO 5: LIVROS DE GUERRA [PP. 154-76]

O livro de Alois Hudal é reconhecidamente uma escolha estranha entre as obras remanescentes de Hitler, mas o selecionei não apenas por realçar as rivalidades e divisões dentro do movimento nazista e os possíveis rumos alternativos que o movimento poderia ter tomado, mas sobretudo por salientar o impacto desagregador que a própria indecisão de Hitler exerceu sobre aqueles à sua volta, gerando conflitos e dissimulação, e alimentando interpretações ilusórias e enganadoras dos pensamentos e ações de Hitler.

Como costuma ser inevitável com memórias envolvendo Adolf Hitler, a despeito das pretensões de objetividade, deve-se necessariamente presumir que contenham certo grau de distorção em causa própria. Com base no tom e conteúdo, acho que isso está mais atenuado nos relatos deixados pelo bispo Schulte e pelo cardeal Faulhaber, mas por certo ocorre nas memórias de Alois Hudal e Franz von Papen, ambos culpados de expectativas delirantes.

Livros de Hitler citados neste capítulo:

Alois Hudal, *Die Grundlagen des Nationalsozialismus: Eine ideengeschichtliche Untersuchung* (Leipzig: J. Günther, 1937).

Alfred Rosenberg, *Der Mythus des 20. Jahrhunderts: Eine Wertung der seelischgeistigen Gestaltenkämpfe unserer Zeit* (Munique: Hoheneichen Verlag, 1940).

Fontes primárias:

Akten deutscher Bischöfe über die Lage der Kirche 1933-1945, vol. I, org. Bernhard Stasiewski (Mainz: Mathias-Gruenewald Verlag, s.d.).

Akten Kardinal Michael von Faulhabers, org. Ludwig Volk (Mainz: Mathias-Gruenewald Verlag, s.d.).

Alois C. Hudal, *Römische Tagebücher* (Stuttgart: Leopold Stocker Verlag, 1976).

Franz von Papen, *Der Weisheit eine Gasse* (Innsbruck: Paul List Verlag, 1952).

Alfred Rosenberg, *An die Dunkelmänner unserer Zeit. Eine Antwort auf die Angriffe gegen den "Mythus des 20. Jahrhunderts"* (Munique: Hoheneichen Verlag, 1935).

Studien zum Mythus des XX. Jahrhunderts, Kirchlicher Anzeiger für Erzdözese Köln, 1935.

Fontes secundárias:

Dominik Burkard, *Häresie und Mythus des 20. Jahrhunderts: Rosenbergs nationalsozialistische Weltanschauung vor dem Tribunal der Römischen Inquisition* (Paderborn, Munique, Viena, Zurique: Ferdinand Schöningh, 2005).

LIVRO 6: INSPIRAÇÃO DIVINA [PP. 177-202]

Este capítulo existe graças a uma longa conversa que mantive com Traudl Junge no verão anterior à sua morte. Na época, ela vivia em relativo isolamento num modesto apartamento no centro de Munique, dedicando seus dias à gravação de livros para cegos. Durante minha pesquisa da coleção de Hitler, fiquei impressionado com o número de livros sobre espiritualidade, as várias anotações nas margens das páginas e as ressonâncias com passagens de discursos e monólogos de Hitler. Se Junge tivesse tachado a evidente preocupação dele com questões espirituais como mera encenação, eu teria posto os livros de lado. Pelo contrário, ela confirmou que, em seus momentos particulares, Hitler foi dominado por um longo e permanente interesse pelas forças mais secretas que moviam o mundo.

Livros de Hitler citados neste capítulo:

Gustav Berling, *Das Wesen der Schöpfung: Forschungen über Diesseits und Jenseits, über die Grundwahrheiten der Natur, über die Substanz der Seele und Folgerungen daraus* (Charlottenburg: Verlag Max Arthur Krause, 1914).

Anton Joseph Kirchweger, org., *Annulus Platonis* (Leipzig: Manuldruck der Samerschen Buchdrückerei, 1921).

Heinrich Kreisbaurat, *Die Toten leben!*, 2ª ed. (Leipzig: Verlag von Oswald Muhe, 1922).

Bertold Otto, *Der Zukunftsstaat als sozialistische Monarchie* (Berlim: Putkammer & Mühlbrecht, 1910).

Houston Stewart Chamberlain, *Richard Wagner: Der Deutsche, als Künstler, Denker, Politiker* (Leipzig: Reclam Verlag, s.d.).

Peter Maag, *Reich Gottes und Weltlage: Eine Bibelstudie für Bibelfreund* (Stuttgart: Steinkopf, 1915).

Maximilian Riedel, "Gesetz der Welt" (Munique, 1939).

Ernst Schertel, *Magie: Geschichte, Theorie, Praxis* (Prien: Anthropos Verlag, 1923).

Carl Ludwig Schleich, *Die Weisheit der Freude* (Berlim: Rowohlt Verlag, 1924).

Fontes primárias:

Nicolaus von Below, *Als Hitlers Adjutant 1937-45* (Mainz: Hase & Koehler Verlag, 1980).

Carl S. Burkhardt, *Mein Danziger Mission 1937-1939* (Munique: Verlag Georg D.W. Callwey, 1960).

Edward Deuss, "Recollections of Adolf Hitler gained from personal contact, interviews and on airplane campaign tours with Hitler from September 1931-May 1933". Memorando para Crane Brinton no Walter Langer Report, caixa 1, s.d., p. 1. National Archives, College Park, Maryland.

Franz Halder, *Kriegstagebuch, Band I Vom Polenfeldzug bis zum Ende der Westoffensive* (Stuttgart: W. Kohlhammer Verlag, 1962).

Henriette von Schirach, *Der Preis der Herrlichkeit* (Munique: Herbig Verlag, 1975).

Christa Schröder, *Er war mein Chef* (Munique: Georg Müller Verlag, 1985).

Fontes secundárias:

John Toland, *Adolf Hitler* (Nova York: Doubleday & Co., 1976).

Jehudah Wallach, *Adolf Hitlers Privatbibliothek* (Zeitgeschichte, 1992), pp. 29-50.

LIVRO 7: LEITURAS DA LINHA DE FRENTE, 1940 [PP. 203-26]

Assim como *Berlim*, de Max Osborn, *Schlieffen*, de Hugo Rochs, é um dos raros exemplos disponíveis das leituras de Hitler na linha de frente. Embora dê uma ideia das questões que o ocuparam naquela época, não é necessariamente representativo de suas leituras típicas na linha de frente. Com base nos seus monólogos do tempo de guerra e das lembranças dos companheiros próximos, Hitler parece ter preenchido suas horas noturnas com outras questões além das militares. Seus monólogos abrangem um sortimento eclético de assuntos, entre os quais arte, literatura, geografia, política, filosofia e religião. Também vale a pena observar que a maioria dos livros em seus alojamentos em Felsennest parece fazer parte de uma série que pode ter sido um conjunto de enciclopédias, uma das fontes de consulta e leitura mais apreciadas por Hitler.

Livros de Hitler citados neste capítulo:

Ernst Moritz Arndt, *Katechismus für den teutschen Krieg- und Wehrmann, worin gelehret wird, wie ein christlicher Wehrmann seyn und mit Gott in den Streit gehen soll* (Colônia: H. Rommerskirchen, 1815).

Alexander Bredt, *Weyers Taschenbuch der Kriegsflotten*, vol. 34 (Munique e Berlim: J. F. Lehmanns Verlag, 1940).

Carl von Clausewitz, *Krieg und Staat: Eine Auswahl aus den kriegsphilosophischen und politischen Schriften* (Potsdam: A. Protte, 1936).

Matthias Gelzer, *Cäsar, der Politiker und Staatsmann* (Stuttgart-Berlim: Deutsche Verlags-Anstalt, 1921).

Geschichte der 7. Panzerdivision: Kurzer Abriss über den Einsatz im Westen vom 9. Mai bis 10. Juni 1940, mit Kartenskizzen und wichtigsen Gefechtslagen, s.d.

Heinrich Glasmeier, *Freiherr von Stein: Sein Leben und Wirken in Bildwiedergaben ausgewählter Urkunden und Akten* (Münster: Heliosverlag, 1931).

Adalbert R. von Goerne, *Die Kriegsflotten der Welt und ihre Kampfkraft, mit einem Geleitwort von Admiral a.D. Walter Gladisch* (Berlim: E. S. Mittler, 1935).

Heigl's Taschenbuch der Tanks, neu bearb von O. H. Hacker. Pt. 1: Wesen der Panzerkraftfahrzeuge, Panzererkennungsdienst A-F (Munique: J. F. Lehmanns Verlag, 1935).

Karl Justrow, *Feldherr und Kriegstechnik: Studien über den Operationsplan des Grafen Schlieffen und Lehrern für unseren Wehraufbau und unsere Landesverteidigung* (Oldenburg: Gerhard Stalling, 1933).

Konrad Leppa, *Moltke und Conrad: Die Heerführung des Generalobersten von Moltke und des Generals der Infantrie Frhr von Conrad im Sommer 1914* (Stuttgart: W. Kohlhammer, 1935).

Hugo Rochs, *Schlieffen: Ein Lebens- und Charakterbild für das deutsche Volk* (Berlim: Vossische Buchhandlung, 1921).

Die Eroberung der Luft: Ein Handbuch der Luftschiffahrt und Flugtechnik. Nach den neuesten Erfindungen und Erfahrungen gemeinverständlich dargestellt für alt und jung. Mit einem Gleleitwort des Graf Zeppelin und 296 Abbildungen (Stuttgart: Union Deutsche Verlagsgesellschaft, 1920).

Fontes primárias:

Berichte des Oberkommandos der Wehrmacht 1939-1945 (Munique: Verlag für Wissenschaften, 2004).

Hermann Esser, Entrevista, 4.1.1964, vol. I. Cópia no Archiv zur Zeitgeschichte des Obersalzbergs.

Franz Halder, *Hitler als Feldherr* (Linz: Johann Schönleitner Verlag, 1949).

Franz Halder, *Kriegstagebuch, Band I Vom Polenfeldzug bis zum Ende der Westoffensive* (Stuttgart: W. Kohlhammer Verlag, 1962).

Wilhelm Keitel, *Mein Leben: Pflichterfüllung bis zum Untergang* (Berlim: Quintessenz Verlag, 1998).

Frederick Oechsner, *This is the enemy* (Boston: Little Brown, 1942).

Christa Schröder, *Er war mein Chef* (Munique: Georg Müller Verlag, 1985).

Albert Speer, *Spandau: The secret diaries* (Nova York: Macmillan Publishing Company, 1976.

LIVRO 8: A HISTÓRIA DE HITLER DA SEGUNDA GUERRA MUNDIAL [PP. 227-42]

Ao explorar os livros remanescentes de Hitler, surpreendi-me repetidas vezes com as ligações que descobri entre volumes individuais e a carreira de Hitler, de que maneira um livro claramente insignificante e pouco atraente como *Peer Gynt*, de Dietrich Eckart, pode ter desempenhado um papel simbólico importante na carreira de Hitler. A biblioteca dele abriga muitos desses livros.

Encontrei, por exemplo, três livros que preservam vestígios da execrável "Noite dos Longos Punhais". Um volume comemorativo do Putsch da Cervejaria traz uma dedicatória dele "em fiel obediência" de Gregor Strasser, que foi fuzilado através da janela de sua cela na prisão naquela noite. Outro volume, sobre as tropas de assalto silesianas, traz uma dedicatória de Edmund Heines, o homem da SA que foi encontrado na cama com um jovem num quarto de hotel e fuzilado no ato. O terceiro livro, um tratado de 75 páginas sobre a "metafísica ariana", baseado no *Bhagavad Gita*, foi dado a Hitler após o expurgo sangrento "em sinal de lealdade nesses tempos tão difíceis" pelo autor, Wilhelm Hauer, fundador do Movimento da Fé Alemã pró-nazista.

O livro de Sven Hedin entrou na vida de Hitler num momento particularmente propício e demonstra não apenas a autoilusão de que era capaz, mas também a verdade permanente de que a história é escrita pelos vitoriosos.

Fontes primárias:

Erich von Manstein, *Verlorene Siege* (Bonn: Bernard & Graefe Verlag, 2004).

Wilhelm Keitel, *Mein Leben: Pflichterfüllung bis zum Untergang* (Berlim: Quintessenz Verlag, 1998).

Albert Speer, *Spandau: The secret diaries* (Nova York: Macmillan Publishing Company, 1976).

Otto Dietrich, *Zwölf Jahre mit Hitler* (Colônia: Atlas Verlag, 1955).

Hermann Giesler, *Ein anderer Hitler* (Leoni: Drüffel Verlag, 1977).

Franz Halder, *Hitler als Feldherr* (Linz: Johann Schönleitner Verlag, 1949).

Sven Hedin, *Ohne Auftrag in Berlin*, 1949.

Alfons Schulz, *Drei Jahre in der Nachrichtenzentrale des Führerhauptquartiers* (Stein am Rhein/Schweiz: Christiana Verlag, 1997).

Die Berichte des Oberkommandos der Wehrmacht 1939-1945, Band 3, 1. Januar 1942 bis 31 Dezember 1942 (Munique: Verlag für Wissenschaft, 2004).

Kriegstagebuch des Oberkommandos der Wehrmacht 1944-1945, org. Percy E. Schramm (Bernard & Graefe Verlag).

Fontes secundárias:

Ian Kershaw, *Hitler: 1936-1945 Nemesis*, vol. 2 (Nova York, Londres: W.W. Norton, 2000).

LIVRO 9: UM MILAGRE ADIADO [PP. 243-63]

Veio a calhar que um exemplar da biografia de Thomas Carlyle de Frederico, o Grande, chegasse às mãos de Hitler em suas últimas semanas de vida, pois, se lhe fosse concedida a chance de escolher um só livro com que passar o tempo no seu *bunker* subterrâneo, uma variação sombria do popular jogo de salão bibliofílico, ele quase certamente teria escolhido Carlyle. Hitler com certeza se viu refletido naquelas páginas, não apenas encontrando companhia e esperança no desespero enfrentado pelo monarca sitiado, mas também na gratificação da sobrevivência do rei guerreiro e nos anos de velhice passados em ambientes amistosos. Hitler pode ter sido um imitador habilidoso, imaginando-se cedo como o "tocador de tambor" e, mais tarde, evoluindo para triunfos militares notáveis que chegaram a ultrapassar os do rei prussiano, mas no final se mostrou uma imitação ruim, deixando um legado de amargura e horror.

Livros de Hitler citados neste capítulo:

Hans Heinrich Dieckhoff, *Zur Vorgeschichte des Roosevelt-Krieges* (Berlim: Junker und Dünnhaupt Verlag, 1943).

Friedrich der Große und Michael Gabiel Fredersdorf: Fünfzig Briefe des Königs an seinen geheimen Kämmerer aus den Jahren 1747 bis 1755, org. Johannes Richter (Berlim: Grünewald, 1926).

Oskar Fritsch, *Friedrich der Große, unser Held und Führer* (Munique: J. F. Lehmanns Verlag, 1924).

Carl Hinrichs, *Der allgegenwärtige König: Friedrich der Große, im Kabinett und auf Inspektions-Reisen; Nach teils unveröffentlichten Quellen bearb. Und hrsg. Von Carl Hinrichs* (Berlim: R. v. Decker's Verlag, 1940).

Historien und was sonst zu melden vom alten Fritz, dem großen König und Helden: Wie er Weiland glorreich regieren thät und Preußen zu einer Großmach erhöht. In zwanglosen Versen und Reimen tractiert, und mit anmutigen Holzschnitten austaffiret. Ein echtes und rechtes Volksbüchlein, das allen Preußen gewidmet sein soll (Berlim: C. Nöhring, 1855).

Friedrich Kühlken, *Friedrich der Große* (Langensalza: J. Beitz, 1936).

Carl Loog, *Die Weissagungen des Nostradamus: Erstmalige Auffindung des Chiffreschlüssels und Enthüllung der Prophezeihungen über Europas Zukunft und Frankreichs Glück und Niedergang 1555-2200*, 4ª e 5ª eds. (Pfullingen in Württemberg: Johannes Baum Verlag, 1921).

Reinhold Ernst Stolzenberg, *Was Friedrich der Große Dir zu sagen hat: 366 Aussprüche und Gedanken des Philosophen von Sanssouci* (Berlim: Verlag Winckelmann & Söhne, 1927).

Fontes primárias:

Thomas Carlyle, *History of Friedrich II, of Prussia, called Frederick the Great in four volumes* (Londres: Chapman and Hall, 1858).

Thomas Carlyle, *On heroes, hero-worship, and the heroic in history* (Londres: Chapman and Hall, Ltd., 1894).

Thomas Carlyle, *Selected writings*, org. e int. de Alan Shelston (Penguin Books, 1971).

Joseph Goebbels, *Tagebücher 1945: Die letzten Aufzeichnungen* (Hamburgo: Hoffmann und Campe, 1977).

Nicolaus von Below, *Als Hitlers Adjutant 1937-45* (Mainz: Hase & Koehler Verlag, 1980).

Traudl Junge, *Bis zur letzten Stunde. Hitlers Sekretärin erzählt ihr Leben* (Berlim: Ullstein Verlag, 2003).

Albert Speer, *Inside the Third Reich* (Nova York: The Macmillan Company, 1970).

Kriegstagebuch des Oberkommandos der Wehrmacht 1944-1945, org. Percy E. Schramm (Bernard & Graefe Verlag).

Fontes secundárias:

Ian Kershaw, *Hitler: 1936-1945 Nemesis*, vol. 2 (Nova York, Londres: W.W. Norton, 2000).

POSFÁCIO: OS DESTINOS DOS LIVROS [PP. 265-73]

No verão de 2008, um museu de cera inaugurado em Berlim gerou grande controvérsia por exibir a figura de Adolf Hitler, entre outros alemães famosos, como o médico Albert Schweitzer, a atriz Marlene Dietrich e o astro do futebol Franz Beckenbauer. A exposição sobre Hitler mostra o líder nazista em seu *bunker* subterrâneo com uma porta de aço atrás e um mapa militar na parede. Ele está sentado a uma mesa de madeira simples, parecendo cansado e desanimado, seus olhos voltados para baixo e, mais particularmente, sua mão repousando sobre um livro no centro da mesa. Dois outros livros estão à sua direita e mais cinco empilhados à esquerda.

No dia da inauguração, um visitante indignado investiu contra a exposição, arrancando a cabeça do Hitler de cera. A figura danificada foi removida para reparo, deixando uma cena que lembrou, de forma impressionante, as fotografias do *bunker* de Hitler após seu suicídio e a remoção do corpo: um espaço subterrâneo sem seu morador, mas com a presença posterior daqueles objetos que preservaram seu mundo intelectual: seus livros.

Livros de Hitler citados neste capítulo:

Dicaiarchos Carneades, *Der Stoff, der Geist und der lebende Verstand* (Berlim: Stubenrauch, 1934).

Adolf Hitler, *Mein Kampf* (Munique: Zentralverlag der NSDAP, Franz Eher Nachfolger, 1937).

Alfred Rosenberg, *Der Mythus des 20. Jahrhunderts: Eine Wertung der seelisch-geistigen Gestaltenkämpfe unserer Zeit* (Munique: Hoheneichen Verlag, 1940).

Fontes primárias:

Relatório sigiloso do 21ª Unidade do exército norte-americano, datado de maio de 1945, detalhando o complexo do *bunker* sob Berghof. Cópia no Archiv zur Zeitgeschichte des Obersalzbergs.

Lee Miller's war, org. de Antony Penrose (Londres: Thames & Hudson, Ltd., 2005).

Traudl Junge, *Bis zur letzten Stunde. Hitlers Sekretärin erzählt ihr Leben* (Berlim: Ullstein Verlag, 2003).

Fontes secundárias:

Neil Baldwin, *Henry Ford and the Jews* (Public Affairs, 2002).

Florian Beierl, *Hitlers Berg* (Berchtesgaden: Beierl Verlag, 2005).

Créditos das ilustrações

PÁGINAS 2, 19, 80, 137, 172, 192, 214, 247: Bayerische Staatsbibliothek Photoarchiv Hoffmann, Munique

PÁGINAS 13a, 30, 37, 47, 68, 70, 77, 143, 144, 146, 155, 181, 184, 204, 211, 244: Cortesia da Divisão de Livros Raros e Coleções Especiais da Biblioteca do Congresso, Washington, D.C.

PÁGINAS 13b, 85, 103: Arquivo particular

PÁGINA 26a, 26b: Reproduzido de Adolf Meyer, *Mit Adolf Hitler in Bayr*. Reg. Inf. de Reserva 16 List. Cortesia da Divisão de Livros Raros e Coleções Especiais da Biblioteca do Congresso, Washington, D.C.

PÁGINAS 29, 39: Reproduzido de Max Osborn, *Berlim*. Cortesia da Divisão de Livros Raros e Coleções Especiais da Biblioteca do Congresso, Washington, D.C.

PÁGINA 41: Reproduzido de *Hitler's Aquarellen*, Heinrich Hoffmann, Berlim, 1935. Cortesia da Divisão de Livros Raros e Coleções Especiais da Biblioteca do Congresso, Washington, D.C.

PÁGINA 53: Reproduzido de *Peer Gynt*. Cortesia da Divisão de Livros Raros e Coleções Especiais da Biblioteca do Congresso, Washington, D.C.

PÁGINAS 57, 100: Cortesia de Franz Fleischmann, Munique

PÁGINAS 92, 128: Cortesia do Bundesarchiv, Berlim

PÁGINAS 111, 113: Reproduzido de Ernst Jünger, *Feuer und Blut*. Cortesia da Divisão de Livros Raros e Coleções Especiais da Biblioteca do Congresso, Washington, D.C.

PÁGINA 117: Reproduzido dos arquivos do Institut für Zeitgeschichte, Munique-Berlim, F 19/9; com permissão do Bayerisches Staatsministerium der Finanzen, Munique. A imagem é reproduzida como parte de um estudo crítico. O autor e o editor discordam expressamente do teor desse trecho

PÁGINA 132: Dedicatória reproduzida de Fichte: Sämtliche Werke, vol. 1. Cortesia da Divisão de Livros Raros e Coleções Especiais da Biblioteca do Congresso, Washington, D.C.

PÁGINA 161: Cortesia da John Hay Library, Universidade Brown, Providence, Rhode Island

PÁGINA 191: *Kunst im Dritten Reich*, outubro de 1939

PÁGINA 196: Desenho reproduzido de Max Riedel, *Gesetz der Welt*. Cortesia da Divisão de Livros Raros e Coleções Especiais da Biblioteca do Congresso, Washington, D.C.

PÁGINAS 206, 225: Hugo Rochs, *Schlieffen*. Cortesia da Divisão de Livros Raros e Coleções Especiais da Biblioteca do Congresso, Washington, D.C.

PÁGINA 228: Carta de Hedin reproduzida com permissão da Fundação Sven Hedin e dos Arquivos Nacionais Suecos, Estocolmo

PÁGINA 260: Cortesia de National Archives and Records Administration, Washington D.C.

PÁGINA 269: David E. Scherman, © Lee Miller Archives, Inglaterra, 2008. Todos os direitos reservados.

PÁGINA 272: *Die Welt*, 18 de junho de 1977.

Índice remissivo

Acordo de Munique, 217

Alemanha, 241; economia, 124; inflação, 118

alemão (idioma) *ver* língua alemã

"Alvo nº 589" (Hitler), 116

Amann, Max, 35, 83, 93, 94, 105, 123, 124, 288; título de *Mein Kampf* decidido por, 106

Amoralidade do Talmude (Rosenberg), 84

Annulus Platonis, 312

antissemitismo: da irmã de Nietzsche, 137; de Carlyle, 249; de Dickel, 72, 81; de Drexler, 55; de Eckart, 52, 63; de Fichte, 140; de Ford, 97, 98, 99; de Hitler, 52, 63, 64, 76, 82, 95, 106, 107, 109, 123, 178, 240, 241; dos católicos, 163; dos nazistas, 164

Aos homens obscurantistas de nossa época (Rosenberg), 161, 162

Aquarelas de Hitler, 40

Arco-Valley, Anton von, 91

Arendt, Hannah, 266, 267, 301

Arendt, Richard, 48

Arndt, Ernst Moritz, 212, 314

Aronson, Albert, 17, 88, 270, 271

Arquivo de Guerra Bávaro, 28

Arquivo Theodor Adorno, 267

Arte da sabedoria mundana: Um oráculo de bolso, A (Gracián), 137

Arte de se tornar um orador em poucas horas, A, 283

Ásia do norte, central e do leste: Manual de ciência geográfica, 19

Atlantic Monthly, The, 271

Através do deserto (May), 14, 67

Auf gut Deutsch, 60, 77

Áustria, 55, 58, 189, 190, 236, 252, 253

Bach, Steven, 135, 310

Baligrand, Maximilian, 35

Barnes, Harry Elmer, 269, 289

Batalha de Leipzig, 139

Baviera, 54, 79, 82, 91, 110, 168, 171; golpe fracassado de Hitler, 90, 93

Bayerische Vaterland (*Pátria Bávara*), 107

Bayreuth, Alemanha, 92, 185, 187

Bechstein, Helene, 94, 190

Beilhack, Hans, 106, 275, 282, 291, 305

Beleza nos Jogos Olímpicos, 130

Bélgica, 215, 219, 222

Below, Nicolaus von, 192, 313, 319

Benjamin, Walter, 14, 15, 16, 21, 29, 89, 95, 125, 126, 127, 144, 263, 265, 266, 267, 299, 301

Berchtesgaden, 13, 16, 49, 71, 108, 182, 186, 270, 272, 273, 278, 282, 284, 288, 298

Berghof, 88, 129, 130, 137, 149, 150, 170, *172*, 181, 185, 186, 189, 190, *191*, 192, 200, 207, 236, 268, 270, 271, 273, 276, 278, 282, 289, 308, 320

Berlim, 43, 45, 123, 281; Biblioteca de Hitler em, 16; plano de Hitler de marchar sobre, 90

Berlim (Osborn), 23, 28, 29, *30*, 31, *39*, 41, 42, 43, 44, 48, 49, 50, 136

Bíblia, 14, 221

Biblioteca da Chancelaria do Reich, 137, 270, 308

Biblioteca de Livros Raros da Universidade Harvard, 108

"Biblioteca de um diletante, A: Um vislumbre da biblioteca privada de Herr Hitler" (Beilhack), 291

Biblioteca do Congresso, 16, 17, 19, 50, 83, 106, 182, 185, 231, 253, 270, *272*, 275, 277, 278, 282, 291, 298, 301, 306, 308

Biblioteca Thomas Jefferson, 16

Bismarck, Otto von, 96, 158, 226, 233, 235, 292

Blomberg, Werner von, 209, 284

Boepple, Ernst, 93

bolcheviques, 54, 60, 61, 63, 123, 239

Bormann, Albert, 193, 206

Bormann, Martin, 174, 175, 193, 231, 258

Botticelli, Sandro, 36, 37, *39*

Braun, Eva, 70, 149, 194, 257, 258, 259, 270

Braunau am Inn, 101, 102, 129, 309

Breitenbach, Edgar, 88

Broszat, Martin, 306

Bruckmann, Elsa, 88, 94, 104, 110, 111

Bruckmann, Otto, 88, 104, 109, 110, 111, 112, 160, 300, 303, 306

Brückner, Wilhelm, 208, 209

Bruxelas (Osborn), 45

Bülow, Friedrich Wilhelm von, 212

Burckhardt, Carl J., 186, 187, 188, 200

Burkhardt, Jacob, 88

Busch, Wilhelm, 14

Cabana do Pai Tomás, A (Stowe), 11

Cadáver 125 (Jünger), 110

Carlyle, Thomas, 243, 245, 249, 250, 251, 252, 253, 261, 317, 319

Carneades, Dicaiarchos, 182, 195, 271, 273, 320

Cartas alemãs (Lagarde), 18

Catálogo da galeria privada de Adolf Hitler, 253

Catecismo para o guerreiro e defensor teutônico (Arndt), 212

Cáucaso, 230, 232

Cervantes, Miguel de, 12

Chamberlain, Houston Stewart, 76, 96, 97, 110, 145, 300, 303, 306, 312

Chamberlain, Neville, 189

Churchill, Winston, 18, 241, 242, 248, 292

Ciências ocultas, 181

Class, Heinrich (Einhardt), 76, *77*, 142

Clausewitz, Karl von, 16, 76, 121, 123, 212, 220, 230, 300, 314

Com Adolf Hitler no Regimento de Infantaria de Reserva Bávaro 16 "List" (Meyer), 35, *37*

comício de Nuremberg, 107, 166

Como gostais (Shakespeare), 12

"Como ter sucesso" (Schelbach), 293

Conquista do ar, A: Um manual do transporte aéreo e técnicas de voo, 212

"Conversação" (Eckart), 64, 138, 178

Cooper, James Fenimore, 67

Cornelius, Peter, 48, 83

Corpo, espírito e razão viva (Carneades), 181, 195, 271, 272

Corpos celestes (Galileu), 160

Courts-Mahler, Hedwig, 286

Cova do Lobo (quartel-general), 229, 239

Crença alemã de Fichte, A (Grunewald), 122

Críticas (Kant), 269, 289

Cushing, Harvey, 235

Daimler-Benz, Companhia, 132, 293

Dante, 21

Danzig, Polônia, 186, 187, 188

Darwin, Charles, 121, 160

darwinismo social, 122

Dearborn Independent, 99

Declínio das grandes raças, ou a base racial da história europeia, O (Grant), 142, *143*

Declínio do Ocidente, O (Spengler), 72

Defoe, Daniel, 67

Despertar (Drexler), 201

Deuss, Edward, 177, 313

Dia do Herói Nacional, 245

Diana e suas ninfas atacadas pelos sátiros (Rubens), 36

Dickel, Otto, 72, 73, 74, 75, 78, 79, 80, 81, 82, 83, 84, 85, 86, 304

Dickens, Charles, 95, 180

"Die Fahne hoch!", 135

Dieckhoff, Hans Heinrich, 261, 318

Dietrich, Otto, 220, 229, 304, 317

"Discurso ocasional sobre a questão dos negros, Um" (Carlyle), 249

Discursos à nação alemã (Fichte), 139, 141

Divina comédia (Dante), 265

Dom Quixote (Cervantes), 11

Doré, Gustave, 12

Döring, Herbert, 149, 190, 207, 276

Drexler, Anton, 55, 56, *57*, 58, 59, 72, 73, 76, 81, 83, 86, 94, 201, 304

Dunquerque, França, 218, 223

Dwinger, Edwin Erich, 293

Eckart, Dietrich, 51, 52, *53*, 55, 56, 58-72, 74, 77, 79, 81-4, *85*, 88, 97, 108, 138, 140, 142, 160, 178, 210, 233, 303-5, 316; "Conversação", 64, 138, 178; adaptação de *Peer Gynt*, 51, 65, 66, 68, 69, 70, 83; antissemitismo, 52, 63; segundo volume de *Mein Kampf* com dedicatória para, 109

Egito, 232

"Eidhalt, Rolf", 94

Eisner, Kurt, 54

El Alamein, 232, 242

eleições de 1928, 119

Elementos metafísicos da ética (Kant), 76

Enciclopédia Meyer, 150

Engelsmann, Walter, 159

Ensaios alemães (Lagarde), 125, 145, 146

"escravidão dos juros", 55

Escritório Central para Ferimentos de Guerra e Túmulos, 36

Essência da criação, A, 180

Essências, princípios e objetivos do Partido Nacional Socialista dos Trabalhadores, 84

Esser, Hermann, 60, 73, 75, 78, 210, 211, 305, 315

Estados Unidos, 16, 17, 49, 98, 99, 101, 209, 227, 234, 235, 238, 248, 255, 258, 271, 276, 282, 287

Estados Unidos na luta dos continentes, Os (Hedin), 227, 235, 238

Este é o inimigo (Oechsner), 281, 284

esterilização, 142, 156, 171

Estrada afundada perto de Wytschaete (pintura de Hitler), 39

Estudos do mito, 161

Ética (Spinoza), 265

Eusébio, 161

Ewers, Hans Heinz, 135, 293, 308

Êxtase branco (filme), 135

FA Brockhaus Verlag Leipzig, 238

Fanck, Arnold, 135, 140

Faulhaber, Michael, 168, 169, 170, 171, *172*, 173, 176, 189, 192, 311

Feder, Gottfried, 55, 77, 84, *85*, 86, 94, 97, 308

Fegelein, Hermann, 257

Felsennest, 213, 229, 314

Fichte, Johann Gottlieb, 60, 79, 122, 131, *132*, 135, 139, 140, 141, 308

Flaubert, Gustave, 160

Fogo e sangue (Jünger), *111*, 113

Folhas de relva (Whitman), 17

Ford, Henry, 14, 76, 84, *85*, 97, 98, 99, *100*, 268, 307, 320

Forster, Alfred, 186, 187

Fournes, França, 23, 24, 28, 29, 32, 34, 40, *41*, 45, 46

França, 118, 200, 204, 215, 217, 222, 224, 225, 235, 252, 253, 261, 262

France, Anatole, 125

Frank, Hans, 124, 136

Frankfurter Zeitung, 106

Franz Eher Verlag, 93

Frederico, o Grande, 16, 47, 76, 78, 212, 243, 249, 250, 251, 253, 255, 261, 293; biografia de Carlyle, 243, *244*, 245, 249, 250, 251, 252, 253

Fredersdorf, Michael Gabriel, 256, 300, 318

Führerbunker, 88, 138, 158, 181, 254, 270, 271

Führerhauptquartier, 228, 229, 298

Führerprinzip, 164

Fundação Carnegie, 293

Fundamentos do nacional-socialismo (Hudal), 154, *155*

Fundamentos do século XIX, Os (Chamberlain), 110

Galeria Nacional de Berlim, 31, 48

Galileu Galilei, 160

Gandhi, Mohandas, 96, 306

Gärtner, Fritz, 38

Gassert, Philipp, 127, 276, 299

Gelzer, Matthias, 212, 304, 314

Gênese da Guerra Mundial, A (Barnes), 269

Gerling, Heinrich, 210

Gestapo, 83, 267

Giesler, Hermann, 231, 232, 317

Gladisch, Walter, 212, 315

Gobi, deserto de, 233

Goebbels, Joseph, 107-8, 119, 123, 131, 135, 149, 163, 166, 167, 168, 174, 175, 206, 208, 219, 234, 242-9, 254, 255, 258, 259, 298, 300, 301, 307, 319; processos por indecência de, 168

Goebbels, Magda, 259

Goering, em que você estava pensando! Esboço de uma vida (Goering), 129

Goering, Hermann, 107, 129, 163, 167, 206, 208, 223, 257, 287

Goethe e os judeus, 76

Goethe, Johann Wolfgang von, 12, *13*, 76, 136, 159, 300

Gottberg, Otto von, 222

Grã-Bretanha, 222

Gracián, Baltasar, 137

Graff, Anton, 254, 259

Gran Chaco, conflito do, 285

Grande enciclopédia Brockhaus, 150

Grandel, Gottfried, 60, 61, 71, 72, 82

Grant, Madison, 142, 309

Grieg, Edvard, 68, *70*

Grüner, Bernard, 165

Grunewald, Maria, 122, 306

Guerra Civil (EUA), 235

Guerra como experiência interna (Jünger), 110

Guerra dos Sete Anos, 245

Guerra e Estado (Clausewitz), 212

Guerra Franco-Prussiana, 210

Guerra Hispano-Americana, 209

Guilherme II, Kaiser, 44, 187, 203, 226

Günther, Hans F. K., 97, 142, 143, 145, 195, 309, 311

Hahnke, Wilhelm von, 203, 226

Halder, Franz, 201, 216-21, 223, 225, 229, 230, 232, 238, 313, 315, 317

Hamlet (Shakespeare), 12

Hanfstaengl, Ernst "Putzi", 75, 78, 86, 90, 93, 95, 105, 120, 124, 135, 138, 142, 160, 178, 268, 305, 307, 310; *Mein Kampf* editado por, 105

Hans Westmar (filme), 135

Harrer, Karl, 55, 58, 59, 71, 86

"Hasteiem a bandeira!", 135

Häusler, Rudolf, 102, 149

Hearst, William Randolph, 62

Hedin, Sven, 67, 76, 227, 228, 229, 233, 234, 235, 236, 237, 238, 239, 240, 241, 258, 277, 298, 316, 317

Hegel, Gerog Wilhelm Friedrich, 15

Heine, Thomas Theodor, 62, 63

Heines, Edmund, 316

Henty, G. A., 286

Hepp, Ernst, 33, 34, 40, 112, 302

Hess, Ilse, 105, 106

Hess, Rudolf, 94, 95, 101, 105, 170

Himmler, Heinrich, 129, 206, 246, 247, 257

Hindenberg, Paul von, 158

História alemã (Einhardt), 76, *77*, 78, 142

História de Frederico II da Prússia, denominado Frederico, o Grande (Carlyle), 243, 245, 249, 250, 251, 252, 253

Histórias e o que mais se pode relatar sobre o velho Fritz, o grande rei e herói, 253

Hitler, Adolf: *Abrechnung* (balanço), 90; "Alvo nº 589", 116; antissemitismo, 52, 63, 64, 76, 82, 95, 106, 107, 109, 123, 178, 240, 241; aquarelas e esboços de, 39, 40; biógrafos de, 109; casamento, 258; catolicismo e, 155, 157, 162, 163, 168, 169, 170, 171, 173, 177, 178, 179, 286; classes políticas assumidas por, 54, 75; como tático militar, 216, 217, 218, 219, 221; Cruzes de Ferro de, 36; discursos, 119, 123, 237, 239, 240, 242; documentos pessoais, 115; e plano de fusão do Partido Nazista, 73; erros de grafia de, 79, 102; estantes de livros, 49, 75, 76, 126, 250; ex-libris de, 228, 272, 290, 296; filosofia e, 96, 135, 136, 137, 139, 140, 141, 199; *Fundamentos do nacional-socialismo e*, 154; golpe bávaro fracassado, 90, 93; julgamento de, 64, 220; Lehmann lido por, 141, 142, 144, 146; leituras ocultistas, 180, 182, 183, 184, 198, 199, 200; lista de leituras recomendadas por, 84, 97; livros militares de, 208, 209, 210, 211, 212, 284; marcações nas margens de, 97, 141, 151, 153, 183, 224, 225; memórias, 148; mente compartimentalizada, 150; Mercedes desejado por, 104; na Primeira Guerra Mundial, 23, 24, 25, 27, 28, 29, 30, 31, 33, 34, 35, 36, 37, 39, 40, 48; na prisão, 90, 91, 92, 93, 94, 96, 101, 102, 104, 118; negociações de Burckhardt com, 186, 187, 188; no hospital, 46, 47, 48; perfil no *New Yorker*, 126; programa de 25 pontos, 72, 74, 84; promoção a chanceler, 124, 134, 152, 153, 158; quinquagésimo aniversário, 16; relatório de baixa, 47; renúncia à liderança nazista, 94;

renúncia ao nazismo, 82; saudação nazista, 130; sobre a "educação à custa do Estado", 101; sobre a palavra *Führer*, 140; sobre Ford, 98; sobre Gandhi, 96; sobre *O mito do século XX*, 156, 157, 160, 161, 167; sobre o suicídio, 183, 184; sobre os livros, 11; suicídio cogitado por, 90; suicídio de, 88, 181, 259, 270; testamento de, 258; transformação emocional, 33, 34; *ver também Mein Kampf* (Hitler)

Hitler, Alois (meio irmão), 33, 104

Hitler, Alois (pai), 58, 75, 104, 107

Hitler, Angela, 33, 104, 123

Hitler, Paula, 65, 67, 104, 107, 178, 303

Hitler, sra. (mãe), 70, 104

Hoffmann, Heinrich, 39, 40, 41, 129, 218, 302, 319

Hoheneichen Verlag, 51, 52, 60, 64, 160, 304, 311, 320

Holanda, 130, 215, 217

Horst Wessel: Um destino alemão (filme), 293, 308

Hudal, Alois, 154, *155*, 159, 163, 164, 165, 166, 167, 170, 174, 175, 176, 178, 265, 310, 311

Humps, Traudl, 207

Ibsen, Henrik, 51, 65, 66, 67, *68*, 69, 304

Igreja Católica, 64, 157, 160, 168, 170, 171, 286; conspiração contra Hitler da, 155, 159, 162, 163, 165, 166, 167, 174, 175, 176, 177, 178; Hitler e, 155, 157, 162, 163, 168, 169, 170, 171, 173, 177, 178, 179, 286; processos por indecência contra, 168; *ver também Index Librorum Prohibitorum*

Index Librorum Prohibitorum, 156, 159, 160, 162, 163, 164, 172, 176

Inglaterra, 200, 224, 232, 235, 248, 258, 261, 262

Instituto Nacional-Socialista, 76, 79

Interrupção da capacidade reprodutiva por razões higiênico-raciais e sociais (Kankeleit), 142

Isabel, tsarina, 252, 253

J. F. Lehmann Verlag, 141, 144, 309

Jacobius, Arnold J., 275, 282, 295

Jesus Cristo: visão de Rosenberg sobre, 156

Jogos Olímpicos de Berlim, 130, 233

Johannes Günther Verlag, 167

Johst, Hans, 293

Judeu internacional, O: O principal problema do mundo (Ford), 14, 76, 84, 97, *100*

judeus, 12; Faulhaber e, 168; Lagarde sobre, 125; maus-tratos em Amsterdã, 129; na *Tipologia racial do povo alemão*, 145; Riefenstahl sobre, 134, 135; supostas conspirações dos, 123; *ver também* antissemitismo

Júlio César, 78, 212

Júlio César (Shakeaspeare), 12

Junge, Traudl, 150, 179, 207, 256, 257, 258, 259, 276, 312, 319, 320

Jünger, Ernst, 110, *111*, 112, 113, 114, 306

Justiça acorrentada (Zarnow), 141

Justrow, Karl, 213, 315

Juventude Nazista, 98, 129, 171

Kahr, Gustav von, 90

Kallenbach, Hans, 91, 306

Kankeleit, Otto, 142

Kannenberg, Artur "Willy", 205, 206, 207, 208, 209, 213, 215, 216, 221, 222

Kant, Immanuel, 76, 78, 79, 96, 136, 269, 289, 303, 306

Kapp, Alfred, 79

Kapp, Wolfgang, 60, 61

Kehlsteinhaus, 186, 189

Keitel, Wilhelm, 214, 215, 217, 225, 226, 316

Kempka, Erich, 207

Kershaw, Ian, 18, 299, 301, 305, 317, 319

Knobelsdorff, Georg Wenzeslaus von, 43

Königgrätz, 205, 218

Krohn, Friedrich, 76, 77, 78, 136, 305

Kubizek, August, 149, 310

Kuh, Wilhelm, 38

Kundt, Hans, 285

Lagarde, Paul, 18, 97, 125, 136, 145, 146, 148, 151, 152, 153, 309

Langbehn, Julius, 146

Langhans, Karl Gotthard, 42

Lebensraum (espaço vital), 108

Legado político de Nietzsche, O, 138

Lehmann, Julius Friedrich, 97, 141, 142, 143, 144, 146, 152, 153, 212, 309

"Lei do mundo" (Riedel), 177, 184, 193, 196

Leipziger Illustrierte Zeitung, 293

Lendas papais da Idade Média, 76

Ley, Robert, 287

Leybold, Otto, 93, 94, 95

Lições sobre a hereditariedade humana e higiene racial (dedicatória de Lehmann), 141

Liga das Nações, 186, 189

língua alemã, 140

Lloyd George, David, 81
Lobisomem (quartel-general), 229, 231, 233, 239
Locais Culturais Famosos, 23
Loog, Carl, 261, 262, 263, 301, 318
Lorenzaccio (Eckart), 58, 59, 60, 65, 304
Ludendorff, Erich, 76, 90, 106
Lussow, Otto von, 90
Lutero e os judeus, 76
Lutero, Martinho, 64, 76

Maag, Peter, 180, 271, 313
maçonaria, 186
Madame Bovary (Flaubert), 160
Magia: História, teoria e prática (Schertel), 148
Manifesto pela superação da escravidão dos juros do capital, O (Feder), 76
Manual de frotas de guerra de Weyer, 212
Manual dos tanques de Heigl, 212
Maquiavel, 269, 289
Marechal de campo e as técnicas de guerra, O (Justrow), 213
Marinhas do mundo e seu poder de combate, As, 212
Martens, Max, 38
Marx, Karl, 80, 96
marxismo, 95, 119
Mattern, Daniel, 127, 276, 299
Maurenbrecher, Max, 80
Maurice, Emil, 101, 108
Max e Moritz (Busch), 14
May, Karl, 14, 67, 221, 233
Mayr, Karl, 54
Meditações dominicais, 16
Mein Kampf (Hitler), 17, 21, 35, 49, 75, 85-8, 92, 97, 101, *103*, 106-12, 115-6, *117*, 118-9, 121, 123, 124, 136,

148, 156, 162, 165, 176-7, 210, 220, 268, 270, 278, 287, 292, 297, 300, 305-7, 320; citação em *Fundamentos do nacional-socialismo*, 175, 176; citações em jornais, 110; como presentes de Hitler, 107; discussão da "submissão covarde", 220; edições de luxo, 87, 88; erros de gramática, 101; estilo de oratória, 106; fontes, 97; "frase mais reveladora" em, 177; Hanfstaengl como editor, 105; influência de Günther sobre, 97; leitura por Pio XI, 165; leituras militares de Hitler mencionadas no, 209; lembranças do período de menino de coro, 165; Partido Nazista no, 95, 118, 119; prefácio, 115; primeiro volume, 87, 105, 106, 107, 109, 110, 118; publicação, 104, 124; rascunhos, 101, 102, *103*, 106, 116; redação de, 91, 92, 93, 94; rendimento obtido com, 87; resenhas, 106, 110; Schopenhauer em, 136; segundo volume, 87, 88, 108, 110, 118, 121, 123; teoria da leitura apresentada em, 146; terceiro volume, 118, 119, 120, 122, 123, 124; título escolhido, 106; título original, 93; vendas, 110, 123; vingança como motivação para, 92
Memorando 10, 83
Menzel, Adolph, 48
Mercador de Veneza, O (Shakespeare), 12
Meu despertar político: Do diário de um trabalhador socialista alemão (Drexler), 55, *57*, 76
Meyer, Adolf, *26*, 35, *37*, 127, 260, 302
Michael (Goebbels), 123

Miegel, Agnes, 293

Miesbacher Anzeiger, 105

Miller, Lee, 268, *269*, 320

Minha vida e trabalho (Ford), 268

Miskolczy, Ambrus, 146, 147, 148, 276, 299

Missão do advogado, A (Finger), 141

Mitlstrasser, Margarete, 149

Mito do século XX, O (Rosenberg), 107, 156, *161*, 162; *Estudos do mito* e, 161; Hitler sobre, 156, 157, 160, 161, 167; no Index, 159, 160, 163, 172

Mittlstrasser, Gretl, 190

Moeller von den Bruck, Arthur, 146

Mólotov, Viatcheslav, 164, 176

Moltke, Helmuth von, 213, 218, 219, 220, 315

Montesquieu, 76

Morgenstern, Christian, 67, 68

Morte e imortalidade na visão de mundo dos pensadores indo-germânicos (dedicatória de Himmler), 129

Mortos estão vivos! Os, 17

mosteiro de Lambach, 165

Müller, Adolf, 105

Müller, Georg, 12

Mundo como vontade e representação, O (Schopenhauer), 136

Munique, 33, 59, 61, 62, 65, 72, 75, 79, 82, 123, 126, 281; biblioteca de Hitler em, 16; golpe fracassado de Hitler em, 65, 89, 90, 92, 93, 118, 129, 239, 315

Mussolini, Benito, 90, 123, 124, 200

Nacionalismo (Tagore), 78

Nada de novo no front (Remarque), 110

Napoleão Bonaparte, 139, 150, 209, 212, 231, 240, 284, 285, 293

Nathan, o sábio (Lessing), 12

Nazi Eher Verlag, 288

Neurath, Konstantin von, 167

New York Times, 98

New Yorker, The, 126

News Chronicle, 234

Nietzsche, Friedrich, 96, 136, 137, 138, 139, 140, 141, 146, 200, 230

Noite de reis (Shakespeare), 12

"Noite dos Longos Punhais", 159, 316

Normandia, França, 251, 256

norte da África, 66, 69, 241

Nostradamus, 17, 78, 261, 262, 263, 301, 318

Nova Chancelaria do Reich, 189, 233, 243, *247*

Obersalzberg, 16, 108, 115, 119, 170, 185, 186, 189, 190, *192*, 193, 200, 257, 268, 270, 273, 278, 281, 284, 294

Oechsner, Frederick, 127, 209, 210, 281, 284, 316

Olimpíadas de Berlim *ver* Jogos Olímpicos de Berlim

Olympia (filme), 130

Operação Barbarossa, 190, 226

"Ordem de Nero", 251

Origem das espécies, A (Darwin), 160, 265

Osborn, Max, 23, 28-32, 36, *39*, 41-50, 78, 136, 254, 301, 302, 314

Osservatore Romano, L', 160, 163

Pacto de Locarno, 118

Palestina, 18, 140, 151

Papen, Franz von, 158, 163, 164, 166, 167, 174, 175, 178, 311

Parsifal (Wagner), 17, 78, 261, 300

Partido dos Trabalhadores Alemães, 55

Partido Nacional Socialista *ver* Partido Nazista

Partido Nacional-Socialista dos Trabalhadores Alemães, 72

Partido Nazista: Arquivos, 36, 40; conspiração católica contra, 155, 159, 162, 163, 165, 166, 167, 174, 175, 176, 177, 178; Editora Central do, 88; expulsão de Dickel do, 82, 84; Fichte e, 139; filosofia e, 140; imprensa do, 93; leituras recomendadas por Hitler para, 84, 97; nas eleições de 1928, 119; no *Mein Kampf*, 95, 118, 119; processos por imoralidade movidos pelo, 286; programa de 25 pontos, 72, 74, 84; Rosenberg no, 157; saída de Hitler do, 81, 82; sede, 83; tributo cinematográfico ao, 131; uso da saudação "Sieg Heil", 215

Pedro III, tsar, 253

Peer Gynt (filme), 135

Peer Gynt (Ibsen), 51, 52, 53, 58, 61, 65, 66, 67, 68, 69, 70, 303, 304

Penitenciária Landsberg, 210

Petz, Friedrich, 25, 27, 28

Pio XI, papa, 165, 175

Plano Dawes, 118

Plano Schlieffen, 204, 217, 223

Poincaré, Raymond, 292

Polônia, 170, 185, 187, 188, 189, 194, 200, 201, 215, 217, 229, 234, 236, 237, 238, 240, 261, 262

Portão de Brandemburgo, 42, 47

Pré-história da guerra de Roosevelt, Uma (Dieckhoff), 261

Primeira Guerra Mundial, 16, 76, 78, 109, 110, 136, 201, 217, 222, 234, 236, 292

Príncipe, O (Maquiavel), 269

Profecias de Nostradamus, As (Loog), 261, 262

Protocolos dos sábios de Sião, 99

Prússia, 42, 49, 217, 224, 239, 243, 245, 246, 250, 253

Putsch da Cervejaria, 108, 133, 194, 239, 316

Quatro anos da frente ocidental: História do Regimento List, RIR 16; Memórias de um regimento alemão, 27

racismo biológico, 141, 144

Ranke, Leopold von, 76

Raubal, Angela, 207

Raubal, Geli, 94, 123, 193

Raubal, Leo, 94

Rauch, Christian Daniel, 47

Recomendação para a melhoria e consolidação dos procedimentos contábeis para fábricas de charutos, também um caminho para métodos econômicos nacional-socialistas, 127

Reflexões sobre a história do mundo (Burkhardt), 88

Rei Lear (Shakespeare), 60

Reichenau, Walther von, 218

Reichstag alemão, 42, 61, 237

Reino de Deus e o mundo contemporâneo, O (Maag), 180, 271

"Relatório sobre a Coleção de Adolph [sic] Hitler e Recomendações para a Sua Disposição" (Jacobius e Goff), 295

"Religião vindoura, A", 185

Remarque, Erich Maria, 110

Rembrandt como educador (Langbehn), 146

República de Weimar, 118, 158, 159

Ressurgimento do Ocidente (Dickel), 83

Revolução Americana, 210, 235, 284

Revolução Russa, 76

Richard Wagner: O alemão como artista, pensador, político (Chamberlain), 146

Riedel, Maximilian, 177, *184*, 185, 193, 194, 195, 196, 197, 198, 199, 313

Riefenstahl, Leni, 130, 131, *132*, 133, 134, 135, 136, 138, 139, 140, 149, 206, 299, 301, 309, 310

Ring, Editora, 93

Robinson Crusoe (Defoe), 11, 67

Rochs, Hugo, 203, *204*, 205, 209, 221, 222, 223, 224, 226, 248, 314, 315

Roder, Lorenz, 93

Röhm, Ernst, 159

Rolland, Romain, 96, 306

Rommel, Erwin, 242

Roosevelt, Franklin Delano, 227, 239, 241, 248, 254

Roosevelt, Theodore, 209, 235, 284

Rosenberg, Alfred, 60, 84, *85*, 97, 107, 111, 133, 146, 147, 155, 156, 157, 158, 159, 160, *161*, 162, 163, 167, 168, 169, 172, 173, 287, 309, 311, 320; no Partido Nazista, 157; sobre os originais de Hudal, 167

Rothfels, Hans, 306, 307

Rousseau, Jean-Jacques, 76

Rubens, Peter Paul, 36

Ruhland, Gustav, 293

Sabedoria da alegria, A (Schleich), 148, 197

Schaub, Julius, 115, 207

Schelling, Friedrich, 79, 104, 211

Schertel, Ernst, 148, 183, 195, 197, 198, 199, 200, 313

Schiller, Friedrich, 12, 136, 149

Schinkel, Karl Friedrich, 42

Schirach, Baldur von, 98, 129

Schirach, Henriette von, 129, 134, 313

Schleich, Carl Ludwig, 96, 148, 182, 183, 195, 197, 198, 307, 313

Schlieffen, Alfred Graf von, 203, 204, 205, 209, 213, 215, 217, 220, 222, 223, 224, *225*, 226, 248, 314, 315

Schlieffen: Um estudo de sua vida e caráter para o povo alemão (Rochs), 203, 205, *206*, 221, 222, 223, 224, 225, 248

Schmidt, Ernst, 46, 48, 54

Schopenhauer e os judeus, 76

Schopenhauer, Arthur, 76, 79, 96, 136, 137, 138, 139, 140, 141, 146, *172*, 199, 200

Schörner, Ferdinand, 246

Schröder, Christa, 115, 150, 207, 208, 307, 313, 316

Schulte, Karl Joseph, 155, 156, 157, 158, 159, 169, 172, 311

Schussnig, Kurt, 189, 191

Schwind, Moritz von, 48

Segunda Guerra Mundial, 178, 227, 236, 237; historiografia nazista da, 237; previsão de Nostradamus da, 261, 262; visão de Hedin da, 227, 234, 235, 237, 238, 239

Seguradora contra Incêndios Gladbacher, 126, *128*

Seisser, Hans Ritter von, 90

Será a suástica conveniente como símbolo do Partido Nacional Socialista? (Krohn), 77

Shakespeare, William, 12, *13*, 86, 300, 301, 310

Shaw, George Bernard, 149

Sinais dos judeus no decorrer do tempo (Rosenberg), 84

Sionismo como inimigo do Estado (Rosenberg), 84

Sobre a guerra (Clausewitz), 76, 220

"Solução para a questão alemã, A", 20

Somme, 31, 36, 45, 46

SOS iceberg (filme), 134

Speer, Albert, 206, 221, 231, 251, 254, 255, 307, 310, 316, 317, 319

Spengler, Oswald, 72, 76

Spinoza, 265

Stálin, Iossíf, 18, 230, 241

Stalingrado, 229, 230, 232, 242

Stang, Walter, 93

Stein, Karl von, 212

Steuben, Friedrich Wilhelm von, 210, 284

Strasser, Gregor, 133, 316

Strasser, Otto, 97, 107, 307

Streicher, Julius, 97

Stresemann, Gustav, 98, 118, 119, 124

suásticas, 17, 20, 88, 94, 165, 227, 261, 290

Süddeutsche Zeitung, 291

Tagore, Rabindranath, 78, 304

Talleyrand, Charles-Maurice de, 293

Talmude, 56, 64

Tannhäuser de férias (Eckart), 65

Tchecoslováquia, 170, 189, 216

Teatro Nacional de Berlim, 61

Tempestade de aço (Jünger), 110

Terceiro Reich, 83, 144, 146, 162

Terceiro Reich, O (von der Bruck), 146, *147*

Thiersch, Frieda, *191*

Tiefland (filme), 131, 135, 309

Tipologia racial do povo alemão (Günther), 143, 145

Tomás de Aquino, são, 164

Traister, Daniel, 271, 277

Tratado de Versalhes, 60, 75, 236

Trebitsch-Lincoln, Timothy, 61

Treitschke, Heinrich von, 76, 96

Triunfo da vontade (filme), 130

Troilus e Créssida (Shakespeare), 12

Truman, Harry S., 255

União Soviética, 190, 225, 229, 238, 248

Unidade de Informações, 289

Universidade Brown, 17, 38, 89, 148, 182, 262, 271, 277, 298, 306

Universidade da Pensilvânia, 277, 298

Universidade de Augsburg, 72

Universidade de Munique, 54

Universo ressonante de Wagner (Engelsmann), 159

Untersberg, 173, 189, 190, 191, 192, 200

Viagens de Gulliver (Swift), 11

Viena, Áustria, 38, 63, 65, 75, 144, 149, 167, 256, 301, 305, 312

Völkischer Beobachter (*Observador do Povo*), 71, 72, 73, 79, 82, 105, 124

Völkischer Kurier (*Mensageiro do Povo*), 94

Volkskrieg, 139

Vossische Zeitung, 29, 56

Vozes de nossos ancestrais (Himmler), 129

Wagner e os judeus, 76

Wagner, Richard, 17, 65, 76, 78, 92, 95, 115, 136, 146, 159, 191, 261, 312

Wagner, Siegfried, 92, 95, 115
Wallace, Edgar, 286
Wartenburg, Maximilian Yorck von, 76
Washington, George, 210
Weber, Max, 121
Weimar, Alemanha, 60, 61, 80, 137, 138, 141, 144, 231, 278
Weinberg, Gerhard, 275, 306, 307
Weiss, Alexander, 38
Wenzler, Franz, 135
Werlin, Jakob, 104

Wessel, Horst, 135
Whitman, Walt, 17
Wilkins, Anni, 190
Wilson, Woodrow, 292
Winter, Anni, 185, 193, 194, 195

Yeats, William Butler, 250
Ypres, 31

Zeppelin, conde Ferdinand von, 212
Zola, Émile, 76
Zyklon B, 14

ESTA OBRA FOI COMPOSTA PELA SPRESS EM MINION E IMPRESSA EM OFSETE
PELA GRÁFICA BARTIRA SOBRE PAPEL PÓLEN SOFT DA SUZANO PAPEL E CELULOSE
PARA A EDITORA SCHWARCZ EM MAIO DE 2009